MW01714840

LE PUITS DES ÂMES

Illustration de couverture : Marc Simonetti
http://marcsimonetti.artworkfolio.com

18, rue Barbès, 92120 Montrouge
ISBN 13 : 978-2-7470-3347-3
Dépôt légal : septembre 2010

Loi 49-956 du 16 juillet 1949 sur les publications destinées à la jeunesse

Christian Léourier

LE PUITS DES ÂMES

bayard jeunesse

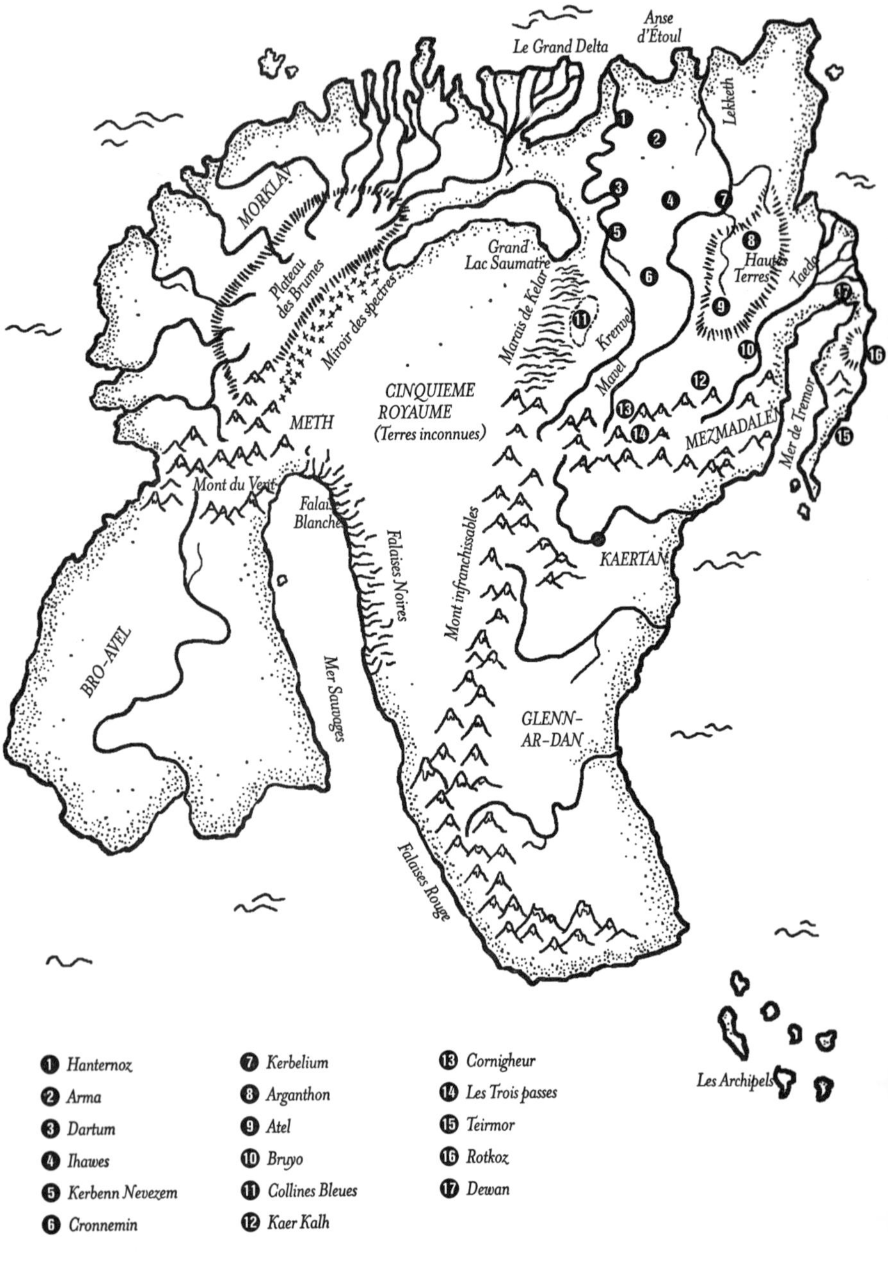
Le Grand Delta
Anse d'Étoul
Lekketh
MORKLAV
Plateau des Brumes
Miroir des spectres
Grand Lac Saumatre
Marais de Kelar
Krenvel
Mavel
Hautes Terres
Taeda
CINQUIEME ROYAUME
(Terres inconnues)
METH
Mont du Vent
Falaise Blanche
Falaises Noires
MEZMADALEN
Mer de Tremor
KAERTAN
Mont infranchissables
BRO-AVEL
Mer Sauvages
GLENN-AR-DAN
Falaises Rouge
Les Archipels
1 Hanternoz
2 Arma
3 Dartum
4 Ihawes
5 Kerbenn Nevezem
6 Cronnemin
7 Kerbelium
8 Arganthon
9 Atel
10 Bruyo
11 Collines Bleues
12 Kaer Kalh
13 Cornigheur
14 Les Trois passes
15 Teirmor
16 Rotkoz
17 Dewan

1

HENWEN EST MORTE !

– Attends-moi ! cria Gald.

La cordelette qui retenait le sac d'herbe à lapins sur son dos venait de céder.

– Tu n'es qu'un traînard ! répliqua Finn sans ralentir.

Il se vengeait gentiment parce qu'il était un peu vexé de s'être une fois de plus fait battre à l'escrime par Gald, pourtant son cadet de deux ans. Enfin, ce qu'ils appelaient l'escrime : pour simuler les exploits des guerriers légendaires, ils ne disposaient que de bâtons. Aussi bien n'étaient-ils que des paysans.

– Si je m'appelais Emaine, tu ne te ferais pas prier, persifla Gald.

D'habitude, une allusion aux amours naissantes de Finn avec la fille du forgeron suffisait à provoquer une réaction de son frère. Mais peut-être Gald avait-il abusé du procédé : Finn, cette fois, ignora sa remarque.

– Grouille-toi, le gaucher ! Si nous sommes en retard pour le dîner…

– Je dirai que c'est ta faute ! le taquina Gald. Tu es mon aîné, après tout !

Tout en parlant, il avait rafistolé la cordelette et jeté le sac sur son épaule. Il allongea le pas pour rejoindre Finn.

Quand ils pénétrèrent dans le village, ils devinèrent, à l'agitation inhabituelle de ses habitants, qu'un évènement extraordinaire s'était produit. Ils ne tardèrent pas à apprendre de quoi il s'agissait.

– Henwen est morte, leur annonça Gwennel, le gamin de leurs voisins.

Les deux frères s'entre-regardèrent. Henwen ? Cela paraissait incroyable. Quand Gald n'était encore qu'un tout petit enfant, elle l'effrayait un peu, la vieille femme dont on murmurait qu'elle avait « des pouvoirs ». Elle habitait la dernière maison du village, une minuscule cahute recroquevillée sous un toit de tourbe. Henwen était guérisseuse. De là, peut-être, la crainte qu'elle inspirait, car ceux qui fréquentent la maladie sont toujours un peu suspects, même s'ils la combattent. Cependant, au moment d'accoucher, les femmes ne manquaient jamais de l'envoyer chercher. Pas seulement pour aider au travail. Mais surtout parce qu'elle prédisait l'avenir de l'enfant.

De mémoire d'Atiléen, elle ne s'était jamais trompée. Le seul problème était qu'on ne s'en rendait compte qu'après coup. Parce que, sur le moment, ses paroles étaient tellement obscures que nul ne les comprenait. Néanmoins, aucune femme n'aurait envisagé de donner naissance à un enfant sans l'inviter à se pencher sur le berceau pour prononcer sa prophétie. Ensuite, on attendait l'évènement sortant de l'ordinaire qui donnerait un sens à l'augure. Ainsi, quand le fils du forgeron, en voulant épater ses camarades, tomba de cheval et se brisa les deux jambes, on se souvint qu'elle avait dit : « Chevilles plus hautes que les genoux lui feront la tête basse. » Quelquefois, il fallait attendre très longtemps ; cela n'enlevait rien à la confiance qu'on accordait aux prédictions de Henwen.

On la croyait aussi un peu dérangée, parce qu'elle parlait aux animaux et aux arbres de la forêt. Oh ! bien sûr, tout le monde parle à ses bêtes. Mais personne ne s'attend vraiment à une réponse. Elle, si. Et ses étranges conversations pouvaient se prolonger des heures. En particulier avec son compagnon familier, un chat aussi gracile qu'elle-même, nommé Louarnic.

Elle avait un autre talent. Elle se rappelait tout, absolument tout ce qui arrivait dans le village d'Atil.

Avec sa mémoire et ses dons, la vieille Henwen aurait pu provoquer bien des malheurs, entretenir bien des zizanies. Mais elle jouissait d'un heureux caractère. Personne n'avait jamais eu à s'en plaindre. Elle ne se mêlait pas des affaires d'autrui, à moins qu'on l'en priât. Encore était-ce toujours dans un esprit de conciliation. À ses yeux, rien n'était plus important que l'Harmonie, le principe de cohésion qui, selon les sages, doit présider aux destins des hommes comme il maintient l'équilibre entre les forces de la nature.

Quand elle devint très vieille, trop vieille pour subvenir à ses besoins, le village la prit en charge. Les plus anciens évoquaient, émus, son étonnante beauté. Mais Gald ne l'avait connue que sous l'apparence d'une petite vieille ridée comme une pomme à la fin de l'hiver, si frêle et si légère que le moindre souffle de vent l'eût emportée. C'était peut-être pour éviter cela, plus que par goût du mystère, qu'elle ne s'aventurait guère hors de sa maison.

Elle était tellement hors d'âge, la vieille Henwen, qu'on avait fini par la croire éternelle.

Pourtant, elle mourut.

Ce jour-là, pour le village d'Atil, pour la vallée de Drusaonn, pour les Cinq Royaumes, marquait les prémices d'un grave bouleversement. Et pour Gald, le début d'une grande aventure.

Mais qui aurait pu s'en douter, quand Henwen s'éteignit sans bruit, tout doucement, comme la flamme d'une chandelle à court de suif ?

Il n'y eut pas même un témoin de son trépas, sinon Louarnic. Il l'observa, assis sur le lit, tant qu'un souffle l'anima. Puis il partit.

Ce fut Emaine, fille de Govel, qui donna l'alarme, quand elle découvrit la vieille femme sans vie en lui portant son repas du soir.

2

LA MISSION

Lorsque les deux frères regagnèrent leur maison, toute la famille avait déjà pris place autour de la table. Installée au haut bout, Brigat présidait. Bien que mère de quatre enfants déjà grands, elle avait gardé un corps souple et, sur le visage, la douceur enjouée de la jeune fille qu'elle avait été. Heldorn, le père, fronça les sourcils quand les deux garçons entrèrent. Mais le petit rire de Khozmamm l'empêcha de proférer la remontrance qu'il s'apprêtait à leur décocher. Des quatre grands-parents de Gald, Khozmamm, la mère de Heldorn, était la seule encore en vie. Elle n'avait plus tous ses esprits et portait sur le monde un regard plein de joie et d'indulgence. Elle ne s'exprimait plus guère, sinon par un rire ténu comme le tintement d'une clochette. Les deux filles, Kened l'aînée, et Bloenvel la cadette, s'écartèrent un peu sur le banc pour permettre aux garçons de prendre place, et il ne fut plus question de leur retard. La conversation roula très vite sur le décès de Henwen. Chacun, à cette occasion, se remémorait une anecdote et l'on se rendait compte, un peu surpris, de la place que la discrète vieille femme tenait pour chacun d'entre eux.

Le repas s'achevait à peine quand on frappa à la porte. Brigat leva la tête, vaguement inquiète : une visite, à cette heure ? La surprise se transforma en ébahissement lorsque Penfor entra, suivi du Conseil des anciens au grand complet. Heldorn entretenait les meilleurs rapports avec le chef du village et celui-ci requérait parfois son avis, si bien qu'il s'attendait à être appelé un jour à siéger au Conseil – lequel, malgré son nom, ne regroupait pas que des vieillards. Cela justifiait-il que Penfor vînt en aussi solennelle compagnie à la nuit tombée, comme s'il y avait urgence ?

Toute la maisonnée s'empressa. On apporta des bancs, des tabourets, qu'on disposa autour de l'âtre, dans lequel on jeta une bûche, moins pour le froid – le printemps était précoce – que pour éclairer les visages.

Penfor avait parfaitement conscience de la curiosité que suscitait son intrusion. Aussi ne s'embarrassa-t-il pas de préliminaires.

– Vous connaissez, je suppose, le malheur qui nous a frappés aujourd'hui.

– Tu veux parler du décès de Henwen ?

Penfor opina du chef. Il portait une barbe courte, taillée en carré. Elle était restée noire alors que ses cheveux, encore épais malgré une cinquantaine bien sonnée, avaient blanchi. Cela lui était venu quand il avait commencé à exercer sa fonction, et chacun y avait vu un augure favorable. On l'aimait pour sa prudence et, chaque année, au solstice d'hiver, le village lui renouvelait sa confiance. Ce soir, pourtant, faisant fi de sa sérénité coutumière, il paraissait exagérément affecté par la perte de la vieille femme.

– Elle était très âgée, constata Heldorn.

– Pour ça, oui, approuva Naek, le plus ancien du Conseil. J'étais encore gamin qu'elle était déjà une femme épanouie. Et quelle femme !

– Nous y passerons tous, ajouta Heldorn, décidément en veine de banalités.

– Je t'entends, répliqua Penfor, un peu sec. Il est dans l'ordre des choses que meurent les vieillards. Mais en la perdant, Atil n'a pas seulement perdu sa doyenne, il a perdu son âme.

La stupéfaction cloua Gald sur son siège. Chaque village possédait une âme, qui participait à l'Harmonie. Cependant, le nom de celui ou de celle qui l'abritait était soigneusement tenu secret. Aussi le garçon avait-il imaginé que Penfor, qui incarnait l'autorité et maintenait la concorde parmi les Atiléens, était cette personne. À la rigueur, il eût pu s'agir d'un autre membre du Conseil des anciens. Avlor, par exemple. Ou Kleuzen. Ou encore l'un des maîtres-artisans d'Atil, initiés à la délicate pratique de la transformation de la matière : Govel le forgeron, Vacoler le bourrelier ou Miler le meunier. Mais qu'un corps aussi chétif que celui de Henwen ait pu héberger, en plus de ses cinq âmes personnelles, celle de tout un village, comment aurait-il pu le soupçonner ?

– Tu connais les rites, Heldorn. Il faut la rapporter au Puits des Âmes, d'où elle est sortie, afin qu'elle se régénère avant de migrer dans un autre corps.

Gald sentit son cœur s'accélérer. Il s'agissait d'une mission très importante. Que le Conseil eût, croyait-il deviner, choisi de la confier à son père le remplissait de fierté. Comme pour faire écho à sa réflexion, Penfor martela :

– Pour n'importe quel village, il est vital d'accomplir le rite. Mais pour Atil, ça l'est plus encore, tu comprends pourquoi, n'est-ce pas ?

Heldorn approuva d'un hochement de tête, visiblement trop ému pour prononcer une parole.

– Aussi s'agit-il bien de porter l'urne jusqu'au vrai Puits des Âmes, celui qui plonge jusqu'au cœur du monde. C'est un long et périlleux voyage. Seul un homme d'un grand mérite peut espérer y parvenir.

Nous savions qu'un jour ou l'autre nous serions dans l'obligation de désigner celui qui endosserait cette écrasante responsabilité. La mort a beau paraître quelquefois distraite, elle finit toujours par se souvenir de ceux qu'elle semble avoir oubliés. Aussi, au Conseil, nous étions-nous préparés pour ne pas perdre de temps dans de longues palabres, le moment venu. Notre choix s'est porté sur Finn.

Tous les membres de la famille se figèrent. Khozmamm, l'aïeule, réagit la première en émettant son petit rire grêle : l'aîné des garçons avait toujours été son préféré. Presque en même temps, Brigat s'écria :

– Finn ? Mais il est si jeune !

– Comme toutes les mères, tu ne vois pas tes enfants grandir, répliqua Penfor. Finn a dix-sept ans. Dans un an, deux au plus, le Conseil lui octroiera des terres et il fondera lui-même une famille.

Heldorn s'était laissé tomber sur un tabouret. Brigat tremblait. Quant à Finn, il était devenu d'une pâleur de spectre.

Avant qu'il revînt de sa surprise, les anciens l'entourèrent. S'adressant à Brigat, Penfor dit :

– Prépare son bagage, il partira demain matin. Ce soir, nous l'emmenons. Il y a quelques petites choses qu'il doit savoir.

Déjà, les anciens l'avaient entraîné dehors.

Avant de sortir à son tour, Penfor déclara :

– Excusez-nous. Je sais que ce départ est précipité, que tout cela est inattendu, et aussi que les bras de Finn vous manqueront dans les champs. Mais le temps presse.

3

LE CENTRE DU MONDE

La grand-mère continuait à rire toute seule dans son coin. Heldorn contemplait le feu. Ou plutôt, il regardait droit devant lui, sans voir. Brigat vint poser la main sur son épaule.

– Tu dois être fier de Finn, dit-elle, sans doute pour se persuader elle-même qu'il fallait se réjouir de son départ.

– Certes, certes, murmura Heldorn. Mais le Puits des Âmes, c'est loin ! Pour un paysan du Trévad, le Cinquième Royaume…

Il laissa sa phrase en suspens. Kened, la fille aînée, s'approcha à son tour de son père.

– Finn est fort et astucieux. Il se montrera digne de la confiance du Conseil.

– Oh oui, fort et astucieux, répéta l'aïeule, les épaules secouées d'un rire compulsif.

Heldorn hocha la tête.

– Espérons que cela suffira, souffla-t-il.

– Pourquoi est-il plus important de préserver l'âme d'Atil que celle d'un autre village ? demanda Gald.

– Parce qu'Atil est le centre du monde ! Ne te l'ai-je pas dit cent fois ?

Et même des milliers ! Quand Gald regardait avec envie s'éloigner les caravanes des Fils du Vent ou quand les colporteurs évoquaient Kerbenn-Névezenn, la grande ville où résidait le roi Maez, Heldorn distinguait dans les yeux de son fils la lueur qu'allume l'appel des horizons lointains. Alors, il lui serinait : « Pourquoi rêver d'ailleurs, quand tu as la chance d'habiter le centre du monde ? » Petit, Gald avait prêté foi à cette expression. Mais il avait compris qu'il s'agissait d'une plaisanterie quand, âgé de six ou sept ans, il avait accompagné pour la première fois ses parents à la foire d'Argantlon. Confronté à l'agitation du bourg aux rues pavées, aux maisons hautes de plusieurs étages, il avait mesuré la médiocrité de son village. Or, voilà que ce soir il ne décelait aucune trace d'ironie dans la voix de Heldorn. Se pouvait-il que son père, cet homme qui lui avait appris à se moquer de toutes les superstitions, crût à cette fable ?

– Non, sérieusement, qu'est-ce que Penfor a voulu dire ?

– Sans âme, le village perdrait bientôt son harmonie. Ses terres ne donneraient plus de blé, et les Atiléens se déchireraient entre eux comme les chiens d'une meute affamée. Et ce serait terrible, car l'âme d'Atil est aussi celle des Cinq Royaumes. Le malheur et la désolation se répandraient partout. Le chaos succéderait à l'harmonie qui règne depuis que les armes ont été déposées après l'Airma-Kad.

Il se tut, laissant Gald en proie à la perplexité. L'allusion à l'Airma-Kad, l'ultime combat au cours duquel s'étaient affrontés les champions de tous les royaumes, renvoyait au temps des légendes. Autant dire à l'éternité. Que les choses puissent ne plus être ce qu'elles étaient la veille, voilà ce qui ne lui avait jamais effleuré l'esprit. Sortant de sa songerie, Heldorn soupira :

– C'est une bien lourde responsabilité qu'endosse aujourd'hui ton frère. Puisse Névezenn le soutenir.

Il se leva. Son visage était effrayant. Il avait pris dix ans d'un coup. Fallait-il qu'il fût troublé pour évoquer une divinité à laquelle il ne croyait guère !

– Allons nous coucher, dit-il.

– Non, corrigea Brigat. Je dois préparer le bagage de Finn.

Gald courut jusqu'à l'alcôve où il entreposait ses affaires personnelles.

– Tiens, dit-il à sa mère en tendant son unique trésor, un poignard, auquel il tenait comme à la prunelle de ses yeux.

C'était une dague de soldat. Sa lame, étroite, triangulaire, était aiguisée des deux côtés. Son manche, taillé dans un bois noir et très dur, se terminait par un pommeau orné d'une spirale à cinq bras.

– D'où sors-tu cela ? s'étonna Heldorn.

Gald expliqua qu'il avait trouvé l'arme dans la forêt, par hasard, quelques semaines auparavant, alors qu'il cherchait des champignons sous un lit de feuilles mortes. Depuis quand y était-elle enfouie ? Peu de temps, à en juger par l'état de sa lame, qui ne présentait aucune tache de rouille.

– C'est étrange, murmura Heldorn, sombrement. On n'a pourtant pas vu de soldat dans les Hautes Terres depuis des lustres.

4

LES CINQ ÂMES DE HENWEN

Au centre du village se dressait le bûcher funéraire. Il n'était pas bien haut. On y déposa la dépouille de Henwen. Penfor versa un filet d'eau sur son front afin que sa deuxième âme, la Fluidité, s'écoulât – la première, la Sensibilité, avait déjà quitté son corps, avec son dernier soupir.

Ce fut à Finn qu'échut l'honneur d'allumer le bûcher. Ses traits tirés dénonçaient son insomnie de la nuit : il lui avait fallu apprendre bien des secrets.

Les brindilles de bois sec s'enflammèrent d'un coup, emportant l'Ardeur, la troisième âme de Henwen. Puis les flammes se propagèrent à tout le bûcher pour consumer son corps.

Tandis que le feu accomplissait son œuvre, les villageois racontaient des anecdotes sur la vieille femme, ou trinquaient à son souvenir. Gald, dont la voix harmonieuse était appréciée dans les veillées, fut invité à chanter pour réjouir ses âmes, tant que celles-ci voletteraient encore autour de son bûcher. S'il présidait à la cérémonie, Penfor ne participait pas à ces rituels. Gald s'interrogeait sur sa mine préoccupée. Le chef du village doutait-il de son choix ?

Quand le feu s'éteignit, quatre femmes armées de balais d'ajonc amassèrent les cendres au milieu de la pierre funéraire. Une cinquième les ramassait pour les déposer dans une urne. L'opération prit un temps certain, car il s'agissait de ne pas omettre la moindre parcelle.

L'urne renfermait désormais non seulement la quatrième âme de Henwen, la Force, qui venait de la terre, mais aussi la cinquième, la Cohésion, qui avait fait d'elle une personne. Pour toute autre, on serait allé en procession répandre une partie de son contenu dans un champ avant de jeter le reste dans quelque trou. Cette fois, on en scella le couvercle avec de la cire d'abeille. Car elle contenait également, confondue avec la cinquième âme de la vieille femme, celle du village, qui était aussi celle du monde.

Penfor déposa l'urne dans un sac de peau, qu'il tendit à Finn. Le soleil atteignait alors son zénith.

– Sac léger, lourd fardeau, murmura Brigat.

– Que dis-tu ? demanda Heldorn.

– Sac léger, lourd fardeau, répéta Brigat plus distinctement. C'est la prophétie que Henwen a prononcée sur son berceau.

Fallait-il que l'émotion la submergeât pour qu'elle divulgue ce secret en public ! Gald fut tenté d'en profiter pour demander quel augure avait présidé à sa propre naissance.

Finn chercha quelque parole forte à prononcer en cette occasion solennelle, n'en trouva pas, passa sur son épaule gauche la bandoulière du sac contenant l'urne aux flancs tiédis par les cendres, celle de son havresac sur l'autre, leva la main pour saluer collectivement l'assistance, et se mit en route.

Spontanément, un cortège s'organisa pour l'accompagner jusqu'à la sortie du village. Emaine, la fille du forgeron, marchait en tête, quelques pas seulement derrière Finn. Arrivée à la dernière maison, sur un signe de Penfor, la petite troupe s'arrêta. Seul un groupe de jeunes gens, au nombre desquels comptaient Gald et Emaine, décida d'accompagner Finn jusqu'à la rivière Riole.

Sitôt franchi le premier coude de la route, la jeune fille, certaine de ne plus être vue de son père, se porta à la hauteur de Finn et lui prit la main. Bien qu'il eût aimé lui aussi cheminer de conserve avec son frère, Gald ne pressa pas l'allure. Il se demanda même s'il ne fallait pas le laisser seul avec Emaine. Considérant que l'escorte ne pouvait rentrer au village sans elle, il se contenta de ralentir ses compagnons pour laisser les amoureux prendre un peu de distance. Finn marchait à grandes enjambées, un peu raide. La jeune fille trottinait à son côté. Rêveur, Gald suivait des yeux le mouvement de sa taille souple. Et si Finn ne revenait pas ? songea-t-il. Il se ressaisit, effrayé de la pensée qui lui avait traversé l'esprit.

La route était longue jusqu'au gué qui permettait de franchir la rivière. Pourtant elle parut bien trop courte à Gald. Il n'imaginait pas la maison sans Finn. Et voilà que le grand frère, celui qui avait toujours été à son côté, se lançait dans une aventure effrayante ! Les larmes lui montèrent aux yeux, qu'il essuya d'un revers de manche pour ne pas les laisser voir de ses camarades prompts à la moquerie. En ce moment, il était moins fier de Finn que triste de le voir partir. Il en voulait presque à Penfor, et même à Henwen. Il ne pouvait rien tenter pour changer le cours des choses ; cela ne l'empêchait pas de trouver le sort injuste.

Arrivé au gué, Finn se pencha sur la terre. Gald courut jusqu'à lui pour connaître la raison de cette curiosité insolite.

De nombreuses empreintes de chevaux ferrés creusaient la boue de la rive.

– On dirait que c'est récent, dit Finn.

– Mais, si des cavaliers s'étaient dirigés vers le village, nous les aurions rencontrés !

– Tu crois que ce sont des marchands ? demanda Skanfel, l'œil déjà brillant de convoitise.

Connue au village pour sa coquetterie, la jeune fille ne laissait passer aucun colporteur sans acheter quelque ruban ou un coupon de dentelle.

– Par les cornes de Cénog ! Je n'ai jamais vu autant de chevaux réunis !

– Si c'étaient des marchands, se corrigea Skanfel, un rien de dépit dans la voix, on verrait des traces de roues.

– Peut-être que ce sont des soldats ? suggéra Ervad.

Instinctivement, Finn porta la main à sa ceinture, où pendait le poignard que Gald lui avait donné.

– Des soldats ? s'étonna celui-ci. Que viendraient-ils faire chez nous ?

– Eh, regardez ! s'écria le petit Gwennel.

Il montrait le talus, à quelques brasses en aval. Les cavaliers étaient passés par là. Négligeant la route, ils avaient coupé à travers champs.

– Ils se dirigeaient bien vers le village, constata Finn.

– Oh !

Incapable de s'exprimer autrement que par un cri, Gwennel montrait du doigt une fumée noire qui s'élevait dans le ciel.

5

LES GUERRIERS NOIRS

– Le feu ! Il y a le feu au village !

– Vite ! Courons-y !

Gald retint son frère par le poignet.

– Où vas-tu ?

– Mais… l'incendie ! rétorqua Finn, surpris par la réaction de son cadet. Et, comme celui-ci ne le lâchait pas, il bégaya, soudain frappé par une crainte :

– Crois-tu que cela a un rapport avec les cavaliers ?

Gald blêmit. Ce n'était pas à cela qu'il avait songé :

– Je ne sais pas, avoua-t-il. Quoi qu'il en soit, ce n'est plus ton affaire. Le Puits des Âmes, Finn ! Tu ne dois plus penser qu'au Puits des Âmes ! Souviens-toi que tu as juré de ne rien laisser te détourner de ton but.

Finn regardait ses amis se précipiter en direction d'Atil. Même Emaine s'était élancée.

– Pars, insista Gald. Si ce n'est qu'une maison qui brûle, il y a assez d'hommes au village pour éteindre l'incendie. Et si c'est autre chose… Tu dois penser d'abord à ta mission.

Des larmes de rage montèrent aux yeux de Finn. Cependant, il se rendit aux arguments de son frère. En prononçant le serment, comment aurait-il pu deviner qu'il lui en coûterait si tôt de le respecter ?

– Prends soin d'Emaine, souffla-t-il. Je te la confie.

– Je te promets qu'il ne lui arrivera rien. Maintenant, va-t'en. Cours jusqu'à la forêt sans t'arrêter. Les arbres te protégeront.

Lui-même, tournant les talons, s'élança à la poursuite de ses compagnons. Ils avaient acquis une bonne avance, mais Gald se savait bon coureur, à la fois rapide et endurant. Il s'était endurci dans les bois, à pister le gibier. Si tous les garçons d'Atil s'adonnaient à la chasse, Gald se révélait sans conteste le meilleur parmi ceux de son âge. À plusieurs reprises, Heldorn l'avait mis en garde contre son penchant à en tirer vanité.

La fumée s'épaississait. Ce n'était pas normal. Tout le village était rassemblé pour les obsèques de Henwen. L'incendie aurait dû être rapidement circonscrit. Au lieu de quoi il paraissait empirer.

Gald rattrapa Emaine et la retint par la manche.

– Arrête !

Elle lui obéit d'autant plus volontiers qu'elle était hors d'haleine.

– Tu vois le bosquet de bouleaux, là-bas ?

– Bien sûr, hoqueta-t-elle.

– Va t'y cacher et attends-moi. Ne le quitte pas avant que je vienne te chercher.

– Mais…

– C'est Finn qui te le demande.

– Tu… tu penses qu'il y a du danger ?

– Je ne sais pas. C'est juste que… Pourquoi les cavaliers n'ont-ils pas emprunté la route ? S'ils avaient voulu nous surprendre, ils ne s'y seraient pas pris autrement.

Emaine hésitait encore.

– Ma famille…

– Dépêche-toi, ordonna Gald. Et souviens-toi : ne bouge pas tant que je ne viendrai pas te chercher !

Et il reprit sa course, tandis qu'elle lui obéissait.

Les autres avaient creusé l'écart pendant qu'il discutait avec Emaine.

– Attendez ! cria-t-il. Pas par la route !

Ils ne tenaient aucun compte de ses avertissements. Gald cessa de s'époumoner. À ce jeu, il ne faisait que perdre un souffle dont il avait besoin pour courir. Quittant le chemin, il coupa à travers champs afin de contourner le village, où il pénétra par une ruelle étroite, avec beaucoup de prudence. Il entendait distinctement le ronflement de l'incendie, mais il y avait plus effrayant : les cris.

Arrivé au bout de la venelle, il se cacha dans une encoignure. Quand il passa la tête, une vision d'horreur lui chavira le cœur. Les cavaliers avaient séparé les habitants en deux groupes distincts : d'un côté les femmes et les enfants, de l'autre les hommes. Plusieurs cadavres gisaient, épars. À la basse branche de l'orme sous lequel les vieux se rassemblaient les soirs d'été, trois corps se balançaient : Penfor et deux membres du Conseil, Naek et Avlor. Gald se mordit les lèvres pour ne pas crier. Imaginait-on une mort plus atroce que la pendaison, qui empêchait la première âme de s'échapper ?

Les guerriers ceinturaient la place. Il ne s'agissait pas des soldats du roi Maez. Ils portaient une cuirasse noire ; un heaume émaillé couvrait leur visage.

Tandis que l'un d'eux jetait une corde par-dessus la branche, un autre poussait dessous une quatrième victime, choisie elle aussi parmi les membres du Conseil des anciens : Kleuzen.

– Pitié ! hurla-t-elle, en se débattant.

Un colosse se planta devant elle. Sur son corselet, à hauteur de l'épaule droite, Gald reconnut en frémissant le dessin qui ornait le pommeau du poignard trouvé sous les feuilles mortes.

–Pitié ? gronda le guerrier. Quel mot curieux ! L'un d'entre vous en connaît-il le sens ?

Ses compagnons saluèrent la sinistre plaisanterie par un rire servile. On passa la tête de Kleuzen dans le nœud coulant.

Le colosse s'approcha d'elle à la toucher.

–Tu sais ce qui arrive quand une âme aérienne reste prisonnière du corps ? Tu peux t'éviter cette détresse. Dis-moi seulement qui est l'âme d'Atil.

–Henwen, sanglota Kleuzen. C'est elle, l'âme du village.

–Eh bien, tu vois, rien de plus facile. Tu mérites ta récompense.

Avant que la vieille ait pu esquisser le moindre geste, il tira son épée et la fit tournoyer. La tête de la malheureuse roula dans la poussière.

Le guerrier noir se tourna vers les villageois. Un heaume représentant un crâne grimaçant dissimulait ses traits. Les orifices ménagés pour les yeux étaient d'un noir profond, insondable, comme si nul regard ne brillait derrière le masque hideux. Sa voix gronda tel le tonnerre.

–Où est cette Henwen ? Alors ? Personne ne répond ? Inutile de me faire perdre mon temps. Je la trouverai, dussé-je pour cela vous pendre l'un après l'autre, jusqu'au dernier.

Govel, le forgeron, eut le courage d'avancer.

– Tu peux tous nous tuer. Cela ne fera pas revenir Henwen d'entre les morts.

Le guerrier noir le toisa en silence. Govel comptait parmi les hommes les plus forts du village. Pourtant l'autre le dominait d'une bonne tête et de toute la largeur de sa carrure.

– Elle est déjà morte, hein ? rugit-il. Alors, si tu dis vrai, vous avez accompli le rite ?

– Nous l'avons accompli, et ses âmes sont loin maintenant.

D'un revers de sa main gantée de fer, le guerrier envoya Govel bouler dans la poussière.

– Tu mens ! La pierre funéraire était encore chaude quand nous sommes arrivés. Par où est parti le convoyeur de l'urne ?

Govel cracha par terre. Le guerrier leva son épée. La lame s'abattit.

– Je répète ma question : quelle direction a empruntée le convoyeur ?

Govel contemplait, stupide, son bras coupé à hauteur du poignet, d'où le sang jaillissait par jets compulsifs.

L'homme noir brandit son arme pour frapper de nouveau, quand le bruit d'un galop détourna son attention. Un cavalier déboucha en trombe. En travers de sa selle, rudement secoué, un homme était couché. Le guerrier le jeta à terre, devant le chef. Le prisonnier se releva avec difficulté. Horrifié, Gald reconnut Finn.

– Salut à toi, Agman ! s'écria le cavalier. J'ai trouvé cet escogriffe dans la forêt, à trois lieues d'ici. Et voici ce qu'il transportait.

Un murmure d'effroi échappa de cent poitrines. Le cavalier exhibait le sac de peau que, deux heures plus tôt, Penfor avait confié à Finn.

Agman s'en empara, en sortit le contenu, qu'il soupesa avant de le jeter à terre de toutes ses forces. L'urne se brisa en mille éclats, répandant son contenu sur le sol. Le guerrier noir en piétina les débris, mélangeant la cendre à la poussière.

– Voilà qui est réglé ! Bon, nous avons perdu assez de temps ici. Les vieux et les enfants nous retarderaient : tuez-les. Enchaînez les autres, nous les emmenons. Ensuite, vous mettrez le feu à toutes ces masures et détruisez ce terrier de campagnols. Il ne doit pas en rester pierre sur pierre !

Une nuée de flèches tomba sur les villageois. Ceux qui cherchaient à fuir ou à se défendre étaient aussitôt passés par le fil de l'épée. Des guerriers allumaient des flambeaux.

Paralysé par l'épouvante, Gald voyait tomber ses amis, ses cousins. Deux guerriers, la torche à la main, s'approchaient pour incendier la maison derrière laquelle il se dissimulait. Soudain, l'un d'eux leva la main vers lui. Jetant leurs brandons, les guerriers dégainèrent leurs épées et se ruèrent dans sa direction. Bien que lourdement équipés, ils gagnaient du terrain sur lui, qui pourtant courait de toute la vitesse dont il était capable. Dire qu'il se croyait rapide ! À ce rythme, ils le rejoindraient à la lisière du village !

Une fenêtre était ouverte au rez-de-chaussée de la maison de Vacoler, le bourrelier. Gald se précipita à l'intérieur en tirant les volets derrière lui. Puis il traversa la pièce pour ressortir de l'autre côté. Il sauta dehors juste au moment où ses poursuivants fracassaient le volet.

Gald tourna à gauche, à l'opposé de la place. À deux pas de là béait un regard de l'égout dont Atil s'enorgueillissait : rares étaient les villages qui en possédaient un. Pour l'heure, il apparaissait à Gald comme une cachette possible, en fait son unique planche de salut.

Il eut tout juste le temps de se glisser dans la cavité. Il entendit la cavalcade de ses poursuivants à deux doigts de sa tête. En se contorsionnant, il recula plus avant dans le conduit, au cas où les guerriers, revenant sur leurs pas, repéreraient l'orifice.

Il resta longtemps terré, bien après que les cris se furent tus sur la place. Chaque fois qu'il était tenté de sortir, une petite voix, au fond de sa conscience, murmurait : un peu de patience.

Quand il se décida enfin, la nuit était tombée. L'odeur de brûlé saturait l'air, atroce. Des flammes se tordaient encore dans les ruines des maisons aux toits effondrés. Sur la place, les cadavres gisaient, abandonnés. Gald courut de l'un à l'autre, redoutant par-dessus tout de reconnaître un membre de sa famille. Et, de fait, il trouva Khozmamm. Elle souriait dans la mort. Sans doute n'avait-elle pas compris ce qui s'était passé, et cela valait mieux.

Il courut à l'abreuvoir, recueillit un peu d'eau au creux de sa main pour la verser sur le front de son aïeule. Puis il la porta jusqu'à une maison qui achevait de se consumer.

–Désolé, grand-mère, je ne pourrai pas mieux accomplir le rite. Puissent tes âmes trouver le repos tout de même !

Il continua sa macabre recherche, heureusement sans résultat. Mais cela ne le soulageait guère : sa famille avait été emmenée en captivité. Où ? Pourquoi ?

Il se retrouva près de la pierre funéraire. Épouvanté, il s'aperçut qu'il marchait sur les débris de l'urne. Il sauta en arrière.

Mais…

Il se baissa, ramassa l'un des tessons, l'examina.

Qu'est-ce que cela signifiait ? En aucun cas, ce morceau ne provenait de l'urne qu'il avait vu sceller. On aurait plutôt dit une de ces poteries grossières dont on se servait pour transporter un jeune essaim d'abeilles vers la ruche qu'on lui destinait.

Il se pencha à nouveau. Pas d'erreur, l'objet qu'Agman avait brisé n'était pas l'urne de Henwen.

Dans ses larmes, il eut un sourire : Finn avait su protéger son précieux chargement. Mais à quoi bon, puisqu'il ne l'avait pas mené à destination ?

6

LOUARNIC

– Emaine ! Emaine, c'est moi, Gald !

Seul le murmure des feuilles agitées par la brise lui répondit. La lune répandait sur le bosquet une lumière cendrée. Dans la nuit, les troncs soyeux des bouleaux luisaient doucement. Si Emaine était encore là, il l'aurait vue. Il lui fallait se rendre à l'évidence : la jeune fille avait disparu. Était-elle tombée, elle aussi, aux mains des guerriers ?

Gald s'affala sur le lit de mousse. Il lui semblait sentir encore la fumée. Peut-être l'odeur s'accrochait-elle à ses vêtements ? Quoique, tout bien considéré, ceux-ci sentaient surtout l'égout.

Qu'allait-il faire, maintenant ?

Il avait bien de la parentèle dans les villages voisins, mais n'avaient-ils pas eux aussi reçu la visite des guerriers ?

Le monde – son monde, qu'il avait cru éternel, dans lequel son avenir était tout tracé – s'était écroulé en un seul jour. Était-ce parce qu'ils pressentaient un tel malheur que les anciens paraissaient aussi catastrophés en apprenant la mort de Henwen ? Gald mesurait à quel point il était ignorant, désarmé dans un univers devenu soudain hostile, incompréhensible.

En sortant du village, il avait suivi la trace des guerriers qui, cette fois, avaient emprunté la route du sud, traînant ses parents et tous les autres prisonniers à leur suite.

Et lui ? Où pouvait-il aller maintenant ?

Lié par sa promesse, il s'était rendu au bosquet de bouleaux. Mais Emaine ne l'avait pas attendu. Il ressentait cruellement ce départ. Parce qu'il avait trahi la parole donnée à son frère. Et aussi parce qu'il se retrouvait définitivement seul. Il n'avait plus envie de vivre. Des larmes coulaient le long de ses tempes. Il n'eut pas conscience de sombrer dans le sommeil. Les émotions de la journée avaient consumé toutes ses forces.

Un contact froid et humide sur sa joue l'éveilla en sursaut. Il se redressa vivement, le cœur battant. Surpris par sa réaction, l'animal qui le reniflait fit un bond en arrière.

– Louarnic ? C'est toi ?

Il tendit la main en direction du chat, la paume tournée vers le bas. Louarnic s'approcha et vint se frotter à lui.

– Comment es-tu arrivé ici ? Tu m'as suivi ?

Il lui vint à l'esprit quelques rumeurs qui couraient sur le petit compagnon de Henwen, auquel certains attribuaient des pouvoirs magiques. Parce que, d'habitude, la pupille d'un chat a des reflets verts, et non rouges, comme c'était le cas pour Louarnic. Mais il se souvint aussitôt de l'avis de son père : la magie, ça avait peut-être existé autrefois, oui, peut-être, mais plus aujourd'hui. Pour Heldorn, Névezenn, la divinité tutélaire du Trévad, n'était qu'une légende, tout comme son messager, le dragon Cénog. Le seul principe en œuvre dans l'univers, c'était l'Harmonie. Grâce à elle, les étoiles ne s'éparpillaient pas dans le ciel, les semences donnaient des récoltes abondantes et les hommes vivaient en paix.

Mais alors ? Qui étaient ces guerriers cauchemardesques, d'où venaient-ils, pourquoi avaient-ils ravagé Atil ?

Il caressa le chat.

– Toi aussi, tu es perdu ? murmura-t-il.

Avoir dormi lui avait éclairci les idées. Il éprouvait un immense chagrin et un désarroi plus douloureux encore à l'idée qu'il n'était qu'un ignorant plongé au cœur d'un monde infiniment plus complexe qu'il avait pu l'imaginer. Il en voulait presque à son père de ne pas lui avoir révélé des secrets qu'il semblait pourtant connaître, au moins en partie. Cependant un sentiment plus âpre se frayait un chemin dans son esprit. Il n'avait plus envie de disparaître. Désormais, il avait un but : tirer vengeance du guerrier noir, retrouver Emaine et délivrer les siens. Comment ? Il n'en avait pas la moindre idée, mais à défaut il avait une certitude : ce n'était certainement pas en se réfugiant dans le village voisin qu'il y parviendrait. Sa première étape serait le bourg de Kerbeliou. Là siégeait le margrave, le représentant du roi pour la vallée de Drusaonn et cette partie des Hautes Terres qui s'étendait sur la rive gauche de la Riole. Il en appellerait à sa justice.

Il se leva, s'étira. Le soleil était déjà haut. Il avait dormi longtemps. Il saisit Louarnic et le glissa entre sa chemise et sa peau.

– Installe-toi confortablement, une longue route nous attend.

La position plut au petit animal. Il se pelotonna en ronronnant. Gald avait faim. Les arbres fruitiers étaient encore en fleurs. Seule la forêt pourrait le nourrir, avec un peu de chance.

Il se mit donc en marche, le cœur lourd. Dire que Finn avait parcouru le même trajet, la veille… Quelle folie d'être revenu sur ses pas ! Il serra les dents en franchissant le gué, ne s'arrêtant que le temps nécessaire pour étancher sa soif. Il détourna les yeux pour ne pas voir, sur la rive, les empreintes des chevaux.

La forêt, enfin.

Comme il allait y pénétrer, Louarnic sauta à terre. À l'instant où Gald se baissait pour le rattraper, il entendit tout près de son oreille un chuintement aigu, suivi d'un son mat. Quand il se releva, une flèche, plantée dans un tronc, vibrait encore. Une suée inonda son corps quand il prit conscience que, s'il ne s'était pas penché sur Louarnic, elle l'aurait transpercé. Affolé, il regarda dans la direction d'où on l'avait tirée. Deux cavaliers montés sur des chevaux noirs accouraient à bride abattue.

Il se précipita sous le couvert, non sans ramasser Louarnic. Après s'être enfoncé d'une dizaine de brasses, il quitta le chemin et se jeta dans le taillis. La végétation était assez dense pour le dissimuler aux regards. Cependant, les ronces gênaient sa course. Les branches des charmes et des noisetiers lui fouettaient le visage. Il n'en avait cure. Il connaissait une cachette sûre. S'il pouvait l'atteindre avant que ses poursuivants le repèrent !

Enfin il vit le grand chêne.

– Accroche-toi bien, recommanda-t-il à Louarnic.

Sans hésiter, il agrippa une basse branche et commença à grimper dans l'arbre centenaire.

7
LE SECRET DU CHÊNE CREUX

Après s'être hissé à une dizaine de brasses au-dessus du sol, Gald se coula à l'intérieur de la cavité qui s'ouvrait dans le tronc. D'en bas, on ne la voyait pas, car une branche maîtresse la dissimulait ; elle était tout juste assez large pour lui livrer passage, au prix de quelques contorsions que Gald maîtrisait parfaitement. Ses orteils rencontrèrent le premier barreau d'une échelle grâce à laquelle il s'enfonça à l'intérieur du tronc. Il tâtonna à la recherche du briquet et du morceau de chandelle déposés à son pied. Il se sentait tellement en sécurité dans cette cachette qu'il n'hésita pas à allumer la mèche. Même si les guerriers passaient à proximité du chêne creux, ils ne soupçonneraient pas sa présence.

Deux prunelles trouèrent l'obscurité d'un éclat jaunâtre. Louarnic fit le gros dos et sa queue tripla de volume tandis que, derrière le regard phosphorescent, on entendait un furieux battement d'ailes.

–Doucement, vous deux ! s'écria Gald. Louarnic, je te présente Paot-Noz : c'est le gardien de notre cachette. Paot-Noz, voici Louarnic.

La queue du chat retrouva une apparence normale, alors que le hibou, se balançant d'une patte sur l'autre, rangeait ses ailes sur son dos.

À Finn revenait le mérite d'avoir découvert le chêne creux, un jour où il cherchait un observatoire commode pour guetter les chevreuils. L'arbre, majestueux, riche en branches horizontales, lui avait paru propice. En grimpant dessus, il était tombé sur la cavité et l'avait explorée, sourd aux appels à la prudence de son jeune frère comme aux protestations véhémentes de Paot-Noz, qui occupait déjà les lieux.

Finn n'en revenait pas. Il avait découvert la plus formidable cachette dont un chasseur pouvait rêver. Dans le tronc creux de cet arbre au diamètre imposant, lui et son frère pourraient entreposer leurs sacs, leurs pièges et leurs flèches. Et aussi leurs provisions, si le hibou consentait à partager son logis, éloignant par sa présence les rongeurs.

Paot-Noz, revenu de son indignation, accepta ce voisinage. Les deux frères aménagèrent la cavité, de façon à la rendre habitable. À plusieurs reprises, ils y avaient passé la nuit. Au début, Gald avait eu un peu peur, mais il s'était vite habitué. Et, aujourd'hui, il éprouvait au creux de l'arbre une bienheureuse sensation de sécurité.

Certes, le refuge offrait un confort très relatif. Mais cet endroit était leur secret, à Finn et à lui. Peut-être, en ce moment, son frère pensait-il à leurs parties de chasse. À cette idée, les larmes montèrent aux yeux de Gald.

Il serra les poings.

– Je te délivrerai, promit-il. Et Emaine aussi.

Cependant il y avait de la rage dans ses larmes : sa haine ne l'aveuglait pas au point de lui laisser ignorer sa faiblesse.

Le chêne creux dissimulait deux arcs. Gald avait toujours été un peu jaloux de celui de son frère, plus long, plus puissant que le sien. Pourtant c'était Gald qui, le plus souvent, touchait le gibier. À présent, il hésitait : quelle arme emporter ? La meilleure ou celle à laquelle il était habitué ? Pour les flèches, en revanche, pas d'hésitation : il joignit celles qui garnissaient le carquois de Finn aux siennes.

– Hou ! chuinta Paot-Noz en tournant brusquement la tête.

Louarnic, oreilles dressées, moustaches en avant, prunelles dilatées, fixait la même direction, comme si son regard pouvait percer l'écorce.

Gald perçut à son tour des éclats de voix. Bien qu'ils fussent amortis, il comprit qu'il s'agissait de ses poursuivants et qu'ils se disputaient.

– Tu l'as laissé filer ! hurlait l'un.

La réponse de l'autre ne parvint à Gald que sous forme d'un murmure incompréhensible.

– Agman sera furieux ! reprit le premier.

De nouveau, la réplique du second cavalier échappa à Gald.

– Et comment le retrouverons-nous dans cette forêt ? Il se méfie, maintenant. Il se cachera. N'oublie pas qu'il est du coin. Il doit connaître ces bois comme sa poche !

Le reste de la discussion se tint sur un ton plus bas, si bien que Gald ne put la suivre. Mais ce qu'il avait entendu suffisait à le troubler. Ce n'était pas par hasard que les cavaliers avaient essayé de le tuer. Ils n'étaient pas des pillards attardés. Ils étaient restés en arrière pour lui. Ils le cherchaient ! Peut-être s'agissait-il des deux guerriers qui l'avaient poursuivi au village, et qui avaient dû avouer à leur chef qu'il les avait semés ? Il se confirmait que celui-ci ne voulait laisser aucun témoin de ses forfaits vivant.

Cela augurait mal du sort des prisonniers !

En tout cas, il valait mieux demeurer à l'abri le temps que les soudards s'éloignent.

Si ses souvenirs étaient exacts, il restait quelques poignées de châtaignes cuites, et peut-être un morceau de lard. Gald souleva la pierre plate qui fermait une sorte de coffre, où les deux frères mettaient leurs provisions à l'abri. Il approcha la chandelle. Et ne put retenir un cri de surprise.

Dans la cache se trouvait bien le sac de châtaignes.

Mais aussi le poignard que Gald avait donné à Finn.

Et l'urne contenant l'âme de Henwen.

8

TARGO

Gald mâchait consciencieusement les châtaignes froides en contemplant le poignard, l'urne et le havresac de Finn. Il avait découvert ce dernier pendu au-dessus de sa tête en menant une exploration un peu plus approfondie de la cavité, à la recherche d'un signe que lui aurait laissé son frère.

Sa trouvaille élucidait deux mystères, celui du retour de Finn, et le subterfuge par lequel il avait fait passer une vulgaire poterie pour l'urne funéraire.

Finn était réputé pour son astuce, ce qui, certainement, avait pesé dans le choix du Conseil des anciens. Avant tout le monde, il avait soupçonné un lien entre la mort de Henwen et l'arrivée des mystérieux cavaliers. S'ils venaient pour s'emparer de l'urne, pourquoi ne pas feindre de leur donner satisfaction afin de préserver le village du danger qu'il courait peut-être ? Il avait donc mis la véritable urne à l'abri et rebroussé chemin, ramassant au passage la poterie près d'une ruche. Hélas, la suite ne s'était pas déroulée comme il l'avait prévu.

Et le poignard ? Pourquoi avait-il laissé le poignard ?

Poursuivant son raisonnement, Gald se heurtait à un nouvel obstacle. Le guerrier noir avait mordu à l'hameçon de Finn, puisqu'il avait brisé la fausse urne et levé le camp après en avoir dispersé le contenu. Pourtant, il avait laissé deux hommes en arrière. Était-ce bien pour supprimer les éventuels témoins, comme il l'avait imaginé tout d'abord, ou quelqu'un, parmi les prisonniers, s'étant rendu compte de la substitution, l'avait-il dénoncée pour s'attirer la clémence de l'homme au masque macabre ?

– Louarnic ? appela Gald, prenant conscience de ne pas avoir aperçu le chat depuis un moment.

Avec un pincement au cœur, il constata que le petit animal avait disparu.

– C'est normal, souffla-t-il. Je n'avais à t'offrir que des châtaignes.

À ce moment, Paot-Noz s'ébroua.

– Ah ! se plaignit Gald, si tu savais dans quelle obscurité je me débats ! Combien j'aimerais avoir comme toi des yeux qui voient dans le noir.

– Hou ! répondit le hibou.

– Ça ne m'aide pas beaucoup, mais c'est gentil quand même, plaisanta Gald.

Il soupira en posant les yeux sur l'urne.

–Je suppose que le plus urgent est de rétablir l'Harmonie avant qu'elle soit définitivement compromise. Si seulement je savais où se trouve le Puits des Âmes !

–Hou ! Hou, répliqua, péremptoire, le hibou.

Soudain, Gald se rappela que Heldorn avait fait une allusion au Cinquième Royaume. Qu'avait-il dit, exactement ? Ah, oui : « Le Puits des Âmes, c'est loin ! Pour un paysan de Drusaonn, le Cinquième Royaume… »

L'indication était des plus vagues, mais cela valait mieux que rien. S'il voulait avoir une chance d'accomplir la mission de Finn, il devait diriger ses pas vers le Cinquième Royaume. Le problème était qu'il ne savait pas grand-chose sur ce territoire, sinon qu'il se situait quelque part à l'occident du Trévad. En fait, hormis de rares incursions jusqu'à la foire d'Argantlon, Gald n'était jamais allé au-delà d'une clairière de la forêt, au centre de laquelle se dressait un cercle de pierres monumentales qu'on disait avoir été abandonnées là par un géant de passage. Pour le reste… Il savait seulement que cinq territoires se partageaient le monde, sauf quelques îles lointaines : le Trévad, où, dans la vallée de Drusaonn, se nichait Atil, le village qui l'avait vu naître et grandir ; le Glenn-Ar-Dan, célèbre pour ses forgerons ; le Morklav, dont les filles avaient des yeux couleur de brouillard ; le

Bro-Avèl d'où provenaient les plus grands poètes ; enfin, le Cinquième Royaume, dont on tenait même le nom secret. Maez régnait sur le Trévad, Rutiern sur le Glenn-Ar-Dan, Aamzer sur le Bro-Avèl, et Morwreg, la seule reine, sur le Morklav. Quant au Cinquième Royaume, on ignorait qui le dirigeait, à supposer qu'il eût un souverain. Le Trévad était réputé pour la richesse de sa terre, le Bro-Avèl pour la beauté de ses femmes, le Morklav pour ses vertes prairies. Et les objets que produisaient les artisans du Glenn-Ar-Dan étaient sans pareils. Du Cinquième Royaume, en revanche, on ne pouvait rien dire. Les uns parlaient du feu de ses déserts, les autres évoquaient ses marais saumâtres avec répugnance, à cause des bêtes immondes qui les hantaient. Encore ne s'agissait-il là que de ses abords. On parlait aussi de très hautes montagnes, bien plus hautes que les Mezmedalen qui séparaient le Trévad du Glenn-Ar-Dan ; des montagnes si hautes que les nuages en dissimulaient en permanence les sommets enneigés, séparés par des gouffres si affreux que ceux qui y tombaient avaient le temps de mourir avant d'en atteindre le fond. Quant à ses habitants, on les décrivait comme des sauvages à peine humains, qu'il valait mieux fuir.

– Si le Conseil a estimé que Finn pouvait réussir, pourquoi pas moi ? dit Gald à haute voix, pour se rassurer.

– Hou, hou, approuva Paot-Noz.

–Bien sûr, les anciens l'ont initié à des secrets que j'ignore, poursuivit Gald, soudain découragé. Jamais je n'y arriverai. Et ne viens pas me dire le contraire.

Paot-Noz, froissé, ferma alternativement un œil, puis l'autre.

Gald ressassait tout ce qui venait de se passer, et plus il y réfléchissait, plus les questions se posaient. Les guerriers n'avaient pas choisi d'attaquer Atil au hasard : la découverte du poignard dans la forêt de Helg montrait que des espions les avaient précédés. Mais pourquoi s'en prendre à un petit village perdu aux confins de Drusaonn ? Accordaient-ils eux aussi du crédit à la légende de l'âme du monde ? Était-ce cela qu'ils étaient venus détruire ?

Et surtout, d'où venaient Agman et ses reîtres ? À la veillée, on racontait les exploits des guerriers. Toutefois, la race en était depuis longtemps éteinte. Les prouesses dont se nourrissaient les légendes dataient des temps antiques, quand les souverains du Trévad luttaient contre leurs voisins. Mais depuis l'Airma-Kad, l'ultime combat qui avait débouché sur le rétablissement de l'Harmonie, les soldats ne rêvaient plus de gloire acquise par les armes. Ils se contentaient de veiller à ce que les paysans versent leurs impôts et de parader pour le prestige du roi. Ils n'avaient rien de commun avec les êtres démoniaques qui s'étaient déchaînés contre Atil.

Quelles créatures se cachaient derrière leurs masques monstrueux ?

– Qui que tu sois, Agman, je le saurai quand je t'aurai coupé la tête, grinça Gald, trouvant dans sa haine la force d'oublier son découragement.

Il finit par s'endormir, roulé en boule. Ce fut Louarnic qui, revenu de son escapade, le réveilla en se lovant contre son ventre. Un rayon de lune s'immisçait par l'ouverture, insuffisant à dissiper les ténèbres. Pourtant, dans l'ombre, Gald, terrifié, crut distinguer une présence.

– N'aie pas peur. Je t'accueille depuis longtemps, pourquoi te voudrais-je du mal aujourd'hui ?

Il n'avait pas vraiment entendu cette voix grave. Elle avait plutôt résonné en lui.

– Que… qui êtes-vous ? demanda Gald, les doigts convulsivement serrés sur le manche de son poignard.

– Mes amis me nomment Targo. Tu ne me connais pas, mais moi je te connais bien. J'habite ce chêne depuis qu'il n'était qu'un gland. Pour mieux dire, je suis ce chêne. Sans moi, il ne saurait pas dans quelle direction pousser ses racines pour trouver l'eau qui lui est nécessaire, ou quelle branche développer de préférence pour baigner dans la lumière. Enfin, trêve de bavardage. C'est mon défaut, je suis bavard. Je le partage avec tous les arbres, du reste.

– Est-ce que les arbres ne sont pas muets ? s'étonna Gald.

– À quoi te servent tes oreilles ? N'as-tu jamais entendu bruire les feuillages sous le vent ?

– Si, mais…

– … Mais tu n'as rien compris, comme tous les hommes, le coupa l'être mystérieux. De toute façon, ce n'est pas pour te dire ces choses-là que j'ai été autorisé à te parler. Ceux de l'Ancien Monde m'ont mandaté pour te délivrer ce message : l'équilibre est rompu. Cela met en péril non seulement le Monde nouveau, où tu vis, mais aussi l'Ancien et le Futur. Une brèche s'est ouverte, par laquelle des êtres maléfiques se sont insinués. L'Harmonie ne règne plus. Cependant, il n'est pas trop tard. Tu peux porter remède à cette folie.

– Moi ?

– Pour commencer, ne va pas à Kerbeliou. Le margrave est un traître qui s'est soumis à la tyrannie d'Agman. Il lui a révélé le secret d'Atil. Marche vers l'ouest. Le salut ne peut venir que du Cinquième Royaume.

– Et ensuite ? J'ignore où se trouve le Puits des Âmes.

– Le saurais-tu que cela ne te serait d'aucune utilité. Pour atteindre le but de ton voyage, tu devras te laisser porter par le souffle !

La créature fit un mouvement dans l'ombre. Ses contours s'estompèrent.

– Ne te décourage pas, recommanda-t-elle. Tu n'es plus seul, à présent. Le Peuple t'aidera.

– Le peuple ? Quel peuple ?

– Ceux de l'Ancien Monde.

La voix devenait à peine audible.

– Attends, ne t'en va pas ! De quel souffle parlais-tu ? Je n'ai pas compris…

Il fouilla fébrilement le sol autour de lui, à la recherche du briquet. Mais il eut beau promener la flamme de la bougie près de la paroi, il ne trouva pas trace de Targo, ni de quoi que ce soit qui aurait pu lui donner l'illusion de l'avoir aperçu.

– Tu as vu ça, Louarnic ? Dis-moi que je ne suis pas devenu fou.

Le chat ne répondit pas. Il s'adonnait à l'activité préférée de son espèce : il dormait.

9

LES HOMMES DES BOIS

Gald s'éveilla avec à l'esprit un souvenir précis de son rêve. Si précis, qu'il coula un regard dans la direction où Targo lui était apparu. Il tâtonna à la recherche de la chandelle. Ses doigts ne rencontrèrent qu'une flaque de cire fondue : elle s'était consumée jusqu'au bout. Il était pourtant certain de l'avoir éteinte avant de s'endormir.

Sauf que…

Sauf qu'il l'avait rallumée au moment de la visite de Targo !

Se pouvait-il qu'il n'ait pas rêvé ? Qu'il ait réellement vécu cet entretien avec l'esprit du chêne ?

Gald n'était pas de nature crédule. Le résultat de son éducation, sans doute. Au village, l'impiété de Heldorn était notoire, et cela lui valait de regrettables inimitiés. Celle du pieux forgeron Govel, notamment, ce qui ne manquait pas de préoccuper Finn et Emaine.

Son scepticisme, Heldorn l'avait transmis à ses enfants. La terre, l'eau, les arbres, le blé, cela se voyait, cela se touchait. Les cinq âmes qui animaient ces choses, les hommes les éprouvaient dans leur corps même. Tandis que les dieux, les déesses, leurs messagers les dragons, nul ne les avait jamais vus. C'était juste une belle histoire, une légende, tout comme les amours de Kadarn et de Letta. Et s'il fallait respecter les rites, c'était par souci de bon voisinage plus que parce qu'on en espérait un résultat.

En tout état de cause, Gald devait d'abord traverser la forêt. Une fois de l'autre côté, il déciderait s'il se rendrait à Kerbeliou ou s'il suivrait le conseil de Targo.

Il ramassa l'urne, passa le poignard à sa ceinture.

– Louarnic ! appela-t-il.

Le chat sauta dans ses bras et retrouva naturellement sa place dans le pli de sa chemise.

Arrivé à la lumière du jour, Gald fouilla le sac de Finn, qu'il avait hissé à sa suite. Il se débarrassa de tout ce qui n'était pas strictement indispensable, ne gardant que la gourde et une couverture. Il déposa l'urne dans le sac. Sur son dos, il plaça aussi l'arc – il avait finalement opté pour le sien – et le carquois.

Aux environs de midi, il arriva au cercle de pierres levées. Son estomac le tiraillait. Il épuisa sa réserve de châtaignes sans assouvir sa faim. Dorénavant, il lui faudrait chasser pour manger. Mais il ne se résolvait pas à s'attarder pour cela, redoutant à tout instant de voir débouler les deux guerriers lancés à sa poursuite.

La forêt se révélait bien plus vaste qu'il l'imaginait. De plus il était difficile de s'orienter sous le couvert par moments si dense qu'il lui dissimulait le soleil.

Vers le soir, une odeur alléchante vint le tourmenter. Un village ? Atteignait-il enfin l'orée ?

Ce n'était qu'une clairière, au centre de laquelle se dressait un campement.

Gald hésita. Les charbonniers avaient une réputation exécrable. Vivant toute l'année loin des autres hommes, au cœur de la forêt, ils étaient farouches comme les bêtes dont ils partageaient le gîte. Ils ne détestaient pas, affirmait-on, la chair humaine.

– Eh bien, vas-tu rester longtemps à épier ainsi les gens ? tonna une voix dans son dos.

Gald fit volte-face, pour se retrouver devant un individu d'une hideur inconcevable : le poil hirsute, les yeux noirs enfoncés sous des orbites saillantes, des lèvres épaisses qui découvraient des dents que Gald trouvait étrangement aiguës.

– Je... excusez-moi, bafouilla le jeune homme.

– Qui tu es, toi ? aboya l'inconnu. Je ne t'ai jamais vu dans ces fourrés !

– Mon nom est Gald, je viens d'Atil.

– Où ça ? Jamais entendu parler de ce trou puant !

– Ce n'est pourtant qu'à une journée de marche d'ici. Et ce n'est pas un trou puant. Nous avons même un égout !

– Eh, je le sais bien, grogna le charbonnier, en parfaite contradiction avec ce qu'il venait d'affirmer.

Gald comprit qu'il avait feint l'ignorance dans la seule intention de se montrer désagréable.

– Que viens-tu faire de ce côté ? D'habitude, les chasseurs d'Atil ne dépassent pas les Pierres Levées. Des fois qu'ils rencontreraient des cannibales, ajouta l'affreux bonhomme, en avançant d'un pas et en découvrant ses dents pointues.

D'instinct, Gald recula.

– Je me rends à Kerbeliou, affirma-t-il.

– En passant par ici ? Curieuse idée !

– Je crains de m'être un peu perdu.

– Un peu, oui ! ricana le charbonnier. Dommage pour toi.

– Et j'ai faim, avoua Gald.

L'autre le regarda d'un drôle d'air.

– Puisque tu parles de ça... Allez, viens avec moi.

Et il se mit en route vers le camp, sans plus se préoccuper du garçon. « Il est encore temps de fuir », songea celui-ci. Puis, tout de suite après : « Ne suis-je pas censé rencontrer des créatures bien plus effrayantes, dans le

Cinquième Royaume ? Qu'est-ce que ce sera, si j'ai peur d'un simple homme des bois ? »

Il emboîta le pas au charbonnier, tout en cherchant à se persuader que ses dernières paroles étaient dénuées d'ambiguïté.

Parvenu au campement, Gald dénombra une dizaine de personnes, assises en cercle autour d'un foyer où un chevreuil achevait de rôtir : de là se répandait le fumet qui l'avait appâté.

– Et alors ? Que nous amènes-tu là, Dubrann ? s'écria une femme en apercevant Gald.

Elle ressemblait beaucoup à son guide, à la barbe près.

– Un godelureau qui vient d'Atil et qui s'est perdu.

– Et, bien entendu, tu n'as pas pu t'empêcher de lui faire le coup du sauvage !

– Je n'ai pas eu à forcer mon talent, il s'est mis à trembler des pieds à la tête dès qu'il m'a vu. Ces paysans, à force de nous faire passer pour des ogres aux yeux de leurs enfants quand ils ne sont pas sages…

– Mes parents ne m'ont jamais dit cela, mentit Gald.

– Pauvret ! Allons, assieds-toi près de moi, tonitrua la femme, et sers-toi ! Tu es tout pâle ! Tu dois être affamé !

Tout en mangeant, Gald observa ses compagnons d'un soir. Ils étaient tous aussi grands, aussi larges d'épaules et aussi laids. Mais plutôt de bonne compagnie, portés à la plaisanterie. Cette gaieté, surtout, rassura Gald, même s'ils le prenaient pour cible de leurs moqueries.

À la demande de la femme, qui se nommait Pennduig et paraissait diriger le groupe, Gald raconta son histoire. Enfin, une partie de son histoire, car il ne mentionna ni le chêne creux ni l'urne.

– Ces guerriers, d'où venaient-ils ? demanda Dubrann.

– Je l'ignore. Ce n'étaient pas des soldats de Maez, c'est tout ce que je peux dire.

– A-t-on jamais entendu pareille infamie ! grogna Dubrann. Brûler un village et réduire ses habitants en esclavage ! En tout cas, s'ils viennent par ici, ils trouveront à qui parler.

– Ne dis pas de bêtises, Dubrann ! le morigéna Pennduig. S'ils viennent par ici, la seule chose à faire sera de se cacher dans les fourrés jusqu'à leur départ ! En attendant, il est temps de dormir.

Bientôt, les huttes de branchages qui servaient de logements aux charbonniers vibrèrent de ronflements sonores. Enroulé dans sa couverture, l'urne au creux de son ventre, la main gauche serrée sur le manche de son poignard, Gald tardait à trouver le sommeil. Non qu'il se méfiât encore des forestiers, mais sait-on jamais !

Les arbres autour de lui se mirent à bruire avec vigueur. Pourtant, il n'y avait pas le moindre souffle de vent dans la clairière. Les arbres, avait dit Targo, sont bavards, mais leur langage échappe aux hommes. Si, effectivement, Gald ne saisissait pas le sens de leurs échanges, il lui semblait percevoir leur inquiétude. Assis, les oreilles pointées, Louarnic écoutait ; sa queue fouettait l'air de soubresauts nerveux.

Le lendemain matin, Pennduig décida que Dubrann mettrait Gald sur le bon chemin.

– Tiens, lui dit-elle en lui tendant un sac. Si au passage tu trouves des champignons… Quant à toi, mon garçon, ajouta-t-elle à l'intention de Gald, bonne chance et bonne route. Prends ça !

Elle lui remit, enveloppées de fougères, quelques tranches du chevreuil de la veille.

– Et souviens-toi ! Les charbonniers ne sont pas aussi méchants qu'on l'affirme !

Gêné, Gald la remercia d'abondance.

– Trêve de balivernes ! Ne t'attarde pas si tu veux arriver dans la plaine avant la nuit.

10

KERBELIOU

– Voilà, dit Dubrann. Tu n'as plus qu'à suivre le soleil et tu arriveras au Grand Chaos.

– Je ne sais pas ce que c'est…

– Pas grave, tu comprendras en le voyant. Une fois que tu l'auras traversé, tu trouveras le chemin qui descend vers la plaine.

– Merci. Dis-moi…

– Oui ?

– Est-ce que les charbonniers connaissent le langage des arbres ?

Dubrann le dévisagea, les yeux ronds.

– Et est-ce que, parfois, vous voyez les esprits qui les habitent ? insista Gald.

– Que me chantes-tu là ? s'esclaffa Dubrann. Tu ne serais pas un peu fou, par hasard ?

–Non, c'est juste que... La forêt est inquiète, je me demandais pourquoi.

–Pas de doute, soupira Dubrann. Tu es cinglé.

–Quel dieu honorent les charbonniers ?

–D'après toi ? Qui d'autre que Zévinn, le dieu du Feu ?

–Oui, bien sûr.

–Et toi, paysan, tu rends hommage à son épouse, Névezenn, qui veille à la ferilité des champs. Mais qui a jamais cru qu'il y a des esprits dans les arbres ?

–Je pensais juste... Chez moi, on raconte que, lorsque les hommes sont arrivés sur terre, elle était déjà habitée. Il y a eu une grande guerre, qu'ils ont remportée. Et les vaincus se sont réfugiés dans les profondeurs du sol. Alors, comme les arbres y plongent leurs racines, je me demandais...

–N'importe quoi ! ricana Dubrann. Moi aussi, je connais la légende de l'Ancien Monde. Mais ce n'est rien qu'un conte pour enfants. La vérité, c'est que les hommes ont toujours été là et le seront toujours. Et que moi, je couperai des arbres tout le long de ma chienne de vie et consumerai leur bois dans un four de terre pour le transformer en charbon. Les villageois me l'achèteront pour leurs forges, en se récriant sur le prix – quand bien même je le leur donnerais, ils le trouveraient trop cher ! Puis ils se sauveront bien vite, car les rares qui n'ont pas peur de moi me méprisent et craignent de se salir en me touchant. Ainsi va la vie, de toute éternité. Le reste n'est que billevesées !

– Tu as raison, admit Gald. Eh bien, au revoir. Je te souhaite de ne jamais rencontrer les guerriers noirs. Mais s'ils viennent à rôder par ici, suis le conseil de Pennduig, cache-toi.

Le charbonnier lui adressa un signe de la main et pirouetta. Deux secondes plus tard, il s'était fondu dans le taillis.

– Et merci ! cria Gald sans recevoir de réponse.

Louarnic se frotta contre ses jambes.

– Nous sommes de nouveau seuls tous les deux, constata le garçon, un soupçon de tristesse dans la voix.

– Rrrou, approuva le chat, bien plus serein.

À la forêt succédait une région d'herbes folles et de taillis, qui débouchait sur le Grand Chaos, un promontoire calcaire où la pluie et le vent avaient sculpté les formes les plus extravagantes. Ainsi que le charbonnier le lui avait annoncé, Gald n'eut aucun doute en le voyant. La rivière Riole, si paisible quand elle traversait les terres grasses de Drusaonn, y avait creusé une gorge profonde, au point qu'elle disparaissait pour réapparaître, bien plus bas, sous la forme d'une cascade d'où s'élevait une vapeur épaisse. Elle se déversait alors dans la grande plaine formée par les alluvions du fleuve Lekheth afin de se perdre dans ses eaux limoneuses.

Le jeune paysan, dont l'horizon avait toujours été bouché par des bois et des collines, découvrait à ses pieds un espace d'une étendue inimaginable. Çà et là, un village ponctuait les champs bien alignés. L'horizon se perdait dans une brume bleue.

Gald amorça sa descente par un chemin escarpé et raboteux. Pas étonnant qu'aucun colporteur n'empruntât cet itinéraire ! Arrivé en bas – cela lui prit deux bonnes heures –, il s'accorda un peu de repos, le temps d'honorer le repas que Pennduig lui avait fourni. Il aurait volontiers tout dévoré, mais il se rationna. Qui sait quel accueil on lui réserverait ? Les paysans de la plaine jouissaient dans la vallée de Drusaonn de la réputation d'être riches, donc avares.

Au pied de la descente, le chemin s'élargissait, pour déboucher bientôt sur une route carrossable. Le moment du choix était venu. Soit il obliquait vers le nord pour gagner Kerbeliou, conformément à son idée première. Soit, suivant l'avertissement de Targo, il piquait dans la direction opposée.

– Qu'en penses-tu, Louarnic ?

– Vroû, répondit le chat, ce qui n'était pas, il faut le reconnaître, d'un très grand secours.

La face rigolarde de Dubrann lui vint à l'esprit. « Qui a jamais cru qu'il y a des esprits dans les arbres ? » Le charbonnier avait raison ; il serait stupide de se laisser influencer par ce qui, il s'en persuadait de plus en plus à mesure que le temps passait, n'avait été qu'un rêve.

Il opta pour le nord.

Quand vint le soir, il tenta sa chance auprès des habitants d'un hameau. Hélas, ceux-ci confirmèrent leur réputation. Tout au plus l'un d'eux accepta-t-il de le laisser dormir dans sa grange, à condition qu'il l'aide à traire les vaches. En guise de repas, Gald ne reçut qu'un quignon de pain rassis. Il se félicita d'avoir épargné une partie de sa viande. Mais qu'en serait-il le lendemain ? Il n'avait aucune idée de la distance à parcourir avant d'atteindre Kerbeliou. « Bah ! se dit-il, à chaque jour suffit sa peine. On verra bien. »

Il partit dès l'aube, en veillant à ne pas réveiller la maisonnée, de peur qu'on exigeât de lui quelque nouvelle corvée. Au passage, il chaparda une dizaine d'oignons parmi ceux qui séchaient dans la grange.

La journée s'annonçait claire et ensoleillée, ce qui, en lui, réjouissait le voyageur mais contrariait le cultivateur. En cette saison, il eût mieux valu de la pluie. Or, cela faisait bien longtemps qu'elle n'était pas tombée sur le plateau. À en juger par l'état de la terre, la plaine n'était pas mieux lotie.

Il marcha tout le jour, et encore le jour suivant, avant d'arriver en vue de sa destination. Il avait faim. Renonçant à demander l'hospitalité dans les fermes dont les chiens aboyaient furieusement à son approche, il avait dormi à même la terre, dans un champ.

Les champs ! À cette époque de l'année, ils auraient dû être verts. Or, des taches brunes défiguraient les blés épars qui poussaient dans une terre pulvérulente. L'effet de la sécheresse, ou de quelque maladie précoce ? Sur les arbres fruitiers, les fleurs étaient déjà tombées.

Les oiseaux eux-mêmes paraissaient maussades et négligeaient de chanter. Seul le croassement des corbeaux accompagnait le voyageur.

Arrivé à une ou deux lieues de la ville, Gald aida un marchand à remettre d'aplomb son chariot, dont la roue s'était brisée dans une ornière. En contrepartie, l'autre lui donna un peu de pain et une tranche de couenne fumée, qu'il dévora presque en entier.

Aux abords de la ville, les chemins s'encombraient. Les passants lui jetaient des regards obliques. Il est vrai que, avec son arc, son carquois trop rempli et ses deux sacs, il avait de quoi exciter la curiosité.

Malgré son impatience d'en référer au margrave, il jugea plus prudent de mettre l'urne en sécurité. Dans la vallée de Drusaonn, il courait bien des bruits sur les villes, en particulier sur les voleurs qui y prospéraient, prompts à délester le voyageur imprudent.

Au bord d'un champ, il repéra un amas de pierres, vestiges d'un antique oratoire. Il s'assit sur l'une d'elles, semblant s'y reposer. Quand il eut la certitude que personne ne l'épiait, il déposa l'urne et son carquois dans une anfractuosité au-dessus de laquelle il déposa une pierre plate. Il repoussa de la terre contre elle, pour donner l'illusion qu'elle se trouvait là depuis longtemps. Il dissimula son arc un peu plus loin, dans le fossé. Revenu sur le chemin, il vérifia qu'il n'avait laissé aucune trace.

– Eh bien, dit-il, satisfait, qu'en penses-tu, Louarnic ? Louarnic ! ?

Absorbé par sa tâche, il n'avait pas vu l'animal s'éloigner.

– Louarnic !

Il fit quelques pas, se retourna. D'habitude, cela suffisait pour que le petit chat réapparût. Pas cette fois.

– Louarnic !

Il se crevait les yeux à essayer de le trouver parmi le tas de pierres, en vain. Sur le chemin, il aperçut une charrette. Mieux valait s'éloigner, pour ne pas attirer l'attention sur l'oratoire ruiné. La mort dans l'âme, il s'y résolut. Peut-être Louarnic avait-il préféré rester auprès de l'urne funéraire. Après tout, avant d'être son compagnon de voyage, n'avait-il pas été le familier de Henwen ?

Les dimensions et l'animation de Kerbeliou étourdirent tant le voyageur qu'il ne remarqua pas des détails insolites que, par la suite, il devait se remémorer. Par exemple, qu'une garnison gardait les portes de la ville, comme si elle était menacée. Ou que des maçons réparaient les crevasses qu'au fil du temps on avait laissé s'élargir dans des remparts devenus inutiles.

La haute porte franchie, il se fit indiquer l'hôtel du margrave. Sans se laisser appâter par les innombrables échoppes, il atteignit la grand'place. Une foule laborieuse l'encombrait. Dans un coin, Gald aperçut deux roulottes de saltimbanques. Les montreurs de marionnettes s'apprêtaient à lever le camp : ils démontaient leurs tréteaux. Ce spectacle ne retint pas longtemps son attention. Car à l'autre bout de la place se dressait la résidence du margrave. Sans être un palais, elle était la plus grande bâtisse que Gald ait eu l'occasion de voir. Ses proportions l'intimidaient. Il ne doutait pas un seul instant que le margrave, entrant dans une violente colère en apprenant le sort d'Atil, ne mît tout en œuvre pour venger le village et surtout délivrer les prisonniers. Si les guerriers noirs avaient pu paraître d'invincibles adversaires aux paysans de Drusaonn, ils n'étaient sûrement pas en nombre suffisant pour résister à la garnison d'une telle ville !

Aussi est-ce d'un pas résolu et le cœur allégé qu'il franchit le seuil.

La salle d'audience occupait tout le rez-de-chaussée. Et c'était, bien sûr, la plus spacieuse où il eut pénétré, avec ses quatre piliers et ses voûtes surbaissées. Elle était même dotée d'un puits intérieur, dont la margelle se parait de figures fantastiques. Pour l'heure, elle était vide, à l'exception d'un clerc qui somnolait derrière son pupitre. Gald toussota pour attirer son attention. Le scribe ouvrit un œil, puis, s'avisant de la présence d'un visiteur, se redressa en saisissant sa plume.

– Oui, quoi, qu'est-ce que c'est ? Que voulez-vous ? marmonna-t-il sans quitter des yeux le registre sur lequel il s'était mis à écrire avec frénésie.

– Je dois voir le margrave au plus tôt.

Le greffier leva un peu la tête. Avisant la tenue de Gald, poussiéreuse et déchirée, il retrouva toute l'arrogance qui convenait à sa fonction.

– Au plus tôt ? Voyez-vous ça ! ironisa-t-il. Et pourquoi devrais-je déranger Son Excellence ?

– Je suis Gald, fils de Brigat et de Heldorn, du village d'Atil, dans la vallée de Drusaonn, des Hautes Terres, sujet du roi Maez. Je viens réclamer justice.

– Bien sûr, bien sûr, bougonna le scribe. Tout le monde vient ici pour réclamer justice. Explique-moi ton cas, je l'inscrirai sur le rôle et tu reviendras après-demain, jour d'audience publique.

– Non, ça ne peut pas attendre. Des guerriers ont ravagé mon village.

– Des guerriers ? Des soldats, veux-tu dire ? Ton village ne se sera pas acquitté de l'impôt...

– Non, ces hommes n'appartiennent pas au roi Maez. Leur cuirasse est noire et ils portent des masques. Leur chef se nomme Agman.

Les yeux du scribe se firent sévères. Gald frémit sous ce regard fixe.

– Attends-moi là, dit le clerc.

Il disparut derrière une petite porte.

Gald avait la bouche sèche. Il s'approcha du puits. Il se pencha par-dessus la margelle. Or le visage qui se refléta à la surface de l'eau n'était pas le sien, mais celui d'une jeune femme à la chevelure ondoyante.

– Fuis ! Pars d'ici immédiatement ! s'écria-t-elle.

Gald recula, effrayé. Que signifiait ce nouveau prodige ? Au même moment, la porte par laquelle le scribe s'était éclipsé s'ouvrit. Dans la pénombre, il lui sembla voir luire une épée.

11

LES FILS DU VENT

Sans plus réfléchir, Gald suivit le conseil de la jeune femme du puits. Comme il franchissait le seuil du bâtiment, un cri éclata derrière lui :

– Rattrapez-le, ne le laissez pas s'enfuir !

Il prit ses jambes à son cou.

Il ne savait pas où il allait. Il se contentait de changer de direction le plus souvent possible. Heureusement, les ruelles de Kerbeliou formaient un véritable labyrinthe. Il se força à ralentir l'allure. En courant, il ne pouvait qu'attirer l'attention sur lui. Des yeux, il cherchait un endroit où se terrer. Mais aucune cachette ne lui paraissait sûre. Quant à pénétrer dans une maison…

Il déboucha sur une place. Elle grouillait de cuirasses noires. Il reconnut l'imposante bâtisse qui la dominait : l'hôtel du margrave ! À force de tours et de détours, il était revenu à son point de départ.

Il voulut rebrousser chemin. Un homme d'armes s'engageait à l'autre bout de la ruelle qu'il venait d'emprunter. En trois bonds, Gald atteignit une des roulottes et s'y réfugia.

Un coffre d'osier abritait les poupées avec lesquelles les bateleurs donnaient leur spectacle. Il s'y engouffra, referma le couvercle sur lui. Peu après, un bruit de pas retentit. Il retint sa respiration.

– Sors donc de ce couffin, tu vas abîmer mes marionnettes. De plus, c'est idiot de se cacher là-dedans. Si les soldats te cherchent ici, ils regarderont dans la malle en premier. Dépêche-toi, si tu veux sauver ta peau.

La voix n'était pas hostile. Certes, il pouvait s'agir d'un piège. Mais ses poursuivants auraient-ils hésité à sonder le coffre à coups d'épée ?

Gald dégaina son poignard et se redressa, ouvrant d'un coup le couvercle.

L'homme qui lui faisait face, le visage émacié surmonté d'une crinière poivre et sel, la moustache tombante, le jaugea sans exprimer la moindre émotion. Puis il se pencha sur un coffre adossé à la paroi de la roulotte et en sortit un vêtement.

– Enfile ça ! ordonna-t-il.

– Mais, c'est une robe !

Sans tenir compte de son indignation, l'homme lui tendit une perruque, extraite du même meuble.

– Tu poseras ça sur ta tête, dit-il.

Il quitta la carriole, laissant Gald interloqué. Le garçon jeta un œil au-dehors. Les soldats fouillaient les maisons. Le saltimbanque poussait tranquillement un cheval entre les brancards. Gald revêtit la robe et coiffa la perruque. À peine avait-il terminé qu'une jeune fille pénétra dans la roulotte. Gald se sentit rougir. Elle rit en constatant son embarras.

– Retire tes galoches, si tu veux qu'on croie à ton déguisement. Et viens par ici, que je te maquille un peu.

Elle frotta son visage et ses mains avec du brou de noix pour lui jaunir le teint et souligna la bordure de ses paupières avec un onguent noir. Puis, utilisant la même pâte, elle dessina sur son front, ses joues et le dos de sa main gauche des entrelacs semblables à ceux qu'elle-même portait sur la peau.

Les deux voitures s'ébranlèrent. Personne ne s'opposa à leur départ. Cependant, quand elles arrivèrent à la porte de la ville, elles se heurtèrent à une herse baissée.

– Halte, on ne passe pas ! cria un garde.

Inquiet, Gald risqua un œil au-dehors. Le soldat appartenait à la garnison de la ville, comme le prouvait sa tenue.

– Tu ne peux pas nous arrêter, répondit, flegmatique, le saltimbanque. Nous sommes des Fils du Vent.

– C'est les ordres !

–Regarde, le soleil se couche. Il nous est interdit de passer la nuit à l'intérieur des remparts, tu le sais bien.

Décontenancé, le garde appela son supérieur, lui exposa le dilemme.

–Il n'y a qu'à fouiller les voitures, décida le sergent. Si nous ne trouvons rien, nous les laisserons filer.

–Et dans le cas contraire, tuez-les tous ! intervint un guerrier noir brusquement surgi derrière lui.

Comme le regard d'Agman, le sien paraissait vide derrière les orifices du masque.

–Et qu'est-ce qu'on cherche, au juste ? s'enquit le garde.

–Un jeune garçon et une urne funéraire.

Le cœur de Gald s'accéléra quand les soldats montèrent dans la roulotte.

–Qu'y a-t-il là-dedans ? demanda l'un d'eux en pointant son épée vers le coffre d'osier.

–Nous y rangeons nos marionnettes, répondit la jeune fille.

–Ouvre !

–Tout de suite, messire. Mais prenez-y garde. Certaines de ces figurines représentent les dieux. Il serait dommage qu'un homme comme vous attrape un mauvais sort.

Cette précision n'empêcha pas le soldat d'examiner méticuleusement le contenu du couffin. La jeune fille le regardait faire en souriant, se penchant un peu pour lui laisser voir son décolleté.

– Tu es bien mignonnette, lui dit soudain le garde. En revanche, ta compagne ne me paraît pas très aimable, ajouta-t-il en examinant Gald sous le nez.

Celui-ci avala sa salive avec peine.

– Oh ! intervint la jeune fille. Ma cousine est un peu simplette. Vous l'effrayez.

– Et toi, tu n'as pas peur ?

– D'un beau garçon comme vous ? Je serais bien bête.

Le soldat lui prit le menton entre le pouce et l'index.

– C'est tout de même dommage que tu ne passes pas la nuit en ville, dit-il.

– Tout va bien là-dedans ? demanda le sergent dont la tête s'encadra à la porte de la roulotte.

– Tout est en ordre, répondit le soldat en lâchant précipitamment le menton de la jeune fille.

– Alors, descends. Et toi, tu peux filer, ajouta-t-il à l'intention de l'homme à la crinière grise.

Sitôt le passage libéré, les deux carrioles franchirent la porte. Avec un grincement sinistre, la herse retomba derrière elles.

– Sdrina ! appela le nomade, viens tenir les rênes, je dois avoir une conversation avec notre ami.

La jeune fille se coula prestement à travers une ouverture pratiquée à l'avant de la roulotte. Empruntant le même chemin, le saltimbanque vint s'asseoir devant Gald.

– Je ne sais comment vous remercier…, commença le garçon.

– Plus tard. À droite ou à gauche ? Ne me regarde pas comme un ahuri. Quelle route devons-nous prendre ? Celle de droite ou celle de gauche ? Autrement dit, où est l'urne ?

– Mais…

– Vas-tu bêler comme une chèvre longtemps ? Le guerrier a parlé d'une urne funéraire. Je suppose que tu souhaites la récupérer. Où l'as-tu cachée ?

– Au sud, reconnut Gald.

– Bon.

Il cogna à la cloison deux fois pour indiquer à Sdrina la direction à prendre. Soudain, une idée frappa Gald.

– Eh ? Comment saviez-vous que je ne l'avais pas cachée dans la ville ?

– Parce que je t'ai vu y entrer. Tu avais alors les mains vides. Un voyageur sans bagages, ça tire l'œil.

– J'aurais pu être de la cité.

– Ta façon de regarder ce qui t'entourait en disait long. M'est avis que tu mettais les pieds à Kerbeliou pour la première fois. Maintenant, ma capacité de déduction connaissant ses limites, si tu m'en disais un peu plus ?

Gald marqua un instant d'hésitation, le temps de trier ce qu'il avouerait au Fils du Vent. Celui-ci s'impatienta :

– Pour te sauver, toi que nous ne connaissions pas, nous avons risqué notre vie. L'autre face de cadavre – qu'Avèl dessèche sa chair sur ses os ! – n'avait pas l'air de plaisanter. Alors, tu me dois quelques explications, il me semble.

Gald baissa la tête. Pour autant, il doutait de pouvoir raconter toute l'histoire sans passer pour un fou. Sur les croyances et les mœurs des Fils du Vent, il n'avait que des lumières incertaines. Comment son interlocuteur réagirait-il s'il lui parlait de l'esprit du chêne ou de l'ondine du puits ?

– Excusez-moi, dit-il. Je ne voulais pas vous froisser. La vérité est que je ne comprends pas moi-même ce qui m'arrive. Je me nomme Gald, et je vivais en paix dans un village de la vallée de Drusaonn. Des guerriers qui portaient une cuirasse noire comme ceux de Kerbeliou sont venus le détruire, massacrer une partie de ses habitants et emmener les autres en captivité. Moi ? J'ai réussi à m'enfuir. Mais Agman – c'est leur chef – a envoyé deux hommes à ma poursuite. En me cachant dans la forêt, je leur ai échappé. Je suis venu demander au margrave d'en aviser le roi et d'envoyer des soldats au secours des miens. Je ne savais pas qu'il était lui aussi aux mains des guerriers noirs.

Le nomade secoua la tête.

–Il n'est pas leur prisonnier, corrigea-t-il. C'est de plein gré qu'il leur accorde droit de cité dans Kerbeliou.

–Et les captifs ? Avez-vous entendu dire où on les a emmenés ?

–Non, désolé. On parle des mines de Kaer-Kailh. Mais ce ne sont que rumeurs. Poursuis ton récit. Tu ne m'as encore rien dit sur l'urne.

–Elle contient les cendres d'une vieille femme. Et je dois la porter dans un endroit qu'on appelle le Puits des Âmes. Savez-vous où cela se trouve ?

Le Fils du Vent ignora la question. Il paraissait bouleversé.

–D'où viens-tu ? Quel est le nom de ton village ?

–Atil. Tu ne connais probablement pas.

–Ne te moque pas de moi. Qui ne connaît le centre du monde ?

12

SUR LA ROUTE

Gald souleva la pierre. L'urne attendait au fond de la cachette.

Le nomade considéra l'objet avec un mélange de respect et de dégoût. Ceux de son peuple n'incinéraient pas leurs morts. Ils les ensevelissaient là où ils avaient rendu leur dernier souffle. « La fin de ta vie, la fin de ton chemin », disait l'un de leurs proverbes. Les rituels des paysans leur semblaient absurdement compliqués.

– Est-ce vrai, ce qu'on prétend chez moi, que les Fils du Vent n'ont qu'une âme ?

– Et même moins que cela. Tu vis, tu vis. Tu meurs, tu es mort. C'est tout ce qu'il y a à savoir. Seuls les dieux sont immortels, mais depuis que j'arpente les chemins, je n'en ai encore vu aucun. Voilà pourtant cinquante ans que ça dure.

Gald siffla entre ses dents. Cinquante ans, c'était un bel âge. Surtout que l'homme portait encore beau. Profitant de ce que son compagnon de voyage paraissait en veine de confidences, Gald demanda :

– Je vous ai donné mon nom. Me direz-vous le vôtre ?

– Askel, répondit le nomade.

– Pourquoi m'avez-vous aidé ?

– Si je n'ai jamais vu de dieux, je n'avais pas vu de démons non plus ; jusqu'à cette semaine.

– Vous voulez parler des guerriers noirs ?

Askel hocha la tête, pensif.

– Je ne sais pas qui ils sont, ni quel but ils poursuivent. Mais je ne les aime pas. Ils puent la mort.

– Et cela vous a paru une raison suffisante pour me cacher au risque de votre vie ?

– Les gens se méfient de nous. Ils nous traitent de voleurs, de fainéants. Dans ce pays, nous n'avons même pas le droit de passer la nuit dans une ville. Les années de sécheresse, ou quand la grêle a détruit les vignes, on nous accuse d'avoir le mauvais œil. On nous jette des pierres quand nous traversons un village en deuil. Lorsqu'un crime est commis quelque part, on pend un ou deux des nôtres, à tout hasard. Tu vois, je sais ce que ça fait d'être pourchassé. Alors, quand tu t'es réfugié dans ma roulotte, je n'ai pas hésité : j'étais dans ton camp contre tes poursuivants. Mais que cherches-tu ? N'as-tu pas retrouvé ton urne ?

Gald, en effet, regardait tout autour de lui.

– Louarnic ! appela-t-il à plusieurs reprises.

Il entendit enfin un frôlement dans un buis, tout près de la cachette. Il s'en approcha, écarta le feuillage de l'arbrisseau. Deux prunelles rougeâtres luisaient dans l'ombre.

– Louarnic, n'aie pas peur, c'est moi !

Il tendit doucement la main. Le chat la renifla longuement avant de consentir à sortir de son repaire.

– Bien sûr, tu ne m'avais pas reconnu, ainsi vêtu.

Askel comprit l'allusion.

– Il vaut mieux que tu ne remettes pas tes vêtements. Ton signalement doit circuler partout. Attends, je vais arranger ça.

Rentrant dans la roulotte, il en ressortit bientôt avec quelques hardes sous le bras.

– Tiens, ça devrait t'aller.

Gald ne se le fit pas dire deux fois. En un rien de temps, il se débarrassa de la perruque et troqua la robe contre une chemise ample et un pantalon large, serré à la ceinture par une bande d'étoffe à la couleur du clan d'Askel. Ainsi vêtu, il pouvait passer pour un Fils du Vent.

– Voilà qui est mieux, le taquina Askel. Nos filles sont réputées pour leur beauté, tu faisais tache. Ah, pense à te débarbouiller. Sais-tu conduire un attelage ?

– Oui.

– Alors monte à côté de Sdrina. Pour ce qui me concerne, une petite sieste ne serait pas pour me déplaire.

Et il regagna la voiture.

Sdrina accueillit Gald avec un gracieux sourire. Elle s'émerveilla sur Louarnic, qui accepta ses compliments avec flegme. D'un claquement de langue, elle donna le signal du départ à la jument grise. La bête allongea un peu le pas pour rattraper la deuxième roulotte, qui avait poursuivi son chemin. Elle abritait Aerel, le frère d'Askel, sa femme Florna et leurs quatre enfants.

Gald éprouvait des scrupules en songeant au danger qu'il représentait pour tous ces gens. Peut-être devrait-il les quitter avant qu'il leur arrive malheur ? Mais, d'un autre côté, il se sentait plus en sécurité, moins repérable en leur compagnie que seul sur le chemin.

Le soir, ils campèrent à proximité d'un village où Askel projetait de donner leur spectacle de marionnettes. Gald reçut l'autorisation de dormir sous la roulotte. Dessous, et non à l'intérieur, car il n'était pas Fils du Vent. Il ignorait encore qu'il s'agissait néanmoins d'un privilège rarement accordé. Il y rejoignit donc les chiens du clan qui, débonnaires, ne s'offusquèrent pas de cette intrusion.

Au matin, Gald aida Aerel et Florna à monter le castelet, ainsi que s'appelait, il l'apprit à cette occasion, la scène où évoluaient les comédiens de bois. Pendant qu'ils achevaient les préparatifs, Askel négociait avec les anciens du village le thème du spectacle. Toutes les représentations données par les Fils du Vent avaient pour sujet un épisode de la genèse : comment Avèl, le dieu de l'Air, avait épousé Douraane, la déesse de l'Eau, ou comment Névezenn, déesse de la Terre, avait séduit le dieu du Feu, Zévinn, et comment la cinquième divinité issue de l'œuf primordial, n'ayant pas achevé la métamorphose qui aurait séparé en elle l'élément mâle de l'élément femelle, était devenue le dieu sans nom. Ou encore, elles racontaient une péripétie de la lutte qui avait opposé les hommes aux occupants de l'Ancien Monde. Cependant l'histoire préférée des foules demeurait celle des amours du preux Kadarn et de la guerrière Letta, qui avaient lutté l'un contre l'autre dans la plaine d'Airma, le jour de l'Airma-Kad, l'ultime combat qui avait opposé les armées des Quatre Royaumes. De leur duel naquit une violente passion, quand ils s'étaient reconnus d'égale valeur. Et de cette union datait l'ère de l'Harmonie : plus jamais, après cela, les armes n'avaient résonné, plus jamais le sang n'avait été répandu dans des luttes stériles.

Cette fois, les villageois choisirent un épisode en rapport avec leur préoccupation du moment : la sécheresse. Maniées avec une éblouissante dextérité, les marionnettes racontèrent donc la Colère de Zévinn.

Le clan au grand complet, enfants compris, participait au spectacle, si bien qu'il y avait parfois jusqu'à dix personnages en scène. Comment les saltimbanques n'emmêlaient-ils pas les ficelles ? Tout en donnant vie aux marionnettes, ils se repassaient les instruments de musique grâce auxquels ils ponctuaient le récit, soulignant les épisodes sentimentaux ou les scènes d'action. Les passages préférés de Gald étaient ceux où Sdrina chantait. Les spectateurs reprenaient les refrains en chœur.

Comme ils se trouvaient au Trévad, les montreurs donnaient le beau rôle à Névezenn, particulièrement honorée dans ce royaume. Sa marionnette était fort élégante, parée de bijoux précieux. Au début de l'action, elle se désolait, car son ardent époux, prenant ombrage de son trop grand attachement pour la déesse aquatique Douraane, lui faisait une scène effroyable, si bien que cette dernière, pour ménager son amie, décidait de ne plus lui rendre visite pendant un moment. Les villageois, sachant qu'une sécheresse effroyable allait en résulter, compatissaient au désespoir de Névezenn.

Quatre heures plus tard, après de multiples rebondissements, Zévinn était revenu à de meilleurs sentiments et une pluie abondante sauvait les récoltes. Entre-temps, cinq batailles, dont le célèbre combat d'Airma-Kad, s'étaient déroulées et les amours contrariées de Kadarn et Letta connaissaient un heureux dénouement. L'intrigue était quelquefois embrouillée, les digressions nombreuses, mais tous les spectateurs connaissant la légende par cœur, ils pouvaient se laisser entraîner par le rythme endiablé des poupées articulées aux chatoyants costumes sans perdre le fil.

À la fin de la représentation, le chef du village vint saluer Askel, tandis que les enfants recueillaient les dons des paysans. À en juger par le nombre et la qualité de ceux-ci, le public avait apprécié le spectacle. Au demeurant, les Trévadites auraient craint d'offenser Névezenn en lésinant. Les Fils du Vent les remercièrent de leur générosité en jouant une saynète complémentaire, qui permit à Sdrina de démontrer une fois encore ses talents de chanteuse. Après quoi, on démonta vivement le castelet pour s'éloigner du village avant la nuit.

Askel se réjouissait. Les provisions recueillies ce jour-là, ajoutées à celles qu'il avait emmagasinées à Kerbeliou, lui permettaient de cheminer une dizaine de jours sans avoir à donner un nouveau spectacle. Non qu'il n'aimât pas travailler, mais il préférait avant tout courir les chemins. Surtout que, ainsi que Gald le comprit bien vite, son apparente errance n'était pas dénuée de but.

Les premiers jours, en effet, Gald ne se posa pas de questions : la direction empruntée par Askel lui convenait, et il cessa de s'inquiéter de l'éventuel danger qu'il représentait pour le clan lorsqu'un détachement de cavaliers noirs dépassa les roulottes au galop sans leur prêter la moindre attention. Il appréciait particulièrement de se retrouver seul avec Sdrina, bien qu'elle ne manquât pas une occasion de lui rappeler qu'il n'était qu'un kouerig (elle employait avec malice ce terme qui signifiait à peu près valet de ferme), indigne de l'amitié d'une Fille du Vent.

Ils n'avançaient pas très vite. Mais Gald n'aurait pas progressé plus rapidement s'il avait parcouru la route à pied. Cependant, chaque fois qu'il tentait d'orienter la conversation sur le Cinquième Royaume, Askel la détournait aussitôt.

Un matin, n'y tenant plus, il demanda ouvertement :

– Me conduiras-tu au Puits des Âmes ?

– Certainement pas, répliqua Askel d'un ton définitif. D'ailleurs, je ne sais pas plus que toi où il se trouve.

– Alors, où allons-nous ? Tu me parais bien pressé. D'ordinaire, les Fils du Vent parcourent les routes avec plus de nonchalance.

– Au rassemblement du Dastum. Maintenant, assez de questions, kouerig ! Viens m'aider à atteler la jument.

Askel lui donnait de ce sobriquet pour la première fois et, sembla-t-il à Gald, avec moins d'affectueuse complicité que Sdrina. Il attendit donc d'être de nouveau seul avec la jeune fille pour l'interroger sur ce que son père avait voulu dire.

– Le Dastum, expliqua-t-elle alors, c'est l'endroit où tous les clans de la tribu se retrouvent régulièrement pour partager ce qu'ils ont appris.

– Et Askel est pressé de parler des guerriers noirs ? devina Gald.

– Il lui paraît nécessaire qu'Aamzer soit informé au plus tôt de ce qui se passe au Trévad.

– Aamzer ? Le roi du Bro-Avèl ? Je croyais que les Fils du Vent ignoraient les frontières et ne se reconnaissaient pas d'autre souverain que l'air du temps.

– Tu as encore beaucoup à apprendre, kouerig ! répliqua Sdrina en émettant ce rire cristallin qui la rendait encore plus attirante.

Bien sûr. Gald en avait clairement conscience. Mais il se sentait stupide. Comment ne s'était-il pas étonné qu'Askel l'ait remarqué à Kerbeliou, lui, un simple voyageur ? Il comprenait soudain que la curiosité qu'il avait remarquée non seulement chez le chef du clan, mais aussi chez tous les membres de sa famille, signifiait davantage qu'un trait de caractère. Que les Fils du Vent étaient entraînés à observer, à écouter. Et qu'ils rapportaient à Aamzer tout ce qui se passait dans les autres royaumes, avec d'autant plus d'efficacité qu'ils voyageaient partout, s'arrêtaient dans toutes les cités, dans les moindres villages.

Mais à quelle fin, puisque la concorde régnait entre tous les souverains ?

Enfin, on le prétendait.

Décidément, le monde était bien plus complexe qu'il l'avait imaginé, et le maintien de la paix entre les royaumes – cette fameuse Harmonie dont on avait fait le pilier de l'ordre naturel aussi bien que social – exigeait sans doute quelques précautions.

Cette révélation faisait-elle partie de ce que les anciens du Conseil avaient appris à Finn ?

13

ROUANEZ-VAMM

Au creux d'un méandre du fleuve Mavel s'étendait un village insolite. Comme les autres agglomérations, il avait ses rues, ses places, ses impasses. Mais pas de maisons. Des dizaines de roulottes en tenaient lieu, auxquelles se mêlaient quelques tentes rondes, dont certaines, spacieuses, se dressaient là depuis longtemps, à en juger par les plantes grimpantes qui en colonisaient les parois. Partout erraient chevaux et mules, et aussi des chiens qui observaient sans animosité les arrivants.

À tout instant, on apostrophait Askel. Il répondait gaiement aux uns et aux autres. Si beaucoup portaient les couleurs de son clan, bon nombre d'hommes arboraient une autre ceinture. Certains s'autorisaient même des tenues excentriques, au regard du costume traditionnel des Fils du Vent.

Askel choisit un emplacement pour ses deux roulottes. Il disparut aussitôt dans le dédale du Dastum, laissant à son frère le soin de parachever leur installation. Ce fut, à vrai dire, vite fait, car ils ne manquèrent pas de bras pour s'occuper des chevaux, apporter de l'eau, des victuailles et tout ce qu'il fallait pour leur séjour. Tous ces gens qui les aidaient s'appelaient entre eux frères ou cousins, mais avec des nuances vocales trop marquées pour être le fruit du hasard : chacun ici connaissait sa place dans une organisation dont les subtilités échappaient à Gald. Personne, en tout cas, ne lui adressa la parole : malgré son costume, on ne voyait en lui qu'un kouerig, un gratteur de terre. Sdrina, très entourée par des jeunes gens trop empressés au goût de Gald, ne fit rien pour faciliter son admission dans la tribu. Au contraire, elle paraissait à présent se désintéresser complètement de lui. Il en éprouva de la tristesse. Voire de l'amertume.

Les enfants avaient vite été entraînés par de multiples « cousins » dans leurs jeux. Florna, la femme d'Aerel, bavardait en riant avec des voisines, tandis que son mari échangeait avec les hommes des recettes pour le maniement des marionnettes : il s'enorgueillissait de faire exécuter aux siennes un saut périlleux arrière sans emmêler les ficelles. À en juger par les appréciations flatteuses de ses interlocuteurs, sa fierté n'était pas dénuée de fondement. Gald, assis sur l'escalier de la roulotte, s'ennuyait ferme quand Askel revint, fort excité :

– Suis-moi, dit-il. Rouanez-Vamm veut te voir.

De méchante humeur, Gald ne bougea pas.

– Qui est-ce ? demanda-t-il.

Askel haussa les sourcils, comme si la question le surprenait. Pinçant les lèvres, il répondit d'un ton sec :

– Tu verras bien. Dépêche-toi, on ne la fait pas attendre !

La nouvelle de l'audience s'était répandue dans le campement. Une double haie se forma pour voir passer celui à qui Rouanez-Vamm concédait l'honneur de l'approcher. On se taisait à son passage. Ce soudain respect impressionna beaucoup Gald.

Askel le mena jusqu'à une des tentes qui l'avaient intrigué. De riches broderies de perles dessinaient tout autour une décoration colorée. Elles composaient des dessins abstraits, même si, par endroits, on devinait dans les linéaments entrecroisés la forme d'un homme ou d'un cheval. Une femme entre deux âges souleva le pan qui masquait l'entrée en lui souriant : Gald apprécia ce signe de sympathie, le premier depuis son arrivée dans le camp.

Il faisait sombre dans la tente. Et très chaud : malgré la douceur de la température extérieure, deux braseros rougeoyaient dans la pénombre. Un parfum âcre tournait la tête.

Askel poussa Gald vers une forme indistincte tassée contre un mât latéral.

La forme bougea. À la lueur d'une lampe à huile, Gald distingua un visage rond, labouré de rides dont la flamme vacillante de la mèche accentuait la profondeur.

Askel s'inclina avec respect.

– Mère, voici celui dont nous avons parlé.

Au milieu des rides brilla un éclat gris acier : la vieille avait un peu soulevé les paupières. Gald se sentit transpercé par ce regard.

Il n'y avait pourtant aucune hostilité en Rouanez-Vamm. Elle souriait de toute sa bouche édentée.

– Installe-toi, mon fils, dit-elle à Gald en lui indiquant un siège bas, sur lequel il s'accroupit plus qu'il ne s'assit. Veux-tu un thé ?

Sans attendre la réponse, la femme qui avait ouvert la tente arriva, une tasse fumante à la main. Gald trempa avec circonspection ses lèvres dans le breuvage, inconnu de lui. Il lui trouva un arôme agréable.

– Bien, bien, dit la vieille en émettant un petit rire qui n'était pas sans rappeler celui de Khozmamm, l'aïeule qui n'avait plus toute sa tête. Mais le regard clair de Rouanez-Vamm, tranchant, inquisiteur même, ne laissait aucun doute sur sa lucidité.

Askel ne s'était pas assis. Il demeurait debout, tête baissée, paumes tournées vers l'avant, dans l'expression du plus profond respect.

– Tu peux te retirer maintenant, Askel mon fils, le congédia la vieille. Et toi aussi, Emria, ajouta-t-elle à l'attention de la femme qui demeurait un peu en retrait de Gald. Ce jeune homme et moi devons discuter.

Quand ils furent sortis, elle écarta les bras, laissant tomber le châle qui couvrait sa tête et enveloppait ses épaules. Dans l'assemblage savant des tissus de sa robe se retrouvaient les couleurs de tous les clans. Elle redressa le torse, apparaissant ainsi bien plus grande que Gald l'avait cru.

– Tu es venu sans ton chat ?

– Dois-je aller le chercher ?

– Non, cela n'a aucune importance. J'aime les chats, c'est tout.

Cette précision acheva de rassurer Gald. Il se raidit cependant quand elle demanda :

– Montre-moi ton poignard.

Gald sortit l'arme de sa ceinture, où il l'avait dissimulée, et il la déposa dans une main musclée, aux doigts longs et forts. Rouanez-Vamm s'intéressa uniquement au dessin du pommeau. Puis elle reporta son attention sur le garçon. La flamme de la lampe s'était élevée, sans qu'elle eût touché à la mèche.

– Je ne t'imaginais pas ainsi, dit-elle au terme d'un examen que Gald commençait à trouver embarrassant. Tu es bien jeune. Inexpérimenté. Je me demande ce qui a poussé Penfor à te désigner.

Gald sursauta : il était bien certain de n'avoir jamais prononcé ce nom devant Rouanez-Vamm.

– Vous connaissez Penfor ? bredouilla-t-il.

Rouanez-Vamm émit un gloussement.

– Les Fils du Vent savent beaucoup plus de choses que tu ne le crois. Et je suis leur mère.

– Alors, vous savez où se situe le Puits des Âmes ?

Rouanez-Vamm secoua les mains devant son visage.

– Pas si vite, pas si vite ! Le Puits des Âmes… songe un peu : la source de toute vie ! Il faut d'abord comprendre pourquoi tu dois y aller.

– C'est mon frère Finn que Penfor avait choisi, avoua Gald.

Elle le considéra un moment. Il était impossible de lire dans son regard à l'éclat métallique les réflexions que lui inspirait cet examen. Cependant, sa voix était bienveillante quand elle constata :

– Aujourd'hui, c'est toi qui es là, et cela seul importe. Pour commencer : où et quand as-tu trouvé ce poignard ?

– Dans la forêt de Helg. Un peu avant la destruction d'Atil.

– Ainsi, Agman avait franchi la Porte avant la mort de Henwen, murmura Rouanez-Vamm, pensive. Ce n'est donc pas cela qui a ouvert la brèche…

– Le poignard lui appartient ?

– À lui ou à l'un de ses hommes. Mais cela, tu le savais déjà, n'est-ce pas ?

– J'ai vu le même dessin sur la cuirasse d'Agman. De quelle brèche parlez-vous ?

– Tu connais, bien sûr, l'histoire de l'Ancien Monde.

– Oui, répondit Gald.

Pour le prouver, il résuma la légende.

– Ça, c'est ce qu'on raconte. En réalité, le Peuple ne s'est pas réfugié sous terre. L'Ancien Monde et le Monde nouveau, où nous vivons, se sont séparés il y a bien longtemps. Pour mieux dire, quand notre temps a commencé à être. Si bien qu'en principe leurs habitants ne se rencontrent plus. De même que le monde qui succédera à celui-ci est déjà là, mais il ne nous est pas donné de le connaître.

Gald n'était pas certain de comprendre. Comment des mondes pouvaient-ils se succéder et exister en même temps ? Elle poursuivait :

– Si ces mondes – et bien d'autres encore, dont nous ne soupçonnons pas l'existence – sont séparés, ils n'en restent pas moins solidaires. Que l'équilibre soit gravement compromis dans l'un d'eux, et tous seront perturbés.

– Quel équilibre ?

– Ce que nous appelons l'Harmonie.

Une ombre couvrit son visage. Pourtant rien n'était venu s'interposer entre elle et la flamme oscillante de la lampe à huile. Elle constata, d'une voix altérée par la contrariété :

– Ce qui arrive aujourd'hui est d'une gravité sans précédent. L'irruption des guerriers noirs montre que la séparation n'est plus si étanche qu'elle aurait dû être. Une brèche a été ouverte entre le monde de ces créatures, quel qu'il puisse être, et le nôtre. Et cela, au moment le plus inopportun, quand la perte de son âme le rend vulnérable. Or ces démons apportent avec eux la haine, le meurtre, la désolation. Mais peut-être n'est-il pas trop tard. Si les hommes et le Peuple conjuguent leurs efforts…

Le Peuple ! Ce mot, qu'elle utilisait pour désigner les occupants de l'Ancien Monde, était celui que Targo, l'esprit du chêne, avait aussi employé. La tête de Gald bourdonnait, il se sentait de plus en plus étourdi. Il ne pouvait détacher les yeux des grises prunelles qui fouillaient en lui.

– Alors, mon fils, es-tu certain d'avoir tout dit à Rouanez-Vamm ? murmura la Mère, en jetant une pincée d'herbes sur le brasero.

Et Gald s'entendit débiter, d'une voix qui lui paraissait lointaine, toute l'histoire, depuis la destruction d'Atil jusqu'à son arrivée au Dastum.

Quand il eut achevé son récit, la Mère jeta une autre pincée sur les braises. Gald se retint de tousser. Au moins connaissait-il à présent l'origine de l'odeur qui l'avait agressé à son entrée. La vieille femme contempla longtemps la fumée qui paressait au-dessus des tisons. Elle était si concentrée que Gald n'osa pas rompre le silence. Elle paraissait l'avoir oublié, au point qu'il se demandait s'il ne devait pas s'éclipser.

Enfin, au bout d'un délai interminable, elle posa de nouveau sur lui son regard magnétique.

– Écoute bien mes paroles et ne pose aucune question, ce serait inutile, car tout ce que je sais, tu le sauras en temps opportun. Une connaissance prématurée peut se révéler dangereuse. Tu pénétreras dans le Cinquième Royaume. Là, laisse-toi porter par le souffle du dragon, et tu trouveras le Puits des Âmes. S'il n'est pas déjà trop tard, tu refermeras la brèche.

Tandis qu'elle parlait, ses traits se métamorphosaient, comme si les années qui avaient déconstruit son visage s'effaçaient soudain. Avec stupéfaction, Gald distingua le minois de Sdrina. Cela ne dura qu'un instant. Un autre visage apparut, puis un autre, un autre encore. Et quand elle prononça la dernière syllabe, les rides revinrent et

Rouanez-Vamm redevint l'ancêtre parcheminée que les Fils du Vent appelaient leur mère.

Elle saisit une clochette et l'agita. Aussitôt Askel et la servante accoururent.

– Mon fils, dit Rouanez-Vamm d'une voix rauque, à peine audible, de vieillarde épuisée, je te remercie de m'avoir amené ce garçon. Ce qui arrive aujourd'hui nous dépasse, et quand bien même ce pleutre de Maez enverrait son armée contre les guerriers noirs, elle ne saurait vaincre sans aide. À partir de ce jour, de grands prodiges vont s'accomplir. L'Harmonie est compromise, peut-être pour toujours. Bien entendu, le roi Aamzer en sera averti. Mais avant tout, tu dois conduire ce garçon jusqu'aux Collines bleues.

Le sursaut d'Askel à l'énoncé de ce nom n'échappa pas à Gald.

– Là débute sa route, précisa la Mère.

Le début ? Il semblait pourtant à Gald que son errance aventureuse avait commencé le jour où il avait décidé de se réfugier dans le chêne creux.

14

LES COLLINES BLEUES

À Eflen, un petit bourg au confluent du fleuve Mavel et de la rivière Kildroenn, les voyageurs apprirent que plus aucune nouvelle ne parvenait de Kerbeliou et de ses environs, pas plus que des Hautes Terres. Deux jours plus tard, ils croisèrent un détachement de l'armée du roi Maez qui galopait à bride abattue. Les soldats paraissaient mal en point. Plus loin encore, un colporteur signala qu'on avait aperçu des guerriers noirs au-delà de la rivière Duard, à une centaine de lieues au nord-ouest du confluent de la Riole et du Lekheth.

–La guilde des marchands s'inquiète énormément de leur présence, précisa-t-il. Elle a voté l'ouverture d'un crédit exceptionnel au roi Maez, afin qu'il lève des troupes et renforce les défenses des Cinq Villes Hautes du royaume.

Askel ironisa sur cette initiative. Les cités en question étaient celles où les marchands s'étaient établis : dans leur générosité, ils ne s'oubliaient pas.

– A-t-on des nouvelles des autres royaumes ? s'enquit-il.

Le colporteur secoua la tête. Il était trop tôt pour en avoir du Bro-Avèl, trop lointain. Il ignorait tout du Morklav. Au Glenn-Ar-Dan, en revanche, on signalait un rassemblement de troupes à la frontière du Nord, à proximité des Trois Passes.

– Est-ce que cela veut dire que le roi Rutiern redoute une incursion des guerriers noirs, ou qu'il s'apprête à envahir le sud du Trévad ? interrogea Askel.

Pourquoi posait-il cette question incongrue ? Certes, les Danéens avaient toujours considéré qu'une grande partie de la province méridionale du Trévad, riche en minerais, leur appartenait, et cette prétention avait jadis causé des guerres. Mais la paix établie entre les Quatre Royaumes après le mythique combat de l'Airma-Kad durait depuis des générations.

D'ailleurs, le colporteur haussa les épaules : comment un pauvre hère que son état jetait sur les chemins saurait-il ce qui se passe dans la tête d'un roi ?

Et il reprit la route au pas lent de sa mule.

Hormis ces informations alarmantes, rien ne troublait leur voyage : aucun des prodiges annoncés par la Mère ne se produisait. Pas de pluie de grenouilles, pas de roues de feu dans le ciel, rien. Pas même une invasion de criquets ou des orages de grêle d'une puissance exceptionnelle qui viendraient ravager les cultures. Si l'Harmonie était en péril, l'ordre naturel n'en paraissait nullement perturbé, sauf à considérer la sécheresse comme une conséquence de ce drame cosmique. Gald n'était pas loin de se demander s'il n'entrait pas une part d'affabulation dans les « révélations » de la Mère.

Il avait hâte d'arriver au terme de son périple, car il ne pouvait oublier que de sa réussite dépendait le sort de ses parents, de ses amis, de tous les villageois d'Atil. Pour autant, il profitait de chaque instant passé dans le clan. S'il n'était toujours pas autorisé à dormir dans la roulotte, on le traitait avec davantage d'égards. Plus personne n'employait, pour le désigner, le terme de « kouerig ». Personne, sauf Sdrina. Mais elle avait une manière à elle de prononcer ce mot, qui le revêtait d'une grande tendresse.

La jeune fille se montrait moins coquette envers lui. Quand elle le regardait – et elle le regardait souvent –, elle prenait un air sérieux qui impressionnait Gald.

Aussi, quand il songeait aux Collines bleues, était-il partagé entre l'impatience et le regret d'avoir à quitter le clan. Il s'y mêlait un peu d'inquiétude aussi, car non seulement il n'oubliait pas la réaction d'Askel lorsque la Mère avait prononcé ce nom, mais encore il en avait appris depuis la raison de la bouche même du nomade.

– Les Collines bleues, c'est le Cinquième Royaume ? avait demandé Gald.

– Pas encore. Mais ce n'est déjà plus le Trévad. Les gens qui habitent là ne reconnaissent aucune autorité.

– De quoi vivent-ils ?

– De pêche. De chasse. Et de brigandage. Ce sont des sauvages, qui ne respectent rien.

Aussi Gald n'était-il pas pressé de faire leur connaissance. Et pourtant, ce ne serait que la première étape…

Un soir, alors que Gald s'installait pour la nuit, Sdrina vint le rejoindre.

– C'est demain que nous nous quittons, annonça-t-elle.

Il discerna de la tristesse dans sa voix, et aussi de la résignation, car les Fils du Vent s'abandonnaient volontiers à ces sentiments, ainsi que l'attestaient les paroles des chansons qu'elle lui avait apprises. Gald sentit à son tour les larmes lui monter aux yeux. Bien sûr, il savait que cela arriverait. Mais il n'avait pas imaginé, quand dans la journée il avait aperçu un moutonnement à l'horizon de sa route, qu'il s'agissait des fameuses collines. Pourquoi Askel ne lui en avait-il pas soufflé mot ?

Sdrina approcha son visage du sien, et le cœur de Gald battit un peu plus vite. Il ne savait que dire ni que faire : une parole, un geste ne risquaient-ils pas de l'effaroucher ?

– Quand tu seras sur ton chemin d'aventure, lui souffla-t-elle à l'oreille, ne m'oublie pas tout à fait !

Elle ne lui laissa pas le temps de répondre. De ses lèvres, elle frôla les siennes, et déjà elle avait disparu, le laissant décontenancé. Et furieux contre lui-même : pourquoi s'était-il montré aussi timoré ?

Le lendemain, elle ne reparut pas.

Gald s'équipa. L'arc, le carquois, le poignard, l'urne, la couverture, la sacoche que Sdrina avait cousue pour le transport de Louarnic, une musette enfin où Florna glissa quelques provisions et une gourde : ainsi harnaché, il ressemblait davantage à un colporteur qu'à un guerrier. Mais, au vrai, on ne lui avait pas demandé de combattre. Seulement d'aller jeter une urne dans un puits.

À plusieurs reprises, tandis qu'il s'éloignait, il se retourna. Chaque fois, les roulottes lui paraissaient plus petites. Elles restèrent sur place aussi longtemps qu'il fut en vue. Gald sut gré au clan de maintenir ce lien ténu dans lequel il puisait du réconfort. Mais il eut le cœur lourd de ne pas apercevoir la silhouette qu'il espérait tant.

Il aborda les premières pentes.

Un chemin bien tracé, des champs ensemencés, quelques fermes çà et là : le paysage n'avait rien de la sauvagerie à laquelle il s'était attendu.

Du moins, la première journée.

Car, à mesure qu'il s'enfonçait dans les collines, les cultures devenaient plus rares, les hameaux moins fréquents.

Et il n'y en eut plus du tout.

Rien que des herbes ondulant sous le vent, à la couleur desquelles la contrée devait son nom.

Quelques murets de pierres sèches montraient que des bergers y avaient un jour mené leurs bêtes. Cependant Gald n'apercevait aucun troupeau et l'état des enclos attestait qu'ils étaient abandonnés depuis des lustres.

Les chemins n'étaient plus tracés. Gald se fiait désormais au soleil pour se diriger. Les pentes devenaient plus rudes. En consentant des détours pour éviter un escarpement, contourner une ravine ou simplement suivre la moindre pente quand le relief devenait trop heurté, il avait bien conscience de s'écarter du droit chemin. Aussi bien n'avait-il pas de but précis. Il lui fallait juste marcher vers l'ouest, pour atteindre le Cinquième Royaume.

Vers le milieu du troisième jour, alors que, parvenu au sommet d'une croupe, il jetait un coup d'œil en arrière, il aperçut quatre cavaliers. Instinctivement, il se coucha dans les hautes herbes, pour ne pas être vu tandis qu'il les observait. Bien que la distance ne lui permît pas d'en être sûr, il avait cru reconnaître en eux des guerriers noirs.

La sueur perla à son front, tandis que le sang battait à ses tempes. Les sbires d'Agman avaient-ils retrouvé sa trace ?

Il s'en persuada bientôt : les cavaliers galopaient droit sur lui. Saisi de panique, il dévala le versant opposé. Les arbres devenaient plus nombreux. De la crête, il avait aperçu une colline boisée. S'il pouvait l'atteindre avant que les cavaliers l'eussent rejoint ! Oh, bien sûr, il s'agissait d'une protection bien précaire ! Mais il s'y sentirait plus en sécurité qu'en terrain découvert, comme à présent. La forêt ne lui avait-elle pas permis, une première fois, d'échapper à ses poursuivants ?

Hélas, quand il atteignit le bas de la pente, il trouva son chemin coupé par une gorge au fond de laquelle roulait un torrent.

Il se retourna.

Sur la crête se découpait la silhouette menaçante des quatre cavaliers. Et, plus inquiétants encore, lui parvinrent des aboiements furieux ; voilà comment ils avaient retrouvé sa piste : ils avaient des chiens !

Désespéré, il regarda autour de lui, à la recherche d'un abri où s'embusquer. Il n'espérait plus échapper à ses poursuivants, mais si, au moins, il pouvait leur décocher quelques flèches…

Il sursauta : à deux coudées devant lui, à hauteur de ses yeux, voletait un être gracieux. Il avait l'apparence d'un homme, mais il était à peine grand comme la main et deux ailes diaphanes vibraient dans son dos.

La créature s'adressa à lui dans un langage chantant. Constatant que Gald ne réagissait pas à ses paroles, elle lui fit signe de la suivre.

« Le Peuple t'aidera », avait promis Targo. Gald n'hésita pas une seconde. Quelle que fût la créature, il courait moins de risques à lui accorder sa confiance qu'à se laisser rattraper par les guerriers noirs.

Un pin gigantesque s'accrochait de toutes ses racines au bord du ravin. La créature ailée le désigna du doigt.

– Quoi ? Tu veux que je grimpe là-haut ? Mais c'est impossible, protesta Gald en considérant le tronc qui s'élevait, large, lisse et rectiligne, à une hauteur vertigineuse.

Le petit être secoua la tête et, faisant signe à Gald de continuer à le suivre, il vola résolument au-dessus du ravin. D'un geste autoritaire, il montra les puissantes racines qui plongeaient dans l'abîme pour s'ancrer le long de la paroi abrupte. Avec effroi, Gald comprit que la créature lui suggérait de descendre le long de l'une d'elles.

– Jamais de la vie ! s'insurgea-t-il. Je ne tiens pas à me rompre le cou !

Cependant les aboiements approchaient.

La bouche sèche, s'efforçant d'oublier le vide qui béait sous lui, Gald se résolut à suivre le conseil.

Six coudées en contrebas, une cavité s'ouvrait dans la paroi, insoupçonnable du bord et assez vaste pour l'accueillir. Il se réfugia dans cet abri inespéré.

Satisfait, le petit être s'enfuit à tire-d'aile.

Il était temps ! Des aboiements retentirent, furieux, au-dessus de sa tête. Et bientôt, le martèlement des sabots.

– Paix, les chiens ! gronda une voix puissante.

Les bêtes se calmèrent un peu, ne lâchant plus qu'un jappement par-ci par-là.

– Pourquoi tes limiers se sont-ils arrêtés ? demanda une autre voix.

– Le mosk a dû tomber là.

Une pierre passa en vrombissant devant la cachette de Gald. Elle heurta la paroi à plusieurs reprises avant d'atteindre l'eau.

– Si c'est le cas, reprit le maître des chiens, il s'est rompu les os.

– Attendez, intervint un troisième homme. Pas de conclusion hâtive. Le drôle est rusé. Souvenez-vous qu'il a glissé entre les doigts de deux des nôtres. Et quand bien même vous auriez raison, et qu'il se soit précipité dans ce ravin, nous ferions bien de ramener une preuve de sa mort à Agman.

– Tu ne veux tout de même pas que nous descendions là-dedans ! s'écria l'homme aux chiens.

Gald cessa de respirer. S'ils venaient à se glisser à leur tour le long de la paroi rocheuse, ils ne manqueraient pas de le découvrir. Aussi fut-il soulagé d'entendre l'autre répliquer :

– Comment ferions-nous sans corde, imbécile ? Suivons le cours du torrent jusqu'à trouver une rive basse. Avec un peu de chance, le flot nous livrera son cadavre, ou quelque chose qui puisse attester sa chute. Sinon, inutile de rentrer à Kerbeliou. Rappelez-vous comment ont fini ceux qui l'ont laissé filer. Moi, je n'ai aucune envie de pourrir au soleil, pendu à un croc de boucher. Allez, vous deux, assez perdu de temps.

– Mais toi, tu ne viens pas ?

– Je vais rôder encore un peu dans les parages, avec Brein. Au cas où ce démon de péquenot nous aurait joué un de ses tours.

Gald se mordit la lèvre. Si la cachette s'était révélée providentielle, elle manquait de confort. Or, les cavaliers prenaient leurs dispositions pour passer la nuit non loin de l'arbre. Tandis que leurs compagnons s'éloignaient, ils coupaient du bois pour allumer un feu.

– On n'est même pas sûr qu'il s'agit bien de notre homme, dit une voix que Gald ne connaissait pas encore. Sans doute celle du dénommé Brein.

L'autre, celui qui commandait l'escouade, rétorqua :

– Ces pouilleux de nomades n'étaient plus que six quand nous les avons interceptés. Pourquoi le colporteur nous aurait-il menti, en prétendant en avoir vu sept ? D'ailleurs, le signalement correspondait.

Gald serra les dents. Les larmes lui montèrent aux yeux. Les guerriers noirs s'en étaient pris à la famille d'Askel. Et Sdrina ? Que lui était-il arrivé ?

– Non, crois-moi, poursuivait le chef. D'ordinaire, les Fils du Vent répugnent à traîner par ici. Ils ont amené le garçon jusque-là. La preuve, les chiens ont relevé sa trace.

– Je ne dis pas qu'il n'y avait personne avec les nomades, argumenta Brein. Je dis seulement : rien ne prouve que c'est celui qu'on cherche. Le signalement était plutôt vague.

– Qui d'autre s'aventurerait dans les Collines bleues ?

– Nous y sommes bien, nous !

Sa réponse provoqua l'hilarité de son compagnon.

– Décidément, tu me feras toujours rire !

Le reste de la conversation roula sur des sujets moins intéressants.

Puis la nuit vint.

Gald entendit avec une pointe d'envie un ronflement s'élever. Il luttait contre le sommeil. L'ankylose torturait ses membres, la faim son estomac. Avec cela, l'air fraîchissait. Il n'osait cependant pas bouger, redoutant de se signaler par un bruit insolite ou de glisser dans l'abîme.

Pourtant, au petit matin, la fatigue l'emporta : il s'endormit.

15

LES COMPAGNONS D'AVENTURE

Un hennissement réveilla Gald, bientôt suivi de cris et d'un bruit de galopade.

– Qui a détaché les chevaux ? criait-on.

– Qu'est-ce qu'il leur prend ? Qu'est-ce qui les effraye ainsi ?

Gald ouvrit les yeux. Et faillit lâcher un cri de surprise.

Il ne se trouvait plus dans son abri exigu, mais reposait sur un confortable lit de feuilles et de mousse.

Quant aux guerriers qui rappelaient en vain les montures affolées lancées sur la pente, ils se trouvaient de l'autre côté du ravin.

Comment un tel miracle était-il possible ? Il y réfléchirait plus tard. Pour le moment, il devait profiter de l'inattention de ses poursuivants pour s'enfoncer plus avant dans les bois.

Vite, il rassembla ses affaires, soigneusement déposées à côté de lui, et s'enfuit sans demander son reste.

Il se souvenait avoir éprouvé, en rêve, la bienheureuse sensation de flotter. Sans doute n'était-ce pas tout à fait un songe. Une seule hypothèse lui venait à l'esprit, quand il réfléchissait à la manière dont il avait pu traverser le ravin dans son sommeil : il avait volé au-dessus de l'abîme.

Certes, cette explication se heurtait à des objections de bon sens, dont la première était que seuls les oiseaux et les chauves-souris savent voler. Du moins le croyait-il jusqu'à la veille, avant de rencontrer la créature ailée qui lui avait indiqué la cachette, au flanc de la paroi. Il imaginait mal cet être minuscule soulever son poids, encore moins le transporter au-dessus du torrent. Mais, qui sait ? en s'y mettant à plusieurs ?

En tout cas, pour invraisemblable que fût cette explication, il n'en trouvait pas de meilleure.

– Et toi ? demanda-t-il à Louarnic. Tu les as vus ?

En guise de réponse, le chat bâilla en incurvant le bout de la langue avec élégance.

La végétation devenait plus dense et bientôt le bois de taillis laissa la place à une haute futaie. La forêt ne ressemblait pas à celle que Gald connaissait. Ses arbres étaient plus hauts, plus droits que ceux de Helg. Leur faîtage cachait le ciel. Il régnait par conséquent au sol une pénombre favorable à sa progression, car seules y prospéraient des fougères basses, qui ne constituaient pas un obstacle. En revanche, Gald n'aimait pas l'ambiance de ce sous-bois, trop sombre, trop silencieux. Et puis, dans l'incapacité de s'orienter grâce au soleil, il craignait de s'égarer.

Pour se réconforter, il sortit une des galettes préparées par Florna. Mais cela lui rappela aussitôt le sort du clan, sur lequel il ne nourrissait aucune illusion : les guerriers noirs n'étaient pas du genre à ménager ceux qui aidaient leurs ennemis. Le village, puis le clan... était-il écrit quelque part qu'il serait condamné à errer seul dans ce monde ? Le Peuple t'aidera, avait affirmé Targo. Et, de fait, tout comme l'ondine du puits, à Kerbeliou, la créature ailée lui avait permis d'échapper à ses poursuivants. Et il ne doutait pas qu'elle fût pour quelque chose dans la débâcle des chevaux. Mais pourquoi l'abandonnait-elle dans cette forêt où il errait sans avoir l'assurance de ne pas tourner en rond ?

Enfin, avec soulagement, il distingua une lueur plus vive, à travers les troncs. L'orée ?

Ce n'était qu'une clairière.

Mais sa beauté seule était déjà un apaisement. Des milliers de fleurs s'y épanouissaient autour d'une margelle au centre de laquelle gazouillait une source.

Pouvait-il rêver meilleur endroit pour se reposer ?

Gald se pencha sur le filet d'eau. Sa fraîcheur changeait agréablement de la tiédeur de sa gourde.

La maçonnerie était saine, débarrassée de ses mousses, et le bassin bien curé. Ceux qui pourvoyaient à l'entretien de la margelle méritaient-ils la détestable réputation des habitants de ces collines, ou respectaient-ils les lois de l'hospitalité ?

– Qui t'a autorisé à boire notre eau ? gronda une voix au-dessus de lui.

Gald se releva vivement, le poing fermé sur le manche de son poignard.

Un coup d'œil à droite, un coup d'œil à gauche, une volte-face… Personne !

Pourtant la voix avait résonné tout près de lui.

Il se retourna et se retrouva nez à nez avec un gaillard qui, il en était sûr, ne se trouvait pas là l'instant d'avant. Il portait un bliaud de cuir et, à la ceinture, une épée.

– Pardonnez-moi si je vous ai offensé, messire. Je ne savais pas…

– L'ignorance n'est jamais une excuse, claironna une voix dans son dos.

Il pirouetta sur lui-même : personne ! Il revint à son premier interlocuteur : il s'était volatilisé !

– Qu'allons-nous faire de lui ? demanda une voix qui semblait sortir d'un orme.

– Il connaît notre source, répondit une autre, surgie d'un rocher. Tu sais ce qu'il en coûte.

Soudain, ils furent près de lui, l'un se détachant du tronc de l'arbre, l'autre jailli du rocher. Ils paraissaient néanmoins des hommes ordinaires, et non des esprits.

– Êtes-vous des charbonniers ?

– Ah ça ! En plus, il nous insulte, s'indigna l'homme du rocher.

– Tu ne tiens donc pas à la vie, mon garçon ? renchérit son comparse.

– Il n'y a pas offense, protesta Gald. Je connais des charbonniers, dans la forêt de Helg.

– Alors, comment peux-tu confondre des compagnons d'aventure avec de vulgaires hommes des bois ?

– C'est que, reprit Gald, je connais des charbonniers, mais je n'avais jamais vu de compagnons d'aventure auparavant.

– Alors profites-en, ricana le premier. Car tu n'auras pas l'occasion d'en contempler d'autres.

Et pour qu'il n'y ait pas d'ambiguïté sur ses paroles, il exhiba son sabre.

– Attends, Disgar, lui dit son compagnon. Il m'amuse, moi, ce gamin.

– Je te rappelle qu'il a découvert notre source…

– Je connais la règle aussi bien que toi. Il doit mourir… ou rallier la confrérie.

–Rallier la confrérie ! s'étrangla l'autre. Tu l'as bien regardé ?

–J'ai surtout entendu ce qu'il a dit. La forêt de Helg se situe dans les Hautes Terres. Je serais curieux d'apprendre ce qui a conduit un cralec à s'aventurer si loin de chez lui.

Gald ignorait la signification du mot « cralec ». Sans doute l'équivalent pour ces brigands du terme « kouerig » pour les Fils du Vent, ou « mosk » pour les guerriers noirs.

–Tu as entendu, cralec ? l'interpella Disgar. Touhel est curieux, mais, quoi qu'il en dise, pas beaucoup plus patient que moi.

–Je voudrais que vous m'appreniez, dit Gald, pris d'une soudaine inspiration.

–T'apprendre quoi ?

–À me rendre invisible comme vous le faites.

Disgar s'esclaffa.

–Eh ! Voilà ce que rapporte l'indulgence, dit-il à son compagnon : tu ne récoltes qu'une insolence de plus.

–Voire, répliqua Touhel. Le garçon est audacieux, à la limite de la témérité, mais il ne me paraît pas bête. Et il ne manque pas de panache. La plupart des cralecs se seraient jetés à nos pieds pour implorer notre pitié. Il a eu la fierté de s'en abstenir.

–D'accord, concéda Disgar. Tu vas nous suivre, péquenot ! Je te préviens que mon sabre est aussi rapide que susceptible. Esquisse le moindre geste qui me laisse soupçonner l'intention de nous fausser compagnie, et je te coupe en deux !

Touhel ouvrait la marche. Dans son dos, Gald sentait le souffle de Disgar. Ils suivaient un sentier à peine tracé, parallèle au ruisseau surgi de la source. Touhel semblait effleurer le sol, sans jamais y appuyer le talon. L'herbe qu'il avait dérangée se redressait aussitôt. Bientôt, ils atteignirent l'orée. En apercevant devant lui le moutonnement des collines, Gald se demanda s'il n'avait pas fait demi-tour. Mais, à mieux y regarder, le paysage était plus âpre, les croupes moins arrondies, l'herbe moins haute. La roche affleurait par endroits, une roche ancienne, grise et bleue. Le ruisseau courait vers un amas de blocs erratiques, dominés par un crêt dentelé.

Passé ce dédale, Gald aperçut ce qu'il prit d'abord pour un autre chaos rocheux, et qui s'avéra, au second regard, être une forteresse. Ou pour mieux dire, un village fortifié. Les maisons, bâties à la diable avec de gros moellons dans lesquels n'étaient ménagées que d'étroites ouvertures, semblaient monter à l'assaut les unes des autres. Des créneaux garnissaient les toits en terrasse, achevant de casser les lignes. Une tour trapue surmontait ce labyrinthe, étagé autour d'un mamelon.

– Krenvel ! annonça Touhel.

–Déjà que tu avais profané notre source ! ricana Disgar. Maintenant, tu vois ce qu'aucun mortel n'est censé voir. C'est te dire si tu as une chance de t'en tirer avec toutes tes âmes dans le corps !

Là vivaient ceux qui se nommaient eux-mêmes les compagnons d'aventure, mais aussi toute une foule de serviteurs des deux sexes qui entourèrent Touhel et Disgar en leur manifestant le plus grand respect. Au passage, ils glissaient un regard torve vers le prisonnier. Si bien que Gald finit par se demander si ce n'était pas lui qu'ils venaient voir, plutôt que leurs maîtres. Leurs ricanements avaient quelque chose de sinistre.

Disgar ouvrit la porte d'un bâtiment bas.

–Entre là-dedans, cralec, et attends bien sagement qu'on vienne te chercher. Si on y pense, ajouta-t-il en poussant le verrou.

Il régnait une odeur atroce dans le réduit où Gald devait courber le dos pour ne pas heurter le plafond. Le jour pénétrait par une meurtrière trop étroite pour livrer passage à un corps humain. Elle donnait sur un enclos où un verrat pataugeait dans la boue.

Il était impensable qu'il n'y eût pas d'autre geôle dans le repaire des brigands. Si Disgar l'avait enfermé dans la porcherie, c'était à l'évidence pour l'humilier.

Louarnic sauta de sa besace et entreprit de renifler chaque recoin de la soue.

–Est-ce que le Peuple n'est pas censé venir à mon secours ? interrogea Gald à haute voix.

Sa question n'eut d'autre effet que d'interrompre une seconde l'activité de Louarnic qui, cette concession à la politesse consentie, reprit son exploration. Gald chercha l'emplacement le moins boueux pour s'asseoir. Curieusement, Disgar lui avait laissé ses armes. Une manifestation supplémentaire de son mépris !

Ce n'est que le lendemain matin qu'on vint le chercher. La porte s'ouvrit si brutalement que Louarnic, effrayé, s'enfuit par l'embrasure. Un individu épais, sur le crâne chauve duquel courait une cicatrice blafarde, gronda.

–Dépêche-toi, cralec ! Les compagnons t'accordent l'honneur d'une audience.

Gald ramassa armes et bagages, et sortit de la soue, espérant que la puanteur n'imprégnait pas trop ses vêtements. Le chauve le saisit par le bras. Gald se dégagea vivement.

–Ne me touche pas, serf !

La brute, surprise par l'autorité de sa voix, grommela quelque chose comme « tu crâneras moins tout à l'heure », mais le lâcha.

Gald se laissa conduire jusqu'à une vaste cour intérieure. Une cinquantaine d'hommes et de femmes, assis sur des bancs de pierre, l'y attendaient. Juste comme il se présentait devant eux, Gald sentit un contact contre sa jambe : Louarnic l'avait rejoint. Il y puisa du réconfort. Car, malgré son air bravache, il n'en menait pas large. Ces gens, alignés en demi-cercle, ressemblaient à un tribunal. Cependant, à leur mine réjouie, Gald comprenait qu'il entrait moins dans leurs intentions de le juger que de s'amuser à ses dépens. Une corde, munie d'un nœud coulant, pendait à une potence.

Un homme se leva. Ses prunelles d'un noir intense, ses lèvres minces, ses joues labourées de profonds sillons lui conféraient une expression sévère. Si sa taille était particulièrement haute, sa carrure n'avait rien d'exceptionnel. Pourtant, il se dégageait de lui une force et une autorité qui le désignaient d'emblée comme le digne héritier des guerriers de la légende.

Il était vêtu d'un simple surcot et de pantalons d'étoffe grossière. Mais sa main, aux doigts noueux, ferme et énergique, caressait la garde d'un sabre au fourreau décoré avec un art consommé.

Un léger étirement des commissures de ses lèvres découvrit des dents chevalines.

– Voyez qui nous arrive, claironna-t-il en pointant le doigt vers Louarnic. Ne s'agit-il pas du chevalier au lion ?

Les autres s'esclaffèrent, confirmant l'impression première de Gald.

– Sais-tu bien qui nous sommes ? Nous sommes les compagnons d'aventure. Les Collines bleues nous appartiennent ! Quiconque s'y hasarde nous doit tribut. As-tu de quoi payer ?

– Vous savez bien que non.

– Dans ce cas, mon garçon, tu t'es mis dans une bien mauvaise situation.

– Je viens de la vallée de Drusaonn. Je suis sujet du roi Maez. C'est à lui, non à vous, qu'appartient ce territoire.

– Eh mais, c'est qu'il se rebiffe, le pécore !

À ce moment, Touhel et Disgar, ses agresseurs de la veille, prirent place à ses côtés.

– Ce cralec a souillé notre source en y trempant les lèvres, rappela Disgar. Je dis qu'il faut le pendre !

– La loi dit : « Mort ou nôtre », intervint Touhel.

– Comme tu y vas, dit l'homme long. Crois-tu vraiment que ce péquenot mal dégrossi mérite de grossir nos rangs ?

– Nous sommes réunis pour en décider, rappela Touhel.

– Eh bien, chevalier au lion, qu'en dis-tu ?

Gald ne comprenait pas grand-chose à ce qui se passait. De toute évidence, chacun jouait un rôle dans une cérémonie dont il ignorait les rites. Ce ne pouvait être que par jeu que les compagnons d'aventure lui proposaient d'entrer dans leur bande. Mais puisque l'alternative était la potence, autant l'accepter.

– Je serais honoré de vous rejoindre, déclara-t-il. Et je promets de ne dévoiler à personne l'emplacement de votre source.

Un hurlement de rire accueillit sa réponse. Gald respira avec peine : il sentait déjà la corde autour de son cou. À supposer qu'ils n'aient pas inventé, pour se distraire, des moyens encore plus raffinés de mettre un homme à mort.

– Chacun d'entre nous offre un talent qui le rend utile à la compagnie, dit l'homme long. Jusqu'à présent tu n'as démontré que ton effronterie. Que sais-tu faire ?

– Je sais lire.

Gald se montrait très fier de cette compétence. Heldorn avait tenu à ce que tous ses enfants apprennent à lire et à écrire, bien que cela ne fût d'aucune utilité aux champs. Or les compagnons d'aventure ne parurent nullement impressionnés.

– Nous avons déjà un lecteur : Bo le Sage sait déchiffrer toutes les écritures connues, et les traces des bêtes, et la course des nuages dans le ciel. Autre chose ?

– Chez moi, à Atil, on me reconnaissait un talent de chanteur.

– La voix de Kanerion est si pure que les oiseaux s'immobilisent dans leur vol pour l'écouter.

– Je sais distinguer trois fois douze herbes qui ont la vertu de conserver la santé.

– La moindre des choses, pour un cralec qui passe toutes ses journées aux champs ! Irelde, elle, n'a qu'à étendre la main pour que guérisse toute blessure ; elle n'a qu'à souffler dans ta narine, pour que tous tes maux disparaissent.

Gald faillit se vanter de ses performances à la course, mais se souvint à temps du mal qu'il avait éprouvé à échapper à ses poursuivants, à Atil.

– Si tu veux entrer dans la très noble assemblée des compagnons d'aventure, reprit l'homme long, il faudrait songer à quelque talent adapté. En tout premier lieu, tiens-tu en selle ?

Comme tous les Atiléens, Gald avait monté des mules : ce n'était certes pas ce qu'attendait son interlocuteur.

– Je sais tirer à l'arc, dit-il.

– Voyons cela.

On apporta l'arc de Gald et une de ses flèches.

– Vas-y, tire-moi dessus !

Gald pâlit. Il n'avait jamais visé un homme. À cette distance, il ne pouvait le manquer.

– Eh bien ? J'attends !

À contrecœur, Gald banda l'arc. La hampe de la flèche glissa le long du bois. Ce bruit familier fit tressaillir l'archer. Le chevalier présentait sa poitrine de face. Gald sentit son bras trembler.

– J'attends ! répéta l'homme long en frappant le sol du talon.

Au bord de la nausée, Gald lâcha la corde.

– Ce n'est pas mal, concéda le chevalier. Mais insuffisant.

À la main, il tenait la flèche qu'il avait saisie au vol.

– Allons, ne sais-tu rien d'autre ?

– Je sais… Je sais…

Pister le gibier ? Tendre des pièges ? Sans doute les membres de cette étrange confrérie riraient-ils à l'annonce de ces talents !

– Je sais manier le bâton de combat, dit-il, piteux.

– Soit, dit l'homme long.

Il leva la main. Un serviteur, le chauve à la cicatrice, apporta un gourdin. Gald le soupesa. Il était lourd et bien équilibré. Du châtaignier, probablement.

– Essaie de m'atteindre ! ordonna le chevalier.

Cette fois, Gald n'éprouvait aucun scrupule. La colère le menait. Il fit tournoyer le bâton. Feignit de porter un coup d'estoc. Enchaîna par un moulinet à hauteur de genoux suivi d'un coup droit sur les côtes. Le chevalier paraissait à peine esquisser un geste, et le bâton rencontrait le vide. Rendu de plus en plus furieux à la fois par les rires qui fusaient du public et par l'expression d'ennui qu'affichait son adversaire, Gald se rua sur lui, cherchant à l'atteindre à la tête. L'autre esquiva et, d'une bourrade, l'envoya à terre, tandis qu'il lui arrachait l'arme des mains. L'instant d'après le bâton gisait, en trois morceaux, dans la poussière. Incrédule, Gald contemplait les débris. Personne, pas même Govel le forgeron, n'avait la force de rompre un tel gourdin !

– Je crois, dit l'homme long, que tu n'as pas compris ce que nous entendons par talent. Tu connais déjà Touhel et Disgar. Où qu'ils se trouvent, ils se fondent si bien dans le paysage que l'œil le plus averti ne saurait les distinguer. Voici Treuz : il n'existe aucun ravin, aussi profond soit-il, aucun torrent, aussi impétueux soit-il, aucun fleuve, aussi large soit-il, qu'une armée ne puisse franchir s'il marche dans ses rangs. Je t'ai parlé du talent de Bo, que nous appelons le Sage. Mais pour ce qui est de la connaissance des lieux, nul n'égale Troabed. Parle-lui d'une forêt, il en dénombrera les arbres. Une colline ? Il sait combien de brins d'herbe la couvrent. Une montagne ? Il en décrit chaque pierre. Une ville ? Aucune maison n'a de mystère pour lui. T'ai-je parlé de Pelk ? Il entend une mésange pépier sur un pin éloigné d'une journée de marche. Mais ce n'est rien, comparé à Sparfell : elle, elle distingue la moindre plume de ses ailes. Cherche-t-on un maître d'escrime ? Herrek jongle avec dix sabres nus tout en combattant autant d'adversaires. N'importe quelle bête sauvage, chien, tigre ou cheval, devient douce et docile quand Damsaer murmure à son oreille.

Il continua longtemps sur le même ton. Gald ne croyait qu'à moitié ces vantardises, car aucune créature humaine n'était capable des exploits dont les compagnons se flattaient.

–Alors, chevalier au lion, s'interrompit soudain l'homme long, que nous apportes-tu ?

Le public ne riait plus. On était parvenu au moment crucial, quand la victime de cette sinistre farce se voyait contrainte d'avouer qu'elle n'avait rien à offrir, se condamnant elle-même. Curieusement, Gald ne ressentait aucune peur. Plutôt la honte d'avoir été le jouet de ces brigands. Et aussi de la rage : quoi ! Sa route s'arrêtait si tôt ? Askel et sa famille étaient morts pour un si piètre résultat ? Sdrina… Et ses parents, Finn, ses sœurs, à jamais esclaves… mais après tout, l'homme long avait raison : qu'était-il, pour prétendre sauver le monde ?

Il se redressa. Il ne leur donnerait pas le spectacle de son humiliation. Comme il relevait la tête, il croisa le regard de Louarnic. Dilatée à l'extrême, la pupille du chat noircissait son œil. Jamais Gald ne l'avait vu ainsi. Au fond, il distinguait l'éclat rougeâtre qui intriguait tant les Atiléens. Il en frissonna. Mais toute peur l'avait quitté. Ces gens, réunis pour le juger, qui l'instant auparavant le terrifiaient comme un animal dangereux, lui apparaissaient sous un jour nouveau. Était-ce vraiment par hasard que son chemin l'avait conduit à Krenvel ?

À l'instant où cette idée lui traversa l'esprit, il lui sembla que Louarnic lui souriait. Et, tout en mesurant l'absurdité de cette illusion, il s'entendit prononcer, d'une voix qui avait retrouvé toute son assurance :

– Je vous apporte une raison d'être.

Un brouhaha s'éleva au-dessus de l'assemblée. Quelques rires. Mais surtout des cris indignés. Si la réponse était venue spontanément aux lèvres du garçon, tout devenait clair dans sa tête. Il ne provoquait pas les compagnons d'aventure. Il exprimait une vérité. Et une nécessité : s'il devait mener sa mission à bien, quelle aide plus précieuse obtenir, pour peu qu'ils aient le quart des facultés dont ils se vantaient ? Il poursuivit :

– Vous vous présentez comme des êtres exceptionnels, dignes des héros des temps légendaires. Moi, des individus qui rançonnent le pauvre monde ou mènent quelques rapines sur les terres voisines, j'appelle ça des brigands.

L'homme long blêmit sous l'insulte. Son sabre était déjà à moitié sorti de son fourreau. Or, un individu replet, à la barbe carrée, s'interposa :

– La paix, Hirted !

– Mais, Bo…

– Es-tu si pressé de l'étrangler ? Laisse-le plutôt aller au bout de son idée.

Du geste, il encouragea Gald à poursuivre son explication :

– Moi, je vous propose de mettre vos talents au service de la meilleure des causes : rétablir l'Harmonie compromise par l'invasion des guerriers masqués aux yeux de ténèbres.

Un grand silence succéda à ce discours. Même Bo se contentait de l'observer. Alors Gald reprit, et c'était comme si un autre parlait par sa bouche, tellement ses paroles le surprenaient lui-même.

– Tôt ou tard, ces guerriers démoniaques envahiront les Collines bleues. Ils vous cueilleront au nid et ils vous détruiront, comme ils ont anéanti mon village. Ceux qui ne seront pas tués deviendront leurs esclaves. À moins que vous ne preniez les devants.

N'y tenant plus, un colosse dont on devinait que le visage, envahi de poils aussi rêches que ceux d'un sanglier, devait jeter l'effroi chez l'ennemi avant même qu'il ait engagé le combat, explosa :

– Ce n'est tout de même pas à un cralec de nous dicter notre conduite ! Pendons-le, et qu'on en finisse.

Mais Bo lui imposa le silence :

– Bratweg, ta bravoure et ton impétuosité font de toi un combattant redoutable. Mais ce lieu n'est pas un champ de bataille. Nous savons tous ce qui se passe dans le Nord, grâce aux grandes oreilles de Pelk. Ce que nous ignorons encore, en revanche, car, en menant l'interrogatoire de ce garçon, Hirted cherchait plus à se moquer de lui qu'à connaître la vérité, c'est ce qui l'a poussé à pénétrer dans un territoire que même les Fils du Vent évitent. Alors, mon garçon, si tu nous racontais ton histoire ?

L'entretien se prolongea tard dans la nuit. Chacun, après avoir entendu de Gald un récit aussi sincère qu'il put le faire, tenait à émettre son avis, car ainsi fonctionnait cette société de compagnons.

Finalement, la discussion déboucha sur la décision de mettre Gald à l'épreuve. Pour cela, il fut admis dans la confrérie en qualité de bachelier, afin d'endurcir son corps au maniement des armes.

16

LA CAVALIÈRE

–Ne serre donc pas si fort ! J'ai besoin de respirer !

Gwaz ne répondit pas ni ne tint compte des protestations de Gald. Il acheva de lacer la cuirasse d'exercice. Il était à peine plus jeune que Gald, auquel il avait été donné comme valet. Sérieux dans son travail, d'un naturel plutôt enjoué, il s'efforçait d'entretenir entre lui et son maître une distance que ce dernier, qui n'avait jamais été servi, était souvent enclin à oublier.

–Maintenant, le heaume, annonça-t-il.

Gald détestait cette tenue trop lourde. Pourtant, il la revêtait chaque matin pour le cours d'escrime que lui dispensait Herrek. Puis venait l'entraînement à l'équitation. Sans oublier les leçons de Bo.

Quand, une semaine après sa mémorable réception, Gald avait été solennellement intronisé dans la société des compagnons d'aventure, et après que ceux-ci eurent consenti à l'aider dans sa mission, il avait cru qu'il se remettrait en route le jour même. Or, Bo avait objecté qu'on ne se lançait pas dans la quête du Puits des Âmes sans précautions. Surtout dans les circonstances actuelles.

Gald avait d'abord regimbé. Pourtant, il devait reconnaître le bien-fondé de cette préparation. Qu'allait-il rencontrer dans le Cinquième Royaume ? Par trois fois, il avait échappé de justesse aux guerriers noirs. Un jour ou l'autre, pourtant, il lui faudrait les affronter. Sans compter les créatures encore plus redoutables qu'on disait peupler le Cinquième Royaume. Pour les combattre, il aurait besoin de toutes ses ressources.

Pour autant, il rongeait son frein. Son initiation durait déjà depuis huit semaines, et rien n'indiquait que Bo envisageait d'y mettre un terme prochainement. Au contraire, Gald mesurait toutes ses lacunes. Si Bo s'était mis en tête de faire de lui un véritable guerrier, cela prendrait encore des mois !

Les exercices que lui imposait Herrek ne ressemblaient pas aux jeux que Gald avait pratiqués avec son frère, même si, lui aussi, il utilisait un bâton en guise de sabre. Le rembourrage de la cuirasse d'escrime n'avait rien d'inutile : Herrek frappait sans retenue et, malgré cette protection, Gald se retrouva bientôt couvert de bleus. À cette rude école, pas besoin d'encouragements pour apprendre vite : la moindre inattention, le moindre faux geste recevaient leur sanction. Ces corrections étaient saluées par les lazzis des spectateurs. Car, au grand déplaisir de Gald, les leçons avaient toujours lieu en public. Quand Herrek estimait que Gald réagissait assez bien sur une botte, il passait à une autre. Il parlait peu, laissant son élève trouver seul la parade. Aujourd'hui, il se concentrait sur les coups à la tête. Très vite, Gald perdit son heaume, emporté par un revers. Herrek ne lui laissa pas le temps de le récupérer, et Gald se vit acculé à contrer des charges qui, si elles avaient été poussées à leur terme, l'auraient assommé.

Essoufflé, la bouche sèche, il cédait du terrain. Du sang, coulant de son arcade sourcilière fendue, gênait la vision de son œil droit.

Soudain, Herrek reporta son attention sur quelque chose qui se situait derrière son élève. Celui-ci en profita pour franchir la garde de son maître et lui porter un coup d'estoc en pleine poitrine. Herrek tomba dans la poussière, les quatre fers en l'air.

Gald en fut à la fois surpris et confus. Jamais encore il n'avait atteint Herrek, et il n'avait pas eu conscience de la force avec laquelle il appuyait son coup.

Cependant, le maître, sans paraître attacher d'importance à l'incident, se relevait en gardant les yeux sur ce qui l'avait distrait. Gald se retourna.

Une cavalière approchait. Elle montait un cheval d'une blancheur immaculée dont les jambes, très longues et très fines, se terminaient non par des sabots, mais par trois griffes épaisses. Son chanfrein était plus étroit et plus long que ceux d'un étalon ordinaire, ses flancs plus creux.

– Je te présente Marwenn, dit Herrek. Elle vient pour toi, ce me semble. Elle parachèvera ta formation.

La cavalière était tout aussi étrange que sa monture. Son visage triangulaire encadré par une épaisse chevelure noire, ses pommettes hautes, ses yeux bruns largement fendus sur les tempes, ses lèvres minces n'étaient pas sans rappeler les traits de la créature qui avait aidé Gald dans les Collines bleues. À cela près qu'elle était dépourvue d'ailes et d'une taille ordinaire. Malgré sa minceur et ses attaches fines, elle dégageait une impression de force, peut-être à cause de l'expression un peu hautaine du regard qu'elle portait sur ceux qui l'entouraient.

– C'est toi, Gald ?

Sa voix, mélodieuse, fit frissonner le jeune homme.

– Je ne t'imaginais pas ainsi, dit-elle.

– Vous me connaissez ?

– Disons que j'ai entendu parler de toi, répondit-elle en riant. Tu t'entraînais au maniement du sabre ?

Gald prit soudain conscience qu'avec sa tenue couverte de poussière et le sang séché sur son visage, il devait avoir bien piètre allure.

– Eh bien, puisque Herrek t'a indiqué la raison de ma présence, pourquoi ne pas commencer tout de suite ?

Elle détacha un paquet oblong de sa selle. Quand elle eut achevé de déplier la soie qui l'enveloppait, un sabre apparut.

Cinq dragons d'argent décoraient son fourreau d'acier bruni.

– Il s'appelle Luc'hengwadeg, dit la cavalière en le tendant à Gald.

Celui-ci s'en empara, intimidé. Il n'avait jamais vu d'aussi près un objet d'une si grande valeur. Le métal était chaud dans sa paume.

– Sors-le.

Une courbe harmonieuse, un tranchant parfaitement aiguisé… La lame avait des reflets roux de feuillage automnal.

– Maintenant, montre-moi ce que tu sais faire. Attaque-moi !

– Mais… il s'agit d'un vrai sabre.

– Évidemment ! Je veux voir comment il se comporte avec toi.

– Vous n'avez pas de cuirasse. Je pourrais vous blesser.

– Ne sois pas ridicule, cingla-t-elle.

Gauchement, Gald se fendit, puis tenta un coup de taille. Elle l'évita d'un geste.

– N'aie donc pas peur, s'impatienta-t-elle. Attaque !

Gald porta de nouveaux coups, qu'elle esquiva avec tout autant de facilité.

Autour de lui, on moquait sa maladresse. Gald s'échauffa. Ses gestes devinrent plus rapides, plus appuyés. Soudain, sa lame crissa sur un autre fer : la cavalière avait dégainé son propre sabre.

– Attention, prévint-elle. Pare ce coup.

Gald leva son arme pour arrêter celle de son adversaire. Le choc qu'il attendait ne se produisit pas. Au lieu de cela, il sentit le contact froid du métal sur sa gorge.

Si la cavalière, au dernier moment, n'avait pas retenu son geste, elle lui aurait tranché la carotide. Il n'avait pas eu le temps de lui opposer la moindre parade. Pis : il n'avait même pas compris comment elle s'y était prise.

– Tu as commis trois erreurs, commenta-t-elle en rengainant. Tout d'abord, tu m'as ménagée. Parce que je suis une femme ? Apprends qu'elles ne sont pas moins dangereuses que les hommes si on leur en donne l'occasion. Ensuite, tu t'es énervé parce qu'on riait de toi. Or la colère ou le dépit ne sont jamais de bons guides. Enfin, tu as cherché à parer le coup que je te portais, au lieu d'anticiper sur le suivant. Autant d'erreurs qui, dans un vrai combat, t'auraient été fatales.

– Pour les deux premières fautes, je les avoue, répliqua Gald, vexé. Mais pour la troisième : comment aurais-je pu deviner ?

– Un duel n'est pas un jeu : il ne s'agit pas de deviner, mais de savoir. Si tu ne t'en sens pas capable, laisse Luc'hengwadeg s'en charger. Fais le vide en toi. Ne pense à rien. Sois seulement le prolongement de ton sabre. Ainsi tu éviteras les trois erreurs, car il ignore la pitié autant que la colère, et le combat est son seul univers.

C'était absurde. Comment ne penser à rien quand on a en face de soi quelqu'un qui cherche à vous découper en rondelles ?

Sans prévenir, la cavalière attaqua. Il écarta le coup. Elle fit un moulinet. Luc'hengwadeg l'arrêta.

– Eh bien, tu vois ! Ça vient.

Oui, il voyait. Mais il n'était pour rien dans ce progrès. Le sabre, le sabre seul y avait pourvu. Gald avait senti son bras se mouvoir sans que sa volonté l'ait dirigé. Il considéra l'arme avec un peu de frayeur.

– En voilà assez pour aujourd'hui, dit la cavalière. Je suis contente de constater que Luc'hengwadeg t'a adopté.

– Est-ce que... est-ce qu'il est magique ?

Elle secoua la tête, agitant sa chevelure.

– Dans le monde de ceux qui l'ont forgé, peut-être. Ici, il est simplement... efficace.

Gald n'était pas certain de comprendre cette réponse. Il n'osa cependant pas insister.

– Viens, dit la cavalière. Il faut maintenant que je te présente à Loen-Jav. Si nous devons rester ensemble quelque temps, il est préférable que tu t'en fasses un ami.

Gald n'avait pas peur des chevaux, bien qu'à Atil il ait davantage eu l'occasion de fréquenter les ânes et les mulets. Pourtant, il éprouva un malaise en approchant de Loen-Jav. Celui-ci tendit le cou pour le flairer. Et Gald sentit les battements de son cœur s'accélérer quand il comprit pourquoi le harnachement de l'animal ne comportait pas de mors : ses canines, contrairement à celles de ses congénères, n'étaient pas atrophiées.

Surmontant son appréhension, Gald flatta l'encolure de la bête. Il frémit sous son regard doré, qui n'était pas celui d'un herbivore.

– Demain, dit la cavalière, nous te choisirons un cheval.

– Markeg m'a déjà donné une jument, répliqua Gald.

– C'est le meilleur des écuyers : je suis sûre qu'il t'a procuré une bonne monture. Mais ce n'est pas ce que je veux pour toi. Je veux ton cheval. Celui qui, dans les combats, accomplira le mouvement nécessaire avant même que tu lui en intimes l'ordre. Celui qui veillera sur ta vie comme sur la sienne. Celui qui ne fera plus qu'un avec toi.

Songeait-elle à un monstre comme Loen-Jav ? Cette idée glaçait Gald d'horreur.

Le lendemain, ainsi qu'elle l'avait annoncé, la cavalière vint le chercher à peine le jour levé.

– Est-ce que Gwaz nous accompagne ?

– Non. Mais emporte tes affaires et ton chat. Tu resteras un moment loin de Krenvel.

Ils chevauchèrent une bonne partie de la journée, bien plus longtemps que Gald n'avait jamais monté au cours de ses exercices. Aussi éprouvait-il dans les reins et les cuisses des douleurs cuisantes. Marwenn n'en avait cure. D'ailleurs, il n'osait pas le lui avouer.

Enfin, après avoir franchi un nombre incalculable de croupes, ils atteignirent un vallon où paissaient une quarantaine de chevaux magnifiques. Alertées, toutes les bêtes relevèrent la tête, et les étalons se positionnèrent à la périphérie tandis que les poulains se regroupaient au centre, sous la protection des femelles. Cependant, aucun ne cherchait à fuir.

La jument de Gald s'agitait, au contraire de Loen-Jav. Marwenn mit pied à terre. Gald l'imita. Son soulagement fut passager. Son mal de reins était encore pire quand il était debout.

– Va, dit la cavalière à Loen-Jav.

L'animal descendit au petit trot vers le troupeau. Les chevaux sauvages le regardaient approcher en tendant le cou. Loen-Jav émit un hennissement léger, un appel qui semblait presque un chant. Arrivé à quelques brasses, il s'arrêta pour observer longuement les étalons, dont la nervosité devenait patente.

Soudain, le troupeau, dans une brusque volte-face, détala au galop. Cependant, Loen-Jav avait arrêté son choix. Il s'élança à son tour vers un jeune mâle alezan brûlé. Il le rejoignit sans mal et, exerçant une pression sur son flanc, parvint à le dérouter, puis à le ramener en arrière. Se sentant isolé, le cheval accepta la lutte. Il se cabra, cherchant à frapper Loen-Jav. Celui-ci, tout d'abord, esquiva les sabots de son adversaire, puis il se dressa à son tour. Le choc de leurs poitrails fut tel que le bruit mat en parvint jusqu'à Gald. Les deux bêtes se débattaient, chacune cherchant à mordre l'autre au cou. Repensant à la dentition si particulière de Loen-Jav, Gald se surprit à trembler pour l'alezan. Le combat dura longtemps. Puis le cheval s'immobilisa, tête basse, jambes légèrement écartées. Loen-Jav posa doucement la tête sur son garrot.

–Viens, dit Marwenn à Gald. Amène ta jument en la tenant par la bride.

Gald et la cavalière s'approchèrent avec précaution, pour ne pas effrayer le cheval sauvage. Le poitrail était large, le regard franc, la croupe puissante. Un maquignon n'aurait pas mieux choisi.

L'animal regimba quand Gald lui passa le licou. Mais Loen-Jav accentua la pression de sa tête sur son dos pour le calmer. La présence de la jument aussi rassurait l'étalon. Il accepta de la suivre sans que Loen-Jav ait à intervenir de nouveau.

Cette nuit-là, enroulé dans sa couverture de selle, Gald tarda à trouver le sommeil. Il ne savait que penser de la cavalière. Elle l'effrayait un peu, en même temps que sa présence auprès de lui le rassurait, l'apaisait. Une idée lui traversa l'esprit, qui l'amusa : peut-être ces sentiments contradictoires étaient-ils ceux que l'alezan éprouvait envers lui-même. Au fait, comment allait-il l'appeler ? Il s'endormit sur cette question.

Au matin, il s'éveilla avec un nom en tête : Tangwall.

17

L'INITIÉ

L'automne touchait à sa fin. Dans la vallée de Drusaonn, on alignait les pommes dans les greniers pour les faire sécher. Avec tristesse, Gald se disait que, des arbres désertés d'Atil, les fruits tombaient, sans personne pour les cueillir. Le raisin aussi pourrissait sur pied, et les vignes ne seraient pas taillées. Au reste, qu'en était-il des autres villages ? Ils subissaient probablement, eux aussi, le joug des envahisseurs.

Son corps s'endurcissait dans les nombreux exercices que lui imposait Marwenn. Et sans doute était-il nécessaire de consacrer tout ce temps à l'aguerrir. Pourtant il lui tardait d'entreprendre une action – mais laquelle ? – pour mettre un terme aux souffrances que les siens enduraient sous le joug des guerriers noirs.

En même temps, il ne pensait pas sans appréhension au moment où il faudrait partir. Il se sentait bien auprès de la cavalière. Trop bien, peut-être. Même si elle ne le ménageait pas. Car elle avait l'habileté de ne jamais le rabaisser. Au contraire, elle encourageait tous ses progrès par ses si merveilleux sourires. Et elle mettait tant de grâce dans ses gestes, fût-ce les plus martiaux, que Gald ne pouvait s'empêcher de l'admirer à tout instant. Ce qu'il aimait par-dessus tout, c'était le soir quand, le corps roué, il se reposait sur le perron, devant la maison isolée de tout où, après cinq jours de chevauchée, elle l'avait amené. La fraîcheur du crépuscule ne le dérangeait pas. La cavalière le rejoignait. Il l'observait à la dérobée, tandis qu'elle se lançait dans des récits compliqués, racontant des légendes dont il n'avait jamais entendu parler. D'ailleurs, peut-être n'étaient-ce pas des légendes, même si la magie tenait une grande place dans ses récits. Elle, en tout cas, semblait y croire. Elle ne racontait pas ces histoires pour le distraire ; cela faisait partie de son enseignement. Toujours, elle commençait par cet avertissement : « Retiens ce que je vais te dire, cela pourra t'être utile. »

Pour dire la vérité, il ne voyait pas en quoi ces contes pourraient lui servir un jour. Peu lui importait. Il l'écoutait, plus sensible au dessin de ses lèvres qu'aux paroles qu'elles prononçaient. Sans doute en était-elle consciente. Elle se laissait contempler, tandis que sa voix chaude caressait les mots. Dans ces moments, son accent se faisait encore plus chantant.

Le soir, il s'endormait en se remémorant ces instants de paix.

Le matin, il se levait à l'aube. Marwenn lui donnait à réciter des listes de mots dans une langue qu'il ne comprenait pas. Le vrai nom des choses, prétendait-elle. Puis, après un rapide déjeuner, il s'entraînait à manier le sabre non seulement de la main gauche, mais, ce qui était plus difficile pour lui, de la droite. Elle lui apprenait aussi la lutte. Si, au début, ces empoignades au cours desquelles elle frappait sans la moindre retenue étaient particulièrement désagréables au garçon, il avait fini par y prendre goût. Pour mieux dire, ces corps à corps lui procuraient un émoi qu'il dissipait par de longues chevauchées sur le dos de Tangwall.

L'alezan ne s'était pas laissé apprivoiser facilement. Il ruait dans sa stalle chaque fois que Gald essayait de lui passer les rênes, voire quand il approchait assez pour pouvoir le toucher. Que le garçon dormît toutes les nuits près de lui pour l'accoutumer à son odeur ne changeait rien. Jusqu'au jour où Gald retrouva Louarnic assoupi entre les jambes du cheval. Comme s'il craignait de blesser le petit chat par un geste brusque, Tangwall se laissa seller sans broncher, puis attirer au-dehors de l'étable. Le monter était une autre histoire. Gald s'y risqua, la peur au ventre. Or l'étalon ne se révolta pas. Louarnic, assis sur la barrière de l'enclos, fixait sur lui son regard si particulier.

Les progrès de Gald en équitation furent fulgurants. Trop rapides, trop aisés pour paraître naturels. De même que Luc'hengwadeg semblait parfois se mouvoir sans que la volonté de Gald intervînt, de même Tangwall réagissait à la moindre contraction de ses cuisses, au point que le cavalier et la monture ne formaient plus qu'un seul être.

Bientôt, pourtant, ces longues cavalcades ne suffirent plus à calmer l'ardeur qui bouillonnait dans le sang de Gald. À la grande confusion du jeune homme, Marwenn s'en aperçut.

Ce soir-là, après qu'elle eut achevé son histoire, au lieu de le renvoyer coucher sur la paille de l'écurie, elle l'attira vers elle.

– Viens, souffla-t-elle, il est d'autres leçons que je dois te dispenser pour faire de toi un homme.

Il aima ces leçons, dès lors régulières.

L'hiver, avec ses bourrasques de neige et ses matins de cristal, succéda aux pluies de l'automne. Mais ni la neige ni le gel ne firent obstacle à la poursuite de son éducation. S'il fallait briser la glace pour nager dans la rivière, eh bien, on la brisait. Gald prit l'habitude de courir les pieds et le torse nus dans le froid de l'hiver, pour lui opposer la chaleur de son corps. Et quand il maîtrisa cette technique, il apprit encore à rester des heures assis sans bouger malgré la bise, à psalmodier les listes des noms véritables. Il connaissait à présent l'appellation de tous les arbres, de toutes les bêtes, de toutes les pierres dans la langue ancienne et devinait qu'il était ainsi au seuil d'un grand pouvoir. Quand il partait galoper avec Tangwall, il n'était pas rare que Marwenn l'accompagne, sur le dos de Loen-Jav. Mais c'était encore les leçons qu'elle lui dispensait la nuit qu'il préférait.

L'hiver, à son tour, passa. Les giboulées achevèrent de faire fondre la neige, qu'avaient déjà percée les crocus. Bientôt ce serait l'équinoxe de printemps, la plus grande fête de l'année, une fête dont personne ne se réjouirait à Atil. C'est alors que Marwenn décida :

– Je n'ai plus rien à t'enseigner. Demain, je te raccompagnerai à Krenvel.

Cette nouvelle laissa Gald sans voix. D'un côté, il se réjouissait à la pensée que Marwenn l'estimait apte à combattre Agman – même s'il était encore loin de partager sa confiance, car il mesurait ses faiblesses. De l'autre, il craignait que l'intimité qui s'était installée entre la cavalière et lui n'eût à souffrir d'un retour parmi les autres.

Ce fut pire encore que ce qu'il avait imaginé.

Ils arrivèrent au milieu de l'après-midi.

Il sembla à Gald que les compagnons d'aventure avaient complété les défenses de leur forteresse. Désormais, des hommes montaient la garde aux créneaux, et des chevaux de frise se dressaient au croisement des ruelles, prêts à être jetés en travers pour les barrer.

Hirted, l'homme long, réserva un accueil chaleureux à Marwenn et à son élève. Cependant, il ne pouvait se départir d'une certaine gravité. Les arrivants en comprirent bientôt la cause, quand Pelk et Sparfell leur apprirent comment la situation avait évolué.

– Le roi Maez a fini par réagir à la présence des guerriers noirs. Il y a eu une bataille, près d'Iliaweg. Bien entendu, l'armée royale a été battue à plate couture. Désormais, les guerriers noirs contrôlent plus de la moitié du Trévad. Ils paraissent de plus en plus nombreux, sans que personne sache d'où ils viennent.

– Seul l'hiver les a empêchés de porter plus avant leur avantage. Il faut s'attendre à une offensive maintenant que le printemps est là. Maez ne tiendra pas longtemps, avec les débris de son armée.

– Que font Aamzer, et Rutiern, et Morwreg ? s'indigna Gald. Qu'attendent-ils pour lui prêter main-forte ?

– Sans doute de se sentir à leur tour menacés. Au fond d'eux-mêmes, ils se réjouissent qu'Agman ait jeté son dévolu sur le Trévad, plutôt que sur leur royaume. Ils espèrent qu'il se contentera de sa prise.

– Les imbéciles ! Ne comprennent-ils pas que leur seule chance est d'unir leurs efforts ? J'irai les trouver…

– Pourquoi te recevraient-ils ? le modéra Bo. Qui es-tu pour dicter leur conduite à des monarques qui sont supposés descendre des dieux ?

– Fais d'abord tes preuves, renchérit Hirted, et ils t'écouteront. Pourquoi ne pas commencer par le Cinquième Royaume ? As-tu déjà oublié ta mission ?

Gald baissa la tête. Non, bien sûr que non, il n'avait pas oublié. Même s'il lui paraissait aujourd'hui plus urgent de contenir la progression d'Agman que d'accomplir un rite dont il n'imaginait pas les effets immédiats. Sur ce point, les récits de Marwenn ne s'étaient révélés d'aucun secours.

Il se tourna vers elle.

Elle s'était éclipsée.

Il la chercha longtemps, avant de la retrouver sur la tour qui dominait Krenvel.

– Curieux endroit, n'est-ce pas ? constata-t-elle, enjouée. D'habitude, une fortification s'érige sur un promontoire, et non dans un repli de terrain. Mais ceux qui l'ont bâtie souhaitaient qu'on ne puisse pas la voir de loin.

– Ceux qui ont édifié Krenvel ? Ce ne sont donc pas les compagnons d'aventure ?

Le soleil rasait le crêt dominant le village. L'ombre recouvrait déjà les bâtiments.

– Krenvel existait bien avant qu'ils s'y installent. Ou pour mieux dire, c'est parce qu'ils s'y sont installés qu'ils sont devenus ce qu'ils sont aujourd'hui.

Elle le dévisagea avec un sérieux qui le mit mal à l'aise.

– Il en va de même pour toi, dit-elle.

– Ils ne m'ont pas encore admis dans leur compagnie, rappela Gald, essayant, en adoptant un ton léger, de desserrer l'étau qui pesait sur sa poitrine. Je ne suis encore qu'un bachelier.

Marwenn ne sourit pas :

– Tu ne seras jamais un compagnon d'aventure. Ce que l'Harmonie attend de toi est d'une autre nature. Eux, ils t'aideront, dans la mesure de leurs moyens. Sois fort. Souviens-toi toujours de ce que je t'ai enseigné. Surtout, ne te perds pas.

– Me perdre ? Que veux-tu dire ?

– Je t'ai donné les armes nécessaires pour lutter contre le chaos. Cependant, leur puissance même représente un danger. Rappelle-toi, le moment venu, de préserver aussi l'Harmonie qui est en toi.

Tout en parlant, elle étalait une couverture sur les dalles de la terrasse. Elle aimait à dormir en plein air, avec pour plafond le ciel étoilé. Plus d'une fois Gald avait apprécié près d'elle l'instant du réveil, quand l'air vivifiant de l'aube venait mordre leurs joues.

Mais, ce soir, elle l'écarta quand il s'approcha d'elle.

– Tu as maintenant un sabre et un cheval, dit-elle. Et tu connais deux ou trois choses qui te seront utiles dans les combats. Je partirai demain matin.

Gald luttait pour ne pas laisser les larmes monter à ses yeux :

– Nous… nous nous reverrons, n'est-ce pas ?

– Il y aura des batailles. Je serai à ton côté.

Il respirait avec peine. Ce n'était pas tant à la guerre qu'il pensait qu'à la douceur de leurs nuits. Or, elle semblait y attacher moins d'importance qu'à leur entraînement à l'escrime ou à leurs longues chevauchées.

– Marwenn…

Elle posa le doigt en travers de ses lèvres, puis elle le poussa vers l'escalier.

Le cœur lourd, il rejoignit la chambre où Gwaz l'attendait. Le pauvre garçon dut subir sa mauvaise humeur. Il supporta sans ciller les reproches injustes de son maître, jusqu'à ce que celui-ci le congédie. Resté seul, Gald se retourna longtemps sur son lit. Tant et si bien que Louarnic, qui s'était installé à ses pieds, finit par se mettre à la recherche d'un havre moins agité.

Quand Gald, enfin, s'endormit, ce fut pour devenir la proie d'un cauchemar. Il s'éveilla en sursaut, le corps inondé de sueur. Il ne gardait souvenir que de bribes de son rêve : Finn, ses sœurs, ses parents, Sdrina l'appelaient. Emaine aussi, au sortir du bois de bouleaux. Il ne pouvait pas bouger ses membres. Il criait dans leur direction, mais aucun son ne franchissait ses lèvres. Ils devenaient de plus en plus petits, tandis que l'urne occupait tout son champ de vision. Près du précieux récipient se tenait Louarnic. Enfin, il savait qu'il s'agissait de Louarnic. Pourtant, au lieu du pelage soyeux, il voyait une peau écailleuse. Et l'œil devenait immense, tandis que le museau se transformait en gigantesque mufle. De cette gueule surgissait une voix caverneuse, qui grondait : « Il est temps ! »

Par la meurtrière qui servait de fenêtre, il aperçut le ciel livide de l'aube. Il se leva, se précipita vers la tour.

Marwenn n'y était plus.

Sur le flanc de la colline, il aperçut une ombre : Loen-Jav !

Gald ne quitta pas des yeux la cavalière tant qu'il put l'apercevoir. Alors seulement, il s'avisa de la présence de Bo.

– C'est ainsi, dit le Sage. Elle vient, elle repart. Nul ne peut dire quand.

– Qui est-elle ? Qui est-elle vraiment ?

Bo leva les bras en l'air, un geste qui chez lui signifiait à la fois l'ignorance et la résignation.

– Nul ne peut le dire. Elle vient chaque fois qu'un nouveau compagnon doit nous rejoindre. Pour dire les choses, c'est elle qui a créé la compagnie. Dans quel but ? Elle seule le sait.

Gald avala sa salive avec peine, avant de demander d'une voix étranglée :

– Tu veux dire qu'elle vous a tous initiés ?

–Disons qu'elle a comblé les manques qu'elle percevait en nous.

–Mais toi, et Hirted, et Troabed, êtes des hommes âgés..., objecta Gald, qui préférait ne pas imaginer quelles leçons elle avait dispensées aux uns et aux autres.

–C'est ainsi. Le temps n'a aucune prise sur elle. C'est pourquoi nous pensons qu'elle est issue de l'Ancien Monde.

Il se tut un moment, avant de reprendre, d'un ton paternel.

–Je sais ce qui te trouble et je comprends ta peine. Nous sommes plusieurs à l'avoir éprouvée. Je crois que cela fait partie de son enseignement. Son absence, je veux dire. Il faut, non pas que tu l'oublies, mais que tu acceptes de vivre sans elle.

Gald crut deviner un fond de nostalgie dans les yeux clairs du Sage. Celui-ci, dans un geste qui ne lui était pas familier, posa les mains sur les épaules du jeune homme.

–Elle t'a gardé longtemps près d'elle. Bien plus longtemps que n'importe lequel d'entre nous. Je me demande si ce n'est pas toi qu'elle attendait. Si ce n'est pas pour que nous nous mettions à ton service qu'elle nous a rassemblés.

18

DANS LE MARAIS DE KÉLAR

– Les Collines bleues sont envahies. Nous ne pouvons le tolérer, s'écria Bratweg.

– Envahies ? s'émut Gald. Par les guerriers noirs ?

– Non ! Par les Fils du Vent !

– Tu es sûr ? s'étonna Gald, se remémorant la méfiance que ce territoire inspirait à Askel.

– Comment, j'en suis sûr ? rugit Bratweg. Me traites-tu de menteur, ou d'imbécile ?

– Ni l'un ni l'autre, le rasséréna Gald. Je me demande seulement pourquoi ils viennent.

– Moi, je le sais, intervint Pelk. La brise m'a rapporté leurs propos. Partout où ils sont les maîtres, les guerriers noirs se montrent exigeants et cruels. Mais avec les Fils du Vent, ils se comportent plus mal encore. Ils les massacrent, purement et simplement, comme s'ils voulaient les faire disparaître de la surface du monde. Alors, ils fuient.

– Le roi Maez ne les protège pas ?

– Lui aussi se méfie d'eux : ces gens qui circulent partout et n'honorent pas Névezenn... De toute façon, il n'ose plus se frotter à Agman : il a pu se rendre compte que son armée ne fait pas le poids.

– Ce n'est pas une raison pour que nous nous laissions submerger, gronda Bratweg.

– Au contraire, laissons-les venir, dit Gald. Tôt ou tard, nous aurons besoin de troupes pour affronter Agman. Comment les constituer, sinon en acceptant de grand cœur ceux qui viennent à nous ?

– Les Fils du Vent ? Depuis quand sont-ils des soldats ?

– S'ils ne le sont pas encore, ils le deviendront. Et les paysans du Trévad également.

– Des montreurs de marionnettes et des pousseurs de charrue ! ricana Bratweg. Belles recrues, en vérité !

– Peut-être ne sont-ils pas encore de taille à se mesurer aux guerriers, reconnut Bo, venant à la rescousse de Gald. Mais ils sont nombreux. Et Agman a commis une erreur en les poussant au désespoir. Gald a raison. Nous irons à leur rencontre. Nous les formerons. Mais, avant tout, ajouta-t-il à l'intention du jeune homme, tu as une mission à remplir. Ne l'oublie pas.

Gald sentit le rouge lui monter au visage.

– Je partirai dès demain, bredouilla-t-il. Mais je ne réussirai pas si je suis seul. Qui souhaite m'accompagner ?

Les volontaires ne manquèrent pas, tant il est vrai qu'une telle quête ne pouvait que séduire les compagnons d'aventure. Cependant, Bo le Sage s'interposa.

– Gwaz t'accompagnera, car tel est son devoir. Et quelques-uns d'entre nous. Le plus grand nombre devra rester pour affronter Agman, s'il s'aventure par ici.

– Il n'osera pas, affirma Bratweg.

– Il n'y manquera pas dès qu'il apprendra que ceux qu'il poursuit de sa haine se réfugient en nombre dans nos collines, corrigea Bo.

Ce raisonnement contrariait Gald qui, à vrai dire, espérait davantage. Mais l'argument de Bo était le plus fort. Il était même étonnant qu'Agman n'eût pas déjà fait une incursion dans la région. S'était-il laissé convaincre que le porteur d'urne s'était noyé ? Ou préférait-il attendre la fin de l'hiver pour se remettre en campagne ?

– Je suggère que tu prennes Troabed avec toi, poursuivait le Sage. Tu vas parcourir des terres inconnues. Il serait bon qu'il puisse en faire le relevé.

– Je veux Disgar et Touhel, demanda Gald ; leur art du camouflage me sera utile. Et aussi Pelk.

– Non, nous aurons besoin de son oreille pour entendre l'ennemi approcher.

– Sparfell ?

– Nous aurons besoin de ses yeux pour voir l'ennemi approcher. Je suggère Treuz. Quand il tend la main au-dessus d'un ravin…

– Oui, je sais, une armée peut le franchir.

– J'en suis ! s'écria Bratweg.

– Non, dit Bo. Nous comptons sur ton bras pour arrêter Agman. Six compagnons et leurs écuyers, ce sera un bon compte.

Bien qu'il fût déçu, Gald n'en laissa rien paraître.

– Disgar, Touhel, Troabed, Treuz et moi, cela fait cinq, releva-t-il.

– Et moi, si tu le veux bien, précisa Bo.

Gald hocha la tête. En son for intérieur, il se réjouissait de la venue du Sage.

– Nous partirons demain, répéta-t-il.

– Et quel chemin comptes-tu emprunter ? interrogea Troabed.

– N'est-ce pas à toi de nous le dire ?

– Eh bien… Le plus court, c'est évidemment de suivre le soleil dans sa course. Mais nous nous heurterons au marais de Kélar. Un labyrinthe de boue et de sables mouvants, infesté de bestioles monstrueuses.

– Si on le contourne ?

– Par le sud, c'est pire : ce n'est pas pour rien que la chaîne qui sépare le Glenn-Ar-Dan du Cinquième Royaume s'appelle les Monts infranchissables.

– Et par le nord ?

– C'est le Grand Lac saumâtre, dont les eaux brûlent la peau et rongent les coques des navires. On ne peut pas non plus l'aborder par l'ouest : le Miroir des spectres le sépare du Morklav, une saline brûlante, qui se prolonge par le désert de Meth. Le jour, le sable est si torride que les chevaux ne peuvent y poser leurs sabots. Et la nuit, le gel si intense qu'il fend les rochers. On n'y trouve pas d'eau. Rien n'y pousse. Enfin, un bras de mer l'isole du Bro-Avèl ; un navire qui le traverserait, à supposer qu'il ne soit pas drossé par les courants sur les redoutables écueils qui le parsèment, se heurterait à des falaises dont la hauteur décourage à l'avance toute tentative d'escalade.

– En somme, le Cinquième Royaume est entièrement bordé de régions hostiles ?

Troabed le confirma, jugeant bon d'ajouter :

– C'est pourquoi il est si mal connu.

– Alors, épargnons-nous un détour. Nous passerons par le marais de Kélar.

– Qu'en dis-tu, Treuz ? demanda Bo. Sauras-tu déjouer les pièges du marais ?

– Je sais jeter un pont sur le plus profond des abîmes : pourvu qu'il ait deux rives, ce n'est pas un problème. Je sais deviner le gué sous la surface de la rivière. Je sais établir un pont de bateaux sur un fleuve capricieux, dès lors que je peux ancrer quelques piles pour briser le courant. Mais ma science ne s'étend pas à ce marécage. Il est le domaine des eaux mouvantes et des brouillards. Ce qui est là un jour a disparu sous l'eau le lendemain.

– Troabed ?

– Aucun géographe n'a pu dresser une carte du marais de Kélar. Des courants l'agitent, qui déplacent sans cesse les bancs de sable.

– Et après ? s'inquiéta Gald. En supposant que nous franchissions l'obstacle, que trouverons-nous ? Que connais-tu exactement du Cinquième Royaume ?

– Exactement ? Rien. Les cartes les plus anciennes font se toucher les frontières des Quatre Royaumes. Plus tard, sur la foi de récits sincères, sans doute, mais contradictoires, les géographes ont ménagé entre eux un espace blanc.

– Qu'il t'appartiendra de remplir ! assura Gald.

Troabed accueillit cette prévision par une moue dubitative. Même si peu d'audacieux avaient tenté de dresser une carte du Cinquième Royaume, il s'en était néanmoins trouvé quelques-uns. Mais les tracés ne coïncidaient pas, comme si chacun avait traversé un pays différent.

– Bon, décida Bo. Kélar est sans nul doute un chemin hasardeux, mais puisqu'il n'en existe pas d'aisé, choisissons le plus court.

Le soir, un grand banquet réunit tous les compagnons d'aventure. Cinq d'entre eux partaient en quête : cela méritait bien une fête ! Le lendemain, on leur fit escorte sur quelques lieues. Puis la joyeuse troupe se scinda en deux. Bo et Hirted prolongèrent leurs adieux. Depuis que, sous l'impulsion de Marwenn, ils avaient créé la confrérie, ils ne s'étaient que rarement séparés, le premier inspirant au second les principes qui lui avaient permis de codifier les règles de la communauté. Bo, s'il avait répondu à l'attrait d'une expédition sans précédent, s'inquiétait de quitter Krenvel en le sachant sous la menace d'une attaque. Hirted, quant à lui, regrettait de ne pouvoir accompagner ceux qui partaient pour la mythique contrée.

Deux jours plus tard, ils abordèrent le marais dont, depuis la veille, le vent leur apportait la puanteur.

Ils s'efforçaient de rester sur les étroites bandes de terre qui affleuraient. Elles formaient un dédale complexe. Troabed tâchait de le mémoriser, ce qui ne l'empêchait pas de planter des jalons pour se repérer s'ils devaient rebrousser chemin.

Même Disgar et Touhel, d'ordinaire joyeux drilles, se taisaient.

Les chevaux s'enlisaient jusqu'au boulet. Pour les soulager, les hommes marchaient à leur côté. À chaque pas, il fallait consentir un effort pour arracher la jambe à la boue. Du trou ainsi formé et qui se remplissait aussitôt d'eau trouble se répandait une puanteur méphitique. Troabed l'expliquait par la libération d'un gaz riche en soufre, mais Gald ne pouvait s'empêcher d'y reconnaître l'odeur de cadavres en décomposition.

De temps en temps, un frémissement de la surface trahissait la fuite de quelque animal tapi dans la boue, que leur approche dérangeait. À plusieurs reprises, ils distinguèrent des formes massives dans la brume sans pouvoir dire s'il s'agissait d'une formation végétale, improbable en ce lieu, ou d'un des monstres annoncés par Troabed.

Puis vint le bruit.

Depuis qu'ils s'étaient enfoncés dans le marais, le silence pesait sur eux, seulement troublé par l'éclatement des bulles de méthane à la surface.

Le bruit était si ténu, tout d'abord, qu'ils n'en prirent pas tout de suite conscience. Puis il s'imposa. C'était un chuintement, ou plutôt un chuchotement incessant, incompréhensible, qui surgissait du brouillard. Les chevaux s'agitaient de plus en plus. Les écuyers se rapprochaient des compagnons qui, eux-mêmes, donnaient des signes de nervosité.

– C'est le vent, déclara Treuz, péremptoire, bien qu'aucune brise ne vînt caresser leurs visages.

– Non, corrigea Bo. Ce sont des mots. Il nous parle. Le marais nous parle.

– Et que dit-il ?

– Comment le saurais-je ? Nous aurions dû emmener Damsaer.

Le soleil était bien sûr invisible, voilé par une brume épaisse qui dispersait sa lumière. Quand celle-ci s'amoindrit peu à peu, les voyageurs comprirent qu'ils devraient passer la nuit dans le marais.

Cette perspective ne les réjouissait guère. D'abord, parce qu'il n'y avait aucune terre sèche où s'étendre. Ensuite, et surtout, parce que les chuchotements les mettaient mal à l'aise.

– Là, des hommes ! souffla Gwaz.

Gald regarda dans la direction que l'écuyer lui indiquait. Il lui sembla en effet distinguer quelques silhouettes, mais elles disparurent bien vite, pour réapparaître un peu plus loin.

– Ce ne sont pas des hommes, corrigea Troabed. C'est le brouillard.

La brume, en effet, était agitée par des courants mystérieux qui la comprimaient par endroits, sculptaient dans son épaisseur des formes variées, puis les dispersaient.

– Voilà sans doute l'origine des légendes sur les monstres censés peupler ce marais ! s'écria Gald.

Nul n'approuva sa remarque. Lui-même n'y croyait pas trop.

Le jour faiblissait de plus en plus. À défaut de pouvoir s'allonger, ils décidèrent de somnoler sur leurs montures. Gald et Gwaz prirent la première garde. Dans l'obscurité maintenant complète, des flammèches jetaient des lueurs fugaces : les bulles échappées des profondeurs s'enflammaient spontanément en crevant la surface. Malheureusement, elles ne dispensaient qu'une lumière insuffisante. Et s'ils avaient appris à ne plus s'alarmer des remontées de gaz, il y avait tous les autres bruits : clapotis, gargouillis, chuintements, cliquetis, hoquets, sifflements témoignaient d'une activité mystérieuse. Et, surtout, les chuchotements continuaient de plus belle. Aussi, même quand Disgar et Touhel les relevèrent de leur garde, ne parvinrent-ils pas à trouver le sommeil.

La nuit leur parut particulièrement longue. Au matin, un peu avant le lever du jour, Gald distingua une ombre qui se dirigeait vers lui. Il dégaina son sabre. L'ombre se précisa.

– Sdrina ? Est-ce bien toi ?

Elle était pâle. Malgré l'obscurité, il distinguait parfaitement son visage ; il ne s'en étonna pas, bouleversé par la tristesse de son expression. Elle jeta sur lui un regard suppliant, puis passa son chemin, sans répondre aux multiples questions qu'il lui posait. Or, voici qu'une nouvelle silhouette se détachait de la brume : Finn, le visage tuméfié, les membres chargés de chaînes. Et derrière lui marchaient Kened et Bloenvel, ses sœurs, et Brigat et Heldorn, ses parents.

– Êtes-vous des spectres ? Êtes-vous vivants ?

Réveillé par son cri, Louarnic dressa les oreilles. Il tournait la tête en tous sens. Son regard glissait sur les formes fantomatiques sans s'y arrêter.

Désespéré, Gald regardait sa famille disparaître elle aussi dans l'obscurité, muette. La cavalière apparut à son tour, montée sur Loen-Jav. Gald se retint de hurler : du sang ruisselait de son visage, tachant jusqu'au pelage de sa monture. Contrairement aux autres, son visage n'exprimait aucune supplique. Pas même de la douleur. Mais une infinie douceur, malgré le hideux barbouillage qui la défigurait. Elle, au moins, lui parla :

– Souviens-toi, dans toutes les batailles, je serai là.

19

LA ONZIÈME TÊTE DE L'HYDRE

D'après Troabed, une journée aurait suffi pour franchir l'obstacle, s'ils avaient cheminé en ligne droite. Mais le terrain leur imposait de fréquents détours, quand il ne les obligeait pas à rebrousser chemin pour éviter un sol trop mouvant. Aussi leur progression était-elle effroyablement lente. Réduits à deviner la position du soleil derrière la brume, ils n'avaient même pas la certitude de maintenir le bon cap.

Quand le soir vint, ce n'est pas sans inquiétude qu'ils s'apprêtèrent à passer une nouvelle nuit dans les mêmes conditions que la veille.

Malgré la fatigue qui pesait sur ses membres et engourdissait son esprit, Gald ne dormit pas mieux cette nuit-là que la précédente. Dans ses vêtements imbibés d'humidité, il grelottait. S'il avait fini par s'accoutumer au chuchotis incessant du marais, il sursautait chaque fois qu'un animal sautait dans l'eau. À l'aube, l'étrange procession passa de nouveau. Cette fois, Sdrina marchait en compagnie des siens. Ce n'était pas un cauchemar : Gald était éveillé. Plutôt une hallucination, une illusion que, sans comprendre par quel mécanisme, il associait au chuchotement du brouillard. Le marais de Kélar n'était-il pas le domaine du dragon Natrach, qui ne se laisse jamais voir ni saisir et préside à toutes les illusions ? À l'expression hagarde de ses compagnons, Gald mesurait le danger : un trop long séjour dans ce lieu menait à la folie.

Le troisième matin fut encore plus taciturne que le précédent.

Le brouillard était devenu si dense que, même si les naseaux de leur monture touchaient la croupe de celle qui la précédait, ils distinguaient à peine le dos de son cavalier.

Vers le milieu de la journée, Tangwall, effrayé par un serpent d'eau qui sinua entre ses jambes, fit un écart. Le temps que Gald le calme, il avait perdu ses compagnons de vue.

Il appela.

Il crut distinguer une réponse, lointaine, étouffée. S'était-il donc écarté à ce point ? Ou le brouillard absorbait-il la voix des audacieux qui profanaient son domaine ?

Il se dirigea vers le cri, mais plus il croyait s'en approcher, plus celui-ci s'éloignait. Bientôt, personne ne répondit plus à ses appels. Tangwall s'ébroua.

Gald respira à fond, comme Marwenn lui avait appris à le faire, pour calmer les battements de son cœur qui s'emballait. L'air était froid, humide, nauséabond. Gald s'en voulait d'avoir agi sous l'effet de la panique. La bonne méthode était de revenir sur ses pas, retrouver un jalon, suivre la piste que Troabed traçait ainsi derrière eux.

Mais comment repérer les minces perches dans un brouillard aussi laiteux ? Il fit parcourir à Tangwall des cercles de plus en plus larges, en vain. Un craquement mit fin à ses espoirs. Le cheval, en posant le pied sur un jalon, l'avait brisé. Or, s'il avait marché dessus, c'était parce que la perche était couchée : rien ne tenait longtemps debout sur ce sol liquide. La plupart de leurs repères devaient avoir disparu, absorbés par la boue.

Gald changea alors de tactique. Renonçant à retrouver ses compagnons, il s'efforça de maintenir sa monture dans une direction. Peu importait laquelle, du moment qu'il la tenait. Il finirait peut-être par arriver au bord du marais.

Vers le milieu du jour, il distingua une forme, à quelques pieds de lui. Un cavalier. Il frappa le flanc de Tangwall avec le talon. Mais le cavalier disparut bientôt, et Gald comprit qu'il s'agissait d'un mirage, tout comme les apparitions de la nuit.

Un grand découragement le saisit.

Contre sa poitrine, Louarnic dormait. Tangwall donnait des signes de fatigue. Enfin, alors que rien ne le laissait prévoir, le sol devint plus ferme, Gald mit pied à terre et s'accorda quelques instants de repos.

Comme il s'était allongé pour reposer les muscles noués de son dos, l'épuisement le vainquit. Il s'assoupit.

Un contact froid et gluant contre sa joue le tira de sa torpeur. Il se redressa vivement. Dérangée, une bestiole, un crapaud ou une salamandre, s'éloignait avec maladresse. À l'idée que cet être couvert de pustules suintantes l'avait touché, Gald sentit la nausée lui soulever le cœur. Il éprouvait de la colère, aussi, pour sa faiblesse : l'animal aurait tout aussi bien pu être un serpent venimeux. Cette fureur fut fatale à la pauvre créature. Avant même qu'il eût pris conscience de son geste, Gald avait extirpé son poignard de son étui et la frappait.

La lame, après avoir transpercé le crapaud, pénétra de quelques doigts dans le sol. Elle rencontra d'abord une résistance, crissa. Puis la croûte céda et elle s'enfonça.

Un rugissement affreux surgit du brouillard. Le sol trembla. Des masses noirâtres se dessinèrent tout autour : Gald se vit surmonté de six ou huit têtes monstrueuses. Une haleine froide empuantit l'atmosphère. Chacune de ces hures écailleuses avait la taille d'un taureau. Et quand l'une d'elles se fut encore rapprochée de lui, une langue noire ondula entre des dents acérées. Cependant, le plus effrayant restait à venir. Car de cette gueule effroyable sourdit non un cri de bête, mais une voix qui, pour être inhumaine, parlait néanmoins un langage articulé. Gald reconnut la langue ancienne, à laquelle Marwenn l'avait initié.

– Qui est assez fou pour troubler mon sommeil d'une aussi méchante façon ? gronda la bête.

– Je suis Gald, fils de Brigat, du village d'Atil, dans la vallée de Drusaonn. Et maintenant compagnon d'aventure.

Dans les yeux gris de la bête, la pupille apparaissait comme une fente ténébreuse. Bien que les autres têtes, en retrait, fussent estompées par le brouillard, Gald distinguait l'éclat fiévreux de vingt regards fixés sur lui. Il comprit soudain que toutes ces têtes appartenaient à la même créature. L'hydre était gigantesque : ce qu'il avait pris pour un sol ferme n'était autre que la partie émergée de son dos.

– Tu n'as pas peur de moi ? gronda le monstre. Comment cela se fait-il ?

– Tu te trompes, j'ai très peur de toi.

– Pourtant tu es venu me déranger dans mon antre. Viens-tu me combattre ?

– Pourquoi le voudrais-je ?

– Hum ! De temps en temps, disons tous les deux ou trois siècles, un abruti espère se couvrir de gloire en me coupant quelques têtes. Je n'aime pas cela. Bien sûr, elles repoussent. Mais c'est très désagréable. Sans compter ceux qui ratent leur coup. Tiens, regarde ce que ça donne, tu trouves ça beau ?

Elle baissa vers lui un cou terminé par deux têtes. L'une d'elles, desséchée, formait une excroissance écœurante.

– Je ne te veux pas de mal, assura Gald en détournant pudiquement le regard.

– Alors, réponds, pourquoi m'as-tu dérangée ?

L'urgence dicta à Gald une réponse qui, si elle malmenait la vérité, épargnerait la susceptibilité de la créature.

– Pour tirer de toi un enseignement, si tu le veux bien. Je me suis dit qu'avec toutes ces têtes tu devais en savoir long.

– Raisonnement stupide, ricana l'hydre. Dix têtes vides en savent moins qu'une seule pleine.

On sentait bien, à son ton, qu'elle plaisantait. En réalité, elle était flattée. Car, ainsi qu'elle l'avoua bientôt, c'était la première fois qu'un humain courait un tel risque pour la consulter. Cependant, elle avait une réputation à soutenir, et il ne convenait pas qu'elle se montrât trop facilement conciliante.

–Que m'apporteras-tu en échange ? Je te vois bien démuni. Peut-être me laisseras-tu dévorer ton cheval ?

–Non ! Je n'ai rien à te donner ! En revanche, je peux te rendre un service.

–Ah oui ? Je serais curieuse d'apprendre lequel.

–Je peux te débarrasser de… ça ! proposa Gald, en désignant le moignon de tête.

–Vraiment ? Et comment ?

–Avec mon sabre. Je ne vois pas d'autre moyen.

–Est-ce que tu me prends pour une imbécile ? Qu'est-ce qui t'empêchera, si je tends le cou, de trancher la bonne tête ?

–Il t'en restera toujours assez pour me massacrer aussitôt.

–C'est vrai, reconnut l'hydre. Pourtant, tu comprendras que j'hésite. Sans être douillette…

–Je te promets d'être rapide et précis. Enfin, si tu préfères conserver cette excroissance qui t'enlaidit…

–Non, non, vas-y !

Elle tendit le cou. La tête saine ferma les yeux. Mais il y en avait quelques-unes au-dessus du garçon qui le surveillaient de près. Gald leva son sabre à deux mains, prit une profonde inspiration. Au dernier moment, un doute l'assaillait. Et si les écailles de la bête allaient résister ? « Laisse Luc'hengwadeg agir », murmura en lui la voix de Marwenn.

Il abaissa la lame d'un coup. Une étrange chaleur pénétra dans ses bras, se répandit dans son corps, quand l'acier trancha le pédicule desséché.

L'hydre recula vivement sa tête saine, comme si elle craignait que Gald frappe à nouveau. En réalité, elle avait hâte de s'examiner avec ses autres têtes.

– Formidable ! s'écria-t-elle. Je n'ai rien senti.

– Je ne peux pas te garantir qu'il n'y aura pas de cicatrice, mais avoue que le résultat est plus esthétique. Maintenant, à toi de tenir ta part du marché.

– Que veux-tu savoir ?

– Comment sortir de ce marais. Et comment atteindre le Puits des Âmes.

– Oh ! oh ! Comme tu y vas ! Cela fait deux questions, or tu ne m'as coupé qu'une excroissance !

– Ne fais pas les mauvaises têtes ! Pour trouver le Puits des Âmes, je dois d'abord gagner le Cinquième Royaume, donc traverser ce bourbier. Tu vois, cela ne fait qu'une question.

– Démonstration peu convaincante, jugea l'hydre. Le but et l'itinéraire ne sont pas assimilables. De toute façon, le problème n'est pas là. Pour avouer la vérité, je ne sais pas où se trouve ce que tu cherches. Le Puits, me suis-je laissé dire, s'ouvre quelque part dans la Montagne du Dragon. Or, je n'y ai jamais mis les pattes. Pour vivre, j'ai besoin d'humidité. À supposer que j'aie jamais eu l'idée saugrenue de quitter ce marais, il m'aurait été impossible de m'en éloigner sans mettre ma vie en danger. Cependant, j'ai promis de t'aider, et je t'aiderai. Aussi longtemps que mon sang tachera la lame de ton poignard, celui-ci te guidera. Maintenant, descendez de mon dos, toi et ton cheval. Vous commencez à me peser.

Gald s'empressa d'obéir. Il ne tenait pas à ce que la bête, en s'enfonçant dans la vase, l'entraînât dans son sillage.

– Encore une chose, si tu le veux bien. Tu as dit qu'un humain t'importunait tous les trois ou quatre siècles. Quel âge as-tu donc ?

– Un conseil, ironisa l'hydre : évite de poser une telle question aux dames, si tu ne veux pas passer pour un rustre. Je pourrais m'en offusquer, si je n'étais encore dans la force de l'âge. En vérité, dans mon monde, je n'ai pas achevé ma croissance. Ici… Ici, je suis une légende, et les légendes sont éternelles.

– Que veux-tu dire ? Que tu appartiens au Peuple ?

Il était déjà trop tard. Dans un chuintement de boue liquide, l'hydre s'était enfoncée dans la profondeur du marais.

20

RETROUVAILLES ET SÉPARATION

La puanteur de l'hydre flotta encore un moment après qu'elle eut disparu. Une créature légendaire pouvait donc avoir une odeur ? Gald s'étonnait d'être encore en vie, après une telle rencontre. Il s'étonnait surtout de son propre sang-froid. Où avait-il trouvé la force de ne pas s'enfuir en hurlant à la vue de la gueule redoutable ? Il ne pouvait démêler à présent le sentiment qui l'avait alors dominé : ce pouvait être la peur qui l'avait cloué sur place, le désespoir d'être définitivement englué au cœur de ce marais, la fierté d'être un compagnon d'aventure qui affrontait sa première véritable épreuve.

Sa première épreuve ! Il en avait triomphé ! Pour autant, il ne se retrouvait pas beaucoup plus avancé qu'avant sa rencontre avec l'hydre. Elle lui avait dit que son poignard l'aiderait. Soit ! Mais elle ne lui avait pas révélé comment. Il contemplait, stupide, la lame qui avait noirci, comme rongée par un acide, là où le sang de la bête l'avait maculée. Si seulement il pouvait rejoindre ses compagnons : peut-être Troabed, qui le premier lui avait parlé des créatures du marais, saurait-il ?

Alors qu'il exprimait ce regret, le poignard parut s'animer dans sa main. Il serra les doigts de peur qu'il ne lui échappe : ce fut son poignet qui se tordit. La lame pointait dans une direction, et tous ses efforts pour l'en détourner étaient inutiles.

– Par là ? Ils sont par là ? murmura Gald, d'abord incrédule, puis submergé par une bouffée d'espoir.

Il sauta sur Tangwall, toute lassitude oubliée.

Au bout d'un quart d'heure, pourtant, son enthousiasme fraîchit quelque peu. Suivre la direction indiquée par le poignard n'était pas facile, car il devait continuer à déjouer les pièges du terrain. Inconsciemment, il humait l'air, guettant à travers le remugle du marais les miasmes d'une autre créature, qui se montrerait peut-être moins conciliante.

De temps en temps, il appelait, puis guettait, fiévreux, une réponse. Vers le soir, enfin, il perçut l'écho d'une voix. Le poignard, dans sa main, frémissait. Il hurla de plus belle. Quelques minutes plus tard, il avait rejoint le groupe.

Ses compagnons manifestèrent une joie qui lui réchauffa le cœur. Quand ils s'étaient aperçus de son absence, ils l'avaient cherché. Mais, rapidement, ils l'avaient cru perdu. La question, pour eux, s'était alors posée de savoir s'ils poursuivaient leur traversée, ou s'ils rebroussaient chemin. Constatant, comme Gald l'avait fait avant eux, la disparition des jalons, ils avaient décidé d'avancer afin de gagner la terre ferme : le marais ne pouvait tout de même pas s'étendre indéfiniment, et peu leur importait de savoir où ils le quitteraient. Ils avaient besoin de se refaire avant de tenter la traversée du retour.

– Cependant, vous vous écartez de la bonne direction, affirma Gald quand ils se furent remis en route.

– Qu'en sais-tu ? demanda Troabed, un peu sec : il était vexé, ayant jusqu'à présent guidé ses compagnons.

– Ne vous ai-je pas retrouvés malgré la brume ? répliqua Gald.

– Faut-il comprendre que tu sais te repérer dans cette purée de pois ?

– Désormais, oui. Quittons d'abord cet endroit sinistre, et je vous expliquerai comment. Sinon, vous ne me croirez pas.

Ils le crurent pourtant, et ce avant même que la brume autour d'eux fût devenue moins dense, car le sol sous les pieds des chevaux s'affermissait. Bientôt, une herbe drue apparut, que les montures broutaient tout en marchant. Et quand l'obscurité fut venue, pour la première fois depuis plusieurs jours, les voyageurs purent s'allonger au sol, enroulés dans leurs couvertures.

Le lendemain, vers le milieu de la matinée, ils étaient sortis du marais.

Le soleil réchauffait agréablement leur peau, et il était bon de porter le regard sur le lointain, sans être aveuglé par le brouillard. Du haut d'une colline, ils observèrent le territoire un peu vallonné qu'ils s'apprêtaient à traverser. Des bois ponctuaient de taches sombres le vert tendre des prairies. Dans les plis du terrain sinuaient des rivières, étroites donc peu profondes, faciles à franchir. Au terme d'une course brève, elles allaient se jeter dans le marais. Au loin, un nuage paresseux écrasait le relief, limitant l'horizon. Il s'en détachait des écharpes diaphanes qui s'évaporaient bientôt. Le vent soufflait donc là-bas. Pourtant le nuage n'avançait pas, comme ancré au sol. On n'apercevait ni culture ni habitation.

Descendant la colline, ils s'arrêtèrent sur la rive d'un cours d'eau pour laisser les chevaux boire. Troabed paraissait soucieux.

–Nous avons bien entamé nos provisions pendant la traversée du marécage, constata-t-il.

Il n'eut pas besoin de préciser davantage sa pensée. Chacun de ses compagnons comprenait la nécessité de se ravitailler sans tarder.

–Et maintenant ? demanda Bo en s'adressant à Gald. Où allons-nous ?

Tous, ils s'étaient tournés vers lui. Le jeune homme, constatant qu'ils attendaient de lui la décision, en fut surpris. À aucun moment, il n'avait été convenu qu'il dirigerait l'expédition. Puis il comprit.

Il tira le poignard de sa ceinture, le posa à plat sur sa paume tendue. La lame pointa vers le nord-ouest.

– Eh bien, en route ! décida Bo. Ce n'est pas en restant ici que nous résoudrons le problème du ravitaillement.

– Au moins, dit Treuz, optimiste, nous avons pu remplir nos gourdes.

– Louarnic ! appela Gald.

D'ordinaire les préparatifs du départ suffisaient à faire réapparaître le petit chat. Mais, cette fois, bien que Gald eût enfourché Tangwall, il demeurait invisible.

– Louarnic ! répéta Gald, plus pressant.

– Et alors ? tu attends quoi ? interrogea Bo, s'avisant que Gald restait en arrière.

– Je ne sais pas où est Louarnic !

Le compagnon grommela. Il n'avait guère d'estime pour l'animal. Pour tout dire, il s'en méfiait. Qu'un chat pût se comporter comme Louarnic, suivant fidèlement son maître, paraissant deviner ses pensées, ne lui semblait pas naturel. Aussi évitait-il de trop s'en approcher. Son absence n'était donc pas de nature à le contrarier. Cependant, par égard pour Gald, il fit demi-tour. Les compagnons d'aventure s'égaillèrent pour explorer les environs. Mais leurs investigations restèrent vaines : Louarnic demeura invisible.

– Ne t'inquiète pas, un chat, ça se débrouille toujours. Peut-être nous rejoindra-t-il à la prochaine étape.

Gald approuva, à contrecœur. Le dernier argument le convainquait d'autant moins qu'il ne croyait pas un instant que Louarnic s'était perdu. S'il ne l'avait pas rejoint au moment du départ, c'était qu'il avait choisi de l'abandonner. Il en éprouvait une grande tristesse. Louarnic était le dernier lien qui le rattachait à Atil.

21
L'EMBUSCADE

Ils chevauchèrent toute la journée, à petite allure, pour ne pas épuiser leurs montures que la traversée du marais avait éprouvées. Le Cinquième Royaume leur apparaissait sous un jour moins riant que depuis la colline. L'herbe de la prairie se révélait dure et acérée, au point de blesser les paturons des chevaux. Les bois n'étaient qu'affreux ronciers, tout sifflants de serpents embusqués. S'ils n'avaient aucun mal à franchir les rivières, peu profondes et au cours paresseux, il leur fallait ensuite débarrasser leurs chevaux des sangsues qui s'accrochaient à leur ventre. Bien qu'aucun d'entre eux n'exprimât à haute voix son inquiétude, ils considéraient avec une suspicion croissante le nuage au comportement si singulier, dans la direction duquel ils marchaient.

Contrairement à ce qu'ils avaient cru tout d'abord, le pays n'était pas désert, mais abandonné. Ils le comprirent en repérant un chemin, que l'on devinait encore malgré l'herbe agressive qui l'envahissait. Depuis combien de temps ne l'avait-on pas emprunté ? À Atil, Gald aurait dit plusieurs mois. Ici, nul n'osait se prononcer sur ce point en voyant la végétation se tordre à leur approche, tel un animal aux membres innombrables.

Les maisons des villages, tapies dans leur silence, aux formes molles et rondes, se tassaient sous leurs toits de gazon, ce qui expliquait qu'ils n'en avaient pas soupçonné la présence du haut de leur observatoire. Une autre raison était qu'aucune fumée ne sortait des cheminées, que nulle charrette n'empruntait les chemins. Dans les rues silencieuses, les corbeaux guettaient les lézards. L'herbe étouffait les champs en friche. Quand les sources n'étaient pas taries, des carcasses d'animaux empoisonnés par une eau corrompue jonchaient leurs abords.

Pendant cinq jours, les voyageurs traversèrent des bois aussi nus qu'en hiver, des pâtures au sol craquelé, des champs où les moissons avaient pourri sur pied. En fouillant dans quelques-unes des masures, ils trouvèrent des fèves et un peu de farine qu'ils durent tamiser pour en éliminer les charançons.

Le sixième jour, ils pénétrèrent dans un hameau désert, sur lequel flottait encore une forte odeur de saumure. Mais les étendoirs sur lesquels on fumait la pêche étaient vides. Des poissons morts flottaient, le ventre en l'air dans les viviers reliés par d'étroits chenaux à la rivière qui coulait à quelques pas de là. Alors qu'ils se préparaient à quitter ce lieu sinistre, Touhel releva soudain la tête.

– La poussière, là ! Des cavaliers se dirigent vers nous, annonça-t-il.

Il grimpa prestement sur le toit d'une maison.

– Des guerriers noirs ? s'enquit Gald.

– Probablement. Ils marchent au trot. Leurs montures sont lourdement chargées.

– Combien ?

– Ils sont vingt. Ils escortent un chariot. On dirait qu'ils traînent une sorte de cage.

– Cachons les chevaux, recommanda Bo. Avec un peu de chance, ils passeront leur chemin.

– Si Bratweg t'entendait, il te rirait au nez, affirma Disgar. N'est-il pas indigne d'un compagnon d'aventure de se dissimuler, quand l'occasion lui est donnée de montrer sa vaillance ?

– Ils sont vingt, nous douze, en comptant les écuyers, rappela Bo.

– Tu as raison, intervint Gald. Mais préparons-nous au combat. S'ils passent, on les laisse filer. S'ils s'arrêtent…

– Dans ce cas, nous n'aurons pas le choix, reconnut le Sage.

Ils enfournèrent les chevaux dans une grange, les confiant aux soins de Skil, l'écuyer de Troabed. Après avoir hâtivement recouvert le crottin de terre, ils prirent position dans les maisons qui entouraient la place, derrière les volets clos, ménageant une ouverture tout juste suffisante pour observer les intrus.

L'attente fut de courte durée, même si l'impatience de Gald la lui fit paraître interminable.

Les cavaliers envahirent le village dans le plus grand tapage. Sûrs de leur fait, ils ne prenaient aucune précaution. Ils portaient leur heaume sur la tête, mais leur bouclier demeurait suspendu à la fonte de leur selle. Quelques-uns, même, pour voyager plus à l'aise, y avaient accroché leur lourde épée.

Ils mirent pied à terre auprès du puits. Seul le chef resta sur sa monture. Ce n'était pas Agman, ni même un haut gradé : sa cuirasse ne se distinguait guère de celle de ses hommes. Il observait les alentours, soupçonneux. Gald encocha une flèche. Son cœur battait la chamade. Il tenait la vie du cavalier dans ses mains. Il suffisait d'un geste. Cela lui procurait un étrange plaisir.

La poulie grinça quand l'un des guerriers jeta le seau qui attendait sur la margelle. De la cage parvint un gémissement plaintif. Un cavalier, par jeu, lança une pierre dans sa direction. L'un des soudards, pour essuyer la sueur de son visage, souleva la visière de son heaume.

Si bref que fût le geste, il permit à Gald d'apercevoir ses traits : une peau livide, des orbites creuses, des yeux vitreux, un cadre de cheveux blancs... il avait tout des spectres qui hantaient les récits horrifiques des conteurs, dans les veillées d'autrefois. Autrefois... Au temps où Atil n'était pas encore un tas de décombres.

Ce souvenir excita la colère de Gald, et son cœur battit encore plus vite. Il en venait à souhaiter que les cavaliers lui donnent l'occasion de tirer.

Son vœu ne tarda pas à être exaucé. Le chef avait-il perçu un reflet insolite, repéré un crottin oublié ? Il imposa le silence en levant le bras, jeta un regard circulaire, lança un ordre bref. Aussitôt, les guerriers qui ne s'étaient pas éloignés de leur monture sautèrent en selle. Les autres se regroupèrent, l'épée à la main, formant un cercle pour se couvrir mutuellement.

Gald banda son arc. Au tout dernier moment, il hésita. C'était la première fois qu'il se préparait à tuer un homme. L'image de Finn s'imposa à lui. Finn, qui lui avait appris le maniement de l'arme. Finn, qui aujourd'hui se trouvait réduit en esclavage. Il ouvrit les doigts. Libérée, la corde vibra. La flèche vint se ficher dans le cou du chef, entre le heaume et le gorgerin. L'homme tourna vers Gald son visage masqué, trouva encore la force de lever le poing. Le sang jaillissait par saccades vermeilles de la blessure, inondant sa poitrine. Il s'affaissa sur le côté, comme entraîné par le poids de son épée, et vida lourdement les étriers. Son cheval, affolé par le bruit de la chute, détala en hennissant.

Une bouffée de chaleur monta au visage de Gald. Il éprouvait un sauvage sentiment de triomphe, bien supérieur au plaisir qu'il avait naguère ressenti à la chasse.

Sur la place, cependant, la situation évoluait rapidement. Les guerriers noirs, loin de chercher le salut dans la fuite, se précipitaient vers les masures d'où venaient les traits qui, déjà, avaient abattu plusieurs des leurs. Deux d'entre eux marchaient droit sur le repaire de Gald. Cela lui rappela le jour où deux des barbares qui avaient détruit Atil avaient éventé sa cachette. La panique qu'il avait alors éprouvée. Et sa fuite éperdue. Aujourd'hui, il ne s'enfuirait pas. Aujourd'hui, il savait que les cavaliers noirs n'étaient pas invincibles. Et s'il avait la gorge sèche, ce n'était plus par peur, mais parce qu'une fièvre ardente brûlait son sang. Tenant Luc'hengwadeg à deux mains, il se rua au-devant de ses adversaires.

Les cavaliers marquèrent un temps d'arrêt, surpris par l'irruption de ce tout jeune homme, sans casque ni cotte de mailles, sans cuirasse pour protéger sa poitrine, sans gantelet ni jambières. Or, c'était précisément sur sa légèreté que Gald comptait. À peine son premier assaillant eut-il esquissé une botte, qu'anticipant sur son attaque, virevoltant, Gald passa sous sa défense ; Luc'hengwadeg tournoya, pointa à hauteur du masque, trouva le point faible : l'œilleton. Le coup avait été si précis que la lame ne toucha pas le bord de l'étroite ouverture avant de s'enfoncer dans le crâne de l'homme.

Le second attaquait. Dans le même geste, Gald arracha Luc'hengwadeg du cadavre et para son assaut. Se jetant à genoux, il frappa au ventre avec le poignard qu'il tenait dans la main droite. L'autre recula en poussant un cri où s'exprimait plus de rage que de douleur. Le fer de Gald avait pénétré en profondeur. Cependant, le cavalier noir ne se tenait pas pour vaincu. Il leva de nouveau son épée. Luc'hengwadeg crissa sur son casque, sans l'entamer. Sautant tantôt à droite, tantôt à gauche, Gald cherchait le défaut de la cuirasse, mais l'autre, acculé à la défense, ne se laissait plus surprendre.

Gald s'était défait de son premier adversaire avec une telle facilité que la résistance du blessé l'étonnait. Voire l'inquiétait : Marwenn lui avait enseigné une escrime fondée sur la rapidité et l'efficacité, estimant sa résistance encore insuffisante pour la fatigue d'une longue passe d'armes. Il se prit à douter. Est-ce pour cela qu'il laissa l'autre le toucher ? Il sentit la morsure du fer sur son épaule. Luc'hengwadeg réagit aussitôt : un moulinet se solda, pour son adversaire, par une profonde entaille au bras, à l'intérieur du coude. L'épée tomba. L'homme recula en titubant, compressant d'instinct la plaie avec la main gauche. Le sang fusait, vermeil, entre ses doigts. Gald frappa de nouveau, encore et encore, sans chercher à ajuster ses coups, jusqu'à ce que l'autre s'affaissât.

Alors il se précipita sur la place, Luc'hengwadeg dans la main gauche, le poignard dans la droite, à la recherche d'un nouveau duel, car sa colère n'était pas apaisée. Mais nul ne répondit à son défi, sinon Bo.

– Calme-toi, il n'y a plus personne, dit le Sage.

– Ils sont tous morts ? demanda Gald, en comptant, machinal, les corps étendus sur la place.

– Trois se sont enfuis vers le sud, répondit Disgar. Ils ont pris trop d'avance pour que nous les rattrapions.

– Tu saignes, constata Bo. Laisse-moi voir.

Dans l'ardeur de la victoire, Gald avait oublié sa blessure. Aussi bien ne s'agissait-il que d'une estafilade sans gravité.

– Tu devrais tout de même la nettoyer, recommanda Disgar.

– Voyons d'abord ce qu'ils transportaient.

Gald s'approcha de la cage. De la pointe de son sabre, il souleva la peau qui masquait les barreaux.

Fasciné, il découvrit une jeune femme, dont le buste, couvert de ses seuls cheveux noirs, dominait un serpent gigantesque, enroulé sur lui-même. Comment ces barbares avaient-ils pu enfermer pareille beauté en compagnie du reptile ?

Ses traits évoquaient ceux de Sdrina, n'était le vert intense de son regard. Fait étrange, elle ne paraissait nullement effrayée par sa situation. Dans son sourire, il y avait une telle mélancolie, une telle séduction que Gald sentit fondre sa méfiance. Elle tendit le bras à travers les barreaux. Gald leva la main.

–Attention, prévint Bo, ce monstre pourrait te mordre.

Ce monstre ? Bo n'avait-il pas d'yeux pour voir ?

C'est alors qu'un souffle de vent, soulevant les cheveux de l'inconnue, dégagea ses hanches. Avec horreur, Gald constata qu'elles étaient couvertes d'écailles. Elle n'était pas enfermée avec le reptile : elle *était* le reptile. Il recula vivement. Le charme rompu, la ravissante apparition s'effaça, et Gald vit la bête comme ses compagnons la voyaient. Les mâchoires puissantes du serpent laissaient apparaître de redoutables crocs coniques ; ses yeux fixes, fendus d'une pupille oblongue, étaient de la même émeraude que ceux de la jeune fille.

–Il ne faut pas rester là, recommanda Bo. Nous avons bénéficié d'un effet de surprise, mais, puisque nous ne les avons pas tous exterminés, ils vont revenir avec des renforts.

–Pas sûr, dit Gald. Rien ne trahit la présence de troupes à proximité. Il s'agissait peut-être d'un commando diligenté par Agman pour lui procurer cette créature.

– Je ne parierais pas là-dessus, dit Troabed. Comment expliquer l'état d'abandon de ce pays, sinon par l'effet de la guerre ?

Gald songea à son propre village, vidé de ses habitants par les guerriers noirs. Cependant, il constatait une différence sensible : dans aucun des hameaux qu'ils avaient traversés, il n'avait remarqué de trace de destruction. Tout se passait comme si cette région avait été abandonnée, victime d'un mystérieux exode.

– La nuit va bientôt tomber, fit remarquer Disgar. Si nous devons partir, il ne faut plus tarder.

Déjà, Skil sortait les chevaux de l'étable où il les avait dissimulés pendant l'embuscade.

– Alors ? demanda Bo, par où va-t-on ?

Gald posa le poignard sur sa paume. L'arme resta inerte. Gald effectua un quart de tour sur lui-même, sans que la lame réagît.

– Je... je ne comprends pas ce qui se passe. On dirait...

– Ça ne fonctionne plus ? s'étonna Disgar, achevant la phrase que Gald, troublé, avait laissée en suspens.

Contrairement à ce qu'il affirmait, le jeune homme craignait de comprendre. « Aussi longtemps que mon sang tachera la lame de ton poignard, il te guidera », avait annoncé l'hydre. « Aussi longtemps que mon sang tachera la lame... » Il avait commis une terrible erreur en utilisant l'arme au cours de l'embuscade. Bo aussi avait compris. Faisant écho à l'intuition de Gald, il laissa tomber :

– Le sang lave le sang.

Il s'agissait d'un proverbe d'usage courant dans le Trévad, mise en garde contre la violence plus que justification de la vengeance. Il prenait aujourd'hui un tout autre sens. Plus banal et plus immédiat : en plantant son poignard dans le ventre du guerrier noir, Gald avait anéanti le pouvoir dont le sang de l'hydre l'avait investi.

Il tourna un regard plein de désarroi vers ses compagnons.

– Nous voilà revenus au point où nous étions avant ta rencontre avec cette bestiole, voilà tout, trancha Bo – et Gald lui sut gré de sa générosité.

– Jusqu'à présent, le poignard nous indiquait la direction du nuage, suggéra Troabed, alors maintenons le cap !

Sans plus attendre, il tourna la bride de son cheval.

– Et... la cage ? objecta Gald.

– Eh bien quoi, la cage ? maugréa Troabed. Elle est bien où elle est. Tu ne veux tout de même pas t'encombrer de cette charrette ?

– On ferait bien de tuer le monstre, suggéra Bo. Je ne sais pas ce à quoi Agman le destinait, mais ce ne peut être qu'à une tâche bien horrible.

– Tu as raison, approuva Touhel.

– Je m'en occupe, s'écria Gald. Partez devant, je vous rejoins.

– Je vais t'aider, proposa Disgar.

– Inutile ! Luc'hengwadeg s'en chargera. Partez vite.

Bo le dévisagea.

– Tu es sûr de toi ? demanda-t-il, soupçonneux.

– Sûr ! répondit Gald, bombant le torse et affichant le sourire le plus désinvolte dont il était capable.

Sans parvenir à donner le change, puisque Bo lui décocha cet avertissement :

– Prends garde, et surtout n'ouvre pas cette cage ! Sous aucun prétexte !

22

LA DIMENSION DES RÊVES

Le silence pesait sur le village. On n'entendait plus que le bourdonnement des mouches autour des dépouilles. Gald se pencha sur le corps du capitaine, souleva la visière du heaume. Le guerrier ressemblait à celui dont il avait aperçu le visage, non pour ses traits – ceux du capitaine étaient épais quand l'autre était émacié –, mais par la pâleur diaphane de la peau, sous laquelle transparaissaient les veines bleues. Une mèche blanche barrait son front ; pourtant il était encore jeune : seules les cicatrices marquaient son visage. Ses paupières s'étaient refermées sur le mystère de son regard, et Gald n'eut pas le cœur de démasquer un autre cadavre.

À la ceinture, là où s'accrochait le fourreau de son épée, pendait une clé dont Gald ne douta pas un instant qu'elle ouvrait le cadenas de la cage.

Il se releva, fit face à la charrette abandonnée au milieu de la place. Nul son n'en parvenait. Il avait l'inconfortable impression que la créature l'épiait, immobile, aux aguets derrière le rabat de cuir qui la dissimulait. De la pointe de son sabre, il coupa le lacet qui maintenait l'épais rideau. Celui-ci tomba lourdement à terre, découvrant l'intérieur de la cage.

Gald s'était armé de courage pour affronter l'affreuse vision du monstre reptilien. Au lieu de cela, une jeune fille couverte de ses seuls cheveux posait sur lui un regard grave. Plus trace de la moindre écaille. Et ce visage ! Gald avala sa salive avec peine. Ses doigts tremblaient un peu sur la garde de Luc'hengwadeg. Il se racla la gorge afin d'affermir sa voix, pour demander :

– Qui es-tu ?

– Peu importe mon vrai nom, répondit-elle – sa voix, très basse, le fit frissonner. Je suis celle que tu espères.

– C'est pour ça que tu ressembles à Sdrina ?

– Peut-être, murmura-t-elle, insensible au défi ironique par lequel Gald essayait de se défendre.

– D'où viens-tu ?

– Des étangs de Lennaroann. Là vit mon peuple, condamné à l'exil par l'indifférence des tiens.

– Comment les miens seraient-ils indifférents, si vous prenez la forme de leurs espoirs secrets ?

– Tu appartiens à une race compliquée.

Elle rit, dévoilant des dents nacrées. Gald avait beau savoir que ces perles blanches étaient en réalité de redoutables crocs, il ne put s'empêcher de trouver le spectacle charmant.

– Pourquoi Agman t'a-t-il envoyé chercher ?

– Sans doute comptait-il se servir de moi, j'ignore à quelle fin. Mais ce n'est pas ce qui importe.

Tel n'était pas l'avis de Gald. Si, malgré les avertissements de Bo, il avait tenu à en savoir un peu plus, c'était qu'il se demandait si la créature n'appartenait pas à ce Peuple, dont il pouvait espérer de l'aide. Du moins était-ce l'excuse qu'il se donnait.

– Qu'est-ce qui importe, selon toi ?

– Qu'ils aient pu me piéger. Et me garder. Que mon charme n'ait eu aucune prise sur eux.

– Contrairement à moi ? Cela veut tout bonnement dire que ce sont eux, les indifférents, et non les hommes.

– Rien à voir. Les hommes nous chassent de leur univers parce qu'ils ont peur de nous. Mais ils ne peuvent s'empêcher de rêver à nous. Ils nous repoussent seulement parce qu'ils redoutent l'attrait que nous exerçons sur eux. Trop tentant. Trop irrésistible. Pas les guerriers noirs. Leur cœur est sec. Ils n'ont pas d'espoir. Seulement une finalité. Un but, dont rien ne saurait les détourner. Et quand ils auront imposé leur loi partout, alors il n'y aura plus de rêve, plus d'espérance nulle part.

Il ne restera que leur loi, si arbitraire, si injuste soit-elle. Un adage la résume : « Ma force est mon droit. »

– Puis-je te faire confiance ?

– Comme à la plus chère de tes illusions.

– Bo me déconseille d'ouvrir ta cage.

– Rejoins-moi. À ce prix seulement tu connaîtras la réponse.

Elle affichait un sourire vainqueur. Elle ne doutait pas de son charme. Elle avait d'ailleurs de bonnes raisons pour cela. La plus exquise des filles d'Atil, la plus provocante de celles d'Argantlon ne seraient apparues que comme de pâles reflets de sa beauté. On retrouvait en elle un peu de Sdrina, certes, d'Emaine aussi, mais comme la lueur des lucioles évoque l'éclat de la lune de printemps.

– Tu dois choisir, souffla-t-elle. Ou tu me rejoins, ou tu me tues. Car c'est bien dans cette intention que tu es venu, n'est-ce pas ?

Gald sentit un étau comprimer sa poitrine.

– Le seul choix qui t'est interdit, poursuivit-elle, c'est la fuite. Si tu m'abandonnes, me condamnant à une mort lente et cruelle, tu te le reprocheras toute ta vie.

Et Gald sut immédiatement qu'elle avait raison.

– Que se passera-t-il si je te délivre ? Reprendras-tu ta forme de serpent ?

Elle rit. Ah ! ce tintement de grelots cristallin ! Comment lui résister ?

– Bien sûr, avoua-t-elle. Suis-je autre que je suis ? Toutefois, pour cela, il me faudra rejoindre la rivière. Je veux dire : tu devras m'y mener.

Devenue câline sa voix se teintait de promesses. Pendant tout ce temps, Gald avait gardé son sabre dans la main gauche, et dans la droite la clé. Tel était le choix, ainsi qu'elle l'avait souligné. Il leva Luc'hengwadeg. Un geste, un seul geste, et il se débarrassait du sortilège. Or, il ne sentait pas dans son bras la vibration qui animait Luc'hengwadeg lors des combats. Le sabre n'éprouvait pas cette impatience que lui inspirait la proximité de la mort.

– Un mot encore, s'écria Gald. Pourquoi mes compagnons ne t'ont-ils pas vue sous ton aspect de femme ?

Elle rit de nouveau. Elle n'éprouvait aucune crainte devant le sabre dénudé.

– Parce que je t'ai choisi toi, et pas un autre, expliqua-t-elle.

Lentement, le bras gauche de Gald retomba. Il remisa Luc'hengwadeg dans son fourreau. Le ressort du cadenas émit un claquement sec quand il le libéra. Gald ouvrit la porte. La jeune fille tendit la main, afin qu'il l'aidât à descendre.

Maintenant elle se tenait face à lui. S'il avait commis une erreur, une fatale erreur, il n'allait pas tarder à la payer.

–Viens, dit-elle en posant son poignet dans sa paume – sa peau lui parut fraîche comme une source. Conduis-moi à la rivière.

Sa démarche était si légère qu'elle ne courbait pas l'herbe sous son poids. Chacun de ses pas s'accompagnait d'une ondulation de sa longue chevelure, et de ses cheveux sourdait un parfum entêtant. Ils touchèrent bientôt à la rive. Au moment de pénétrer dans l'eau, elle se tourna vers lui.

–Jusqu'où va ton courage ? demanda-t-elle en approchant de lui.

Il sentait son souffle sur son visage. Respirait son parfum. Se noyait dans le vert de ses yeux. Elle posa ses lèvres sur les siennes. Il frémit, en songeant à la gueule du reptile. Néanmoins, il se laissa embrasser. Quand elle l'attira en se laissant tomber dans l'herbe, il ne résista pas. Et l'herbe se fit douce sous leurs corps. Et le soleil, pourtant au déclin, retrouva pour eux son ardeur.

Dans cette union, Gald oubliait tout. Sa mission et les guerriers noirs. Ses chagrins et ses doutes. Ses deuils et sa haine. Un courage nouveau pénétrait son cœur. Il se sentait de taille à vaincre toute une armée.

Mais bientôt – c'est-à-dire bien trop tôt – la jeune fille dénoua ses bras de sa taille.

–Je vais partir, maintenant, dit-elle. À tes compagnons, tu diras que tu as fait ce que tu devais faire : tu ne mentiras pas, même s'ils sont incapables de te comprendre.

Gald n'était pas sûr de comprendre lui-même.

– Car tu leur tairas ce qui s'est passé sur cette rive, ajouta-t-elle, impérieuse, en s'écartant.

– Attends !

Elle posa les doigts sur sa bouche pour le faire taire. Avec une infinie douceur. Pourtant ce geste lui parut cruel. Seul l'éclat qu'il aperçut soudain dans la prunelle de sa compagne le dissuada d'insister. L'instant d'après, elle sautait dans la rivière.

La jeune fille s'enfonça jusqu'à mi-corps dans l'eau limpide. Trop limpide pour que Gald ne vît pas ses jambes se métamorphoser en anneaux écailleux.

– Me diras-tu à présent qui tu es ?

– Je me nomme Roannenn. Mon peuple est né de l'union d'Avèl, le dieu de l'Air, et de Douraane, la déesse de l'Eau. La chance t'accompagne, toi qui as su te soumettre à la puissance des rêves ! Souviens-toi de moi chaque fois que le découragement te menacera.

– Où est la Montagne du Dragon ? eut-il l'esprit de demander avant qu'elle disparaisse.

– Remonte la rivière. Traverse la région des lacs. Tu trouveras la forêt de Rindoat. La montagne se dresse au-delà. Je n'en sais pas davantage. Car mon peuple préfère les eaux calmes : les torrents ne lui conviennent pas.

Elle plongea. Gald détourna les yeux pour ne pas distinguer parmi les herbes de la rivière un sillage sinueux.

23

LE PAYS SOMBRE

La lune jetait sur le chemin une lumière pâle. Grâce à elle, Gald put continuer sa route malgré la nuit. Les traces de ses compagnons n'étaient pas difficiles à suivre, dans ces chemins où personne n'était passé depuis longtemps.

Ils n'avaient d'ailleurs guère franchi de distance et campaient dans un village voisin, un peu plus haut sur la rivière. Gwaz tint la bride de Tangwall tandis que Gald sautait à terre. À son interrogation muette, Gald apporta la réponse que Roannenn lui avait soufflée :

– J'ai fait ce que j'avais à faire.

Il lut sur le visage du compagnon d'aventure que celui-ci ne prêtait aucune foi à sa parole. Curieusement, alors même qu'il avait conscience, sinon de mentir, du moins de chercher à tromper son interlocuteur par une parole ambiguë, cette méfiance le froissa.

Les compagnons d'aventure ne se cachaient guère. Ils avaient allumé un feu, comme tous les soirs depuis qu'ils avaient quitté le marais. De toute façon, ils avaient conscience de laisser derrière eux une trace facile à lever.

Quand Gald eut achevé un repas bienvenu, Bo lui dit :

– Nous avons discuté. Il y a tout lieu de penser qu'Agman nous fera rechercher sitôt qu'il apprendra que nous avons pénétré dans le Cinquième Royaume.

Il s'interrompit, laissant à Gald le temps de réfléchir à son propos. N'obtenant pas de réaction de son interlocuteur, il poursuivit :

– Nous sommes arrivés à la conclusion qu'il vaut mieux nous séparer. Si les cavaliers noirs reviennent en force, nous les entraînerons à notre poursuite. Seul, tu passeras plus facilement inaperçu.

Cette perspective n'avait rien de réjouissant. Mais l'errance n'était-elle pas le lot de tous les compagnons d'aventure ? Sans compter que, sur le principe, Bo avait raison.

– D'accord, approuva Gald.

Bo s'attendait à une autre réaction. Il insista :

– Bien sûr, nous ne t'abandonnerions pas si nous ne pensions pas sincèrement…

– J'ai dit que j'étais d'accord, le coupa Gald. Pour vous retrouver, je n'ai pas eu à chercher les indices subtils laissés par Troabed. Pourtant, j'ai voyagé la nuit ! Et puis…

Il laissa sa phrase en suspens. Il allait dire : je n'ai pas besoin de vous. Il s'étonnait lui-même de cette force soudaine, cet orgueil irréfléchi, ancré dans la certitude de son inévitable succès. Roannenn, la fille-serpent, avait emporté ses doutes avec elle pour les noyer au plus profond des eaux.

Il s'enroula dans sa couverture, non loin du feu, et s'endormit hanté par l'image de Roannenn.

Au matin, les premiers rayons du soleil l'éveillèrent. Ses compagnons étaient déjà levés et équipés. Comme la veille, Bo avait l'air soucieux. Le ciel était radieux, à l'exception du nuage toujours planté sur l'horizon. Gald émit une plaisanterie à son propos. Puis vint l'heure des adieux.

–Nous allons redescendre la rivière sur quelques lieues, annonça Troabed. Ensuite, nous marcherons vers le sud.

Gald approuva. Ce renseignement, dans l'immédiat, ne lui était d'aucune utilité : combien de jours, de semaines, de mois passeraient avant qu'il revienne ?

Ils écourtèrent les adieux, feignant d'être sûrs de se revoir bientôt. Et Gald se mit à remonter le courant de la rivière, ainsi que Roannenn le lui avait conseillé.

À mesure qu'il progressait, le paysage devenait moins hostile. L'herbe, moins rêche, se courbait désormais sous le souffle du vent. Le nuage paraissait reculer sans cesse – mais fallait-il s'attendre à autre chose de la part de l'horizon ? Si chaque fois qu'il apercevait une colline, voire un simple monticule, il en gravissait la pente pour observer les alentours, il n'aperçut aucune trace des guerriers noirs. Il se persuadait d'avoir eu une bonne intuition : ceux auxquels ils avaient tendu un traquenard étaient un commando isolé.

L'air était tiède. Le soir, il s'embusquait en attendant que les lapins quittent leur terrier. Une flèche lui assurait alors le repas du jour. Il n'éprouvait aucune impatience, somnolant quelquefois sur sa selle, bercé par le trot de Tangwall. Quand il s'éveillait en sursaut, il portait la main à son giron, où se trouvait naguère la poche cousue par Sdrina pour le transport de Louarnic. Puis il se souvenait ; cela le rendait un peu triste. Il ne manquait cependant pas de se retourner dans l'espoir insensé d'apercevoir le petit chat lancé sur sa trace. D'autres fois, dans un demi-sommeil, il lui semblait entendre, à côté du trot de Tangwall, celui de Loen-Jav, et dans le feuillage des arbres les soupirs de Roannenn. Bien sûr ces illusions n'étaient que rêves. Mais, dans sa solitude, elles lui apportaient un grand apaisement.

Un matin, depuis un promontoire, il découvrit une plaine constellée de centaines de plans d'eau : la région des lacs, annoncée par Roannenn. Mais ce qui, surtout, attira son attention, ce fut un mince filet bleu qui s'étirait, paresseux, presque invisible, dans le ciel clair. Une présence humaine. Enfin !

Bien sûr, elle pouvait provenir du campement d'une bande de guerriers noirs. Pourtant, Gald n'éprouvait aucune appréhension. Au fond de lui, il avait le sentiment de ne courir aucun danger.

Et c'est d'un cœur léger que, quelque temps plus tard, il aborda un village. Les maisons étaient bâties dans le même style que toutes celles qu'il avait rencontrées jusqu'alors. Des filets tendus et des embarcations retournées sur la rive l'avertirent qu'il aurait affaire à des pêcheurs. Tout était calme. Trop calme. Gald aurait pu penser s'être trompé, n'était l'odeur de fumée qui flottait encore sur les lieux. Si le village, à l'instar de tous les autres, était déserté, son abandon remontait à peu. Par-dessus le moutonnement des premiers toits, il aperçut, fugitive, une volute. Du genou, il poussa Tangwall dans cette direction.

Il déboucha sur une petite place triangulaire. Quelques poules déplumées s'écartèrent en caquetant. La fumée s'échappait du toit de l'une des masures. Gald mit pied à terre.

La porte n'était pas verrouillée : elle pivota en grinçant à la première poussée. Gald resta sur le seuil, le temps de s'habituer à la pénombre. Peu à peu, les détails de l'intérieur se dévoilaient à son regard. L'âtre, d'abord, où rougeoyaient des braises, au-dessus desquelles pendait un chaudron. Une table. Deux tabourets. Un coffre, sur lequel reposait un plat de terre cuite. Un lit, ridiculement court. Et là, dans le recoin le plus reculé, le plus ombreux, deux créatures pelotonnées l'une contre l'autre.

La maison était à demi enterrée. Gald descendit les trois marches qui permettaient d'atteindre le sol en terre battue. Il devait courber la tête pour ne pas se heurter aux poutres. À ce détail, il comprit que son impression première, d'avoir affaire à des enfants, était erronée. Les pêcheurs étaient de petite taille, voilà tout. Pourtant il adopta, pour leur parler, le ton qu'il aurait employé pour s'adresser à des gamins effarouchés :

–Je ne vous veux aucun mal. Je ne suis qu'un voyageur.

Les deux gnomes, acceptant de s'écarter l'un de l'autre, approchèrent prudemment. Ils paraissaient très âgés, courbés par les ans, frêles au point que l'on se demandait comment ils avaient pu un jour remonter leurs filets. Ils formaient un couple, mais seule la barbe clairsemée qui encadrait le visage de l'homme le différenciait de sa compagne.

Le vieux s'enhardit au point de palper la cuisse de Gald, comme s'il voulait s'assurer de sa réalité.

–Vous êtes seuls dans le village ? demanda Gald. Où sont les autres ?

– Partis.

– Partis ? Où ?

– Partis, répéta l'autre. Plus de poissons. Alors partis.

Gald songea à l'herbe coriace qui envahissait les abords du marais, aux arbres desséchés, aux bois étouffés sous les ronces. Et si, autrefois, ils avaient été prairies, vergers, châtaigneraies ? Le pays était malade : voilà pourquoi ses habitants le fuyaient.

– Et vous, vous êtes restés ?

– Trop vieux, expliqua l'autre. Pas marcher.

Il poursuivait son examen. Il ne paraissait plus effrayé. Et même il demanda :

– Toi, pas un homme. Alors quoi ?

– Si, je suis un homme.

– Pas un homme, le coupa le vieillard en tapant du pied. Trop grand. Langage compliqué. Quoi ?

– Je viens de loin, expliqua Gald. Dans mon pays, tous les hommes sont comme moi.

Le vieillard donna des signes de la plus vive agitation. La réponse de Gald ne le satisfaisait pas. En vain sa compagne, à l'évidence plus sensée, tenta de le raisonner. Gald en profita pour expliquer :

– Je suis un voyageur. Je cherche la Montagne du Dragon.

– Montagne du Dragon ? Vouloir aller ?

– C'est cela même, approuva Gald, plein d'espoir. Tu sais où elle est ?

– Montagne du Dragon ? Non.

Il dévisagea Gald en plissant les yeux – pour autant que cela fût encore possible dans un visage labouré par les rides.

– Lacs : poissons. Utile connaître. Montagne…

Il appuya sa démonstration d'un geste de la main qui signifiait sans doute un désintérêt profond. C'est alors que, d'une petite voix éraillée, la vieille dit :

– Montagne loin. Sous gros nuage.

Son époux s'insurgea :

– Toi ? Jamais bouger village. Rien savoir.

– Savoir ! glapit la vieille femme. Grande forêt, puis montagne. Sous nuage.

Le vieux ricana. Ils se disputèrent un moment.

– Avez-vous vu des guerriers noirs ? les coupa Gald.

– Guerriers ?

– Des hommes aussi grands que moi, qui portent une cuirasse, précisa Gald, conscient d'ailleurs de l'inutilité de cette explication : si le pêcheur avait aperçu un seul séide d'Agman, il n'aurait pas posé la question.

Au moins avait-il interrompu la chamaillerie. Soudain la vieille femme le poussa contre un banc. Surpris, Gald n'évita la chute qu'en s'asseyant.

– Manger, dit-elle.

Elle saisit une écuelle, qu'elle remplit au chaudron. Elle la posa devant Gald, poussa vers lui une cuiller en bois, dont le manche sculpté représentait un poisson. Avec inquiétude, Gald examina le bouillon où flottaient quelques lambeaux de chair blanche et des racines coupées en rondelles. Il s'en dégageait un fumet un peu âcre.

– Manger, répéta-t-elle, tandis que son compagnon l'encourageait par de vigoureux hochements de tête.

– Je ne voudrais pas vous priver..., commença Gald.

Devant l'expression furieuse de son hôtesse, il s'interrompit et plongea la cuiller dans le bouillon.

Les racines, croquantes, étaient sucrées ; leur saveur rappelait celle des châtaignes, en plus fin. Quant au poisson, il agaçait un peu la langue, puis dégageait un arôme subtil. Lorsque la vieille retourna remplir l'écuelle, Gald ne se fit pas prier pour la vider.

Vint ensuite le tour du vieux. Puis celle de la vieille. Gald devina que ce n'était pas tant par égard pour lui qu'ils l'avaient laissé manger seul, mais parce qu'ils ne disposaient que d'une seule cuiller.

Cette nuit-là, Gald dormit mal. Coincé entre la table et le mur, il subit toute la nuit les querelles du couple qui, emporté par le feu de la discorde, oubliait la plupart du temps de chuchoter. Il n'osa cependant pas sortir, pour ne pas froisser ses hôtes. La générosité de leur accueil, alors que leurs provisions ne pouvaient que s'épuiser, méritait quelques égards.

Avant de partir, il mangea de nouveau du même plat que la veille. Les deux vieux, pressés l'un contre l'autre sur leur seuil, le regardèrent s'éloigner en lui adressant un signe de la main. À peine avait-il tourné au coin d'une ruelle qu'il entendit les échos d'une nouvelle dispute.

Fallait-il accorder du crédit au renseignement donné par la vieille ? Le nuage paraissait à présent moins immuable. Des mouvements convulsifs en secouaient la base. Dissimulait-il vraiment la Montagne du Dragon derrière son bourgeonnement ?

Chaque fois qu'il longeait un lac, Gald cherchait à en percer la surface. Dans lequel de ces plans d'eau, dont le diamètre allait de quelques brasses à plus d'une lieue, Roannenn se dissimulait-elle ?

Il traversa d'autres villages de pêcheurs, sans rencontrer personne. Puis ajoncs et roseaux laissèrent place à une végétation plus sèche. Le terrain, de nouveau, s'accidenta.

Trois jours après avoir quitté les deux vieux, il rejoignit une bande de petits hommes, jetés sur le chemin, apprit-il bientôt, par une menace de disette. Ils poussaient devant eux quelques vaches décharnées, les seules survivantes de l'épidémie qui avait ravagé leur cheptel. Encore ces pasteurs n'étaient-ils pas sûrs de les sauver :

depuis le début de leur exode, ils avaient perdu dix bêtes, la moitié de celles qu'ils avaient emmenées.

– Où allez-vous ? s'enquit Gald.

Ils ne le savaient pas. Ils avançaient en direction du nuage, à la recherche d'un pâturage accueillant pour leur troupeau. Jusqu'à présent, chaque fois qu'ils avaient cru pouvoir s'arrêter, une vache était tombée malade. Il y avait beaucoup de lassitude dans leurs yeux : ils savaient que leur errance ne prendrait fin qu'avec la mort de la dernière, et qu'alors il ne leur resterait plus rien.

Gald marcha quelque temps de conserve avec eux. Mais, jugeant leur allure trop lente, il prit congé et les devança.

Désormais, il traversait des villages qui n'étaient pas tous, ou tout à fait, abandonnés. Aux uns et aux autres il demandait le chemin qui conduisait à la Montagne du Dragon, sans recevoir de réponse. Jusqu'au jour où un paysan, qui pleurait de constater qu'aucune fleur ne poussait sur ses arbres fruitiers, lui répondit :

– Seul un fou peut vouloir aller là-haut.

– Pour quelle raison ?

– Eh ! Parce que, comme son nom l'indique, c'est l'antre du dragon !

– Ainsi, tu sais où elle se trouve ?

– Tu n'écoutes pas quand on te parle ? Il n'est pas permis aux hommes de s'en approcher !

Il le dévisagea par en dessous, l'air rusé.

– Mais toi, tu n'es pas un homme, ajouta-t-il.

Gald ignora la remarque. Il avait fini par en prendre l'habitude. Depuis sa rencontre avec le pêcheur, il avait croisé des individus minces ou râblés, aux yeux noirs ou violets, aux cheveux châtains ou roux, mais aucun ne lui arrivait à l'épaule.

– Pourtant, tu as l'air d'en savoir plus long que tu ne le dis, insista-t-il.

– Je sais seulement qu'au-delà de la forêt s'élève la montagne.

– Et où est cette forêt ?

– Au pied de la montagne.

Sur cette forte parole, il se rassit sur sa pierre et se remit à pleurer. Après que Gald se fut éloigné de quelques pas, il le héla.

– Au fait, non, elle pousse sur ses premières pentes.

– Quelle direction ? s'impatienta Gald.

– Peu importe, maugréa le paysan. On y arrive toujours.

Et il lui tourna le dos, de fort méchante humeur. Tangwall s'enleva. Le nuage avait cessé de fuir. Depuis plusieurs jours, même, il paraissait grossir.

24

KLUTAM

La forêt barrait tout l'horizon. Elle paraissait sans fin, à droite comme à gauche. Une brume laiteuse flottait au-dessus, trop ténue pour cacher le soleil, suffisante pour le réduire à l'état de disque blafard, sorte de lune égarée en plein jour. Cela faisait maintenant près d'une décade que Gald avait quitté la région des lacs. La malédiction qui frappait le pays avait ici moins de gravité. Cependant, le mal gagnait. Même la grande forêt en était menacée : de larges taches de rouille, anormales en cette saison, brunissaient les feuillages.

À l'orée se dressait un village. Les maisons affectaient la forme arrondie d'usage dans la région, à cette différence près que le bois remplaçait la terre comme matériau de construction. Là vivaient des porchers, dont les bêtes se nourrissaient des glands et des faines ramassés dans les sous-bois. Gald demanda son chemin, mais n'obtint de tous que la même réponse apeurée : nul, de mémoire d'homme, ne s'était risqué à plus d'une demi-lieue de l'orée, fût-ce pour récupérer un cochon égaré.

Cela le contraria d'autant plus qu'il n'avait jamais été aussi proche du but. Or, il est difficile de s'orienter dans une futaie inconnue, même lorsque les fourrés sont assez clairsemés pour la rendre pénétrable. Tout juste les porchers confirmèrent-ils qu'une montagne s'élevait au-delà de la forêt, sans pouvoir en préciser ni l'aspect ni la hauteur. Jamais la brume ne se levait et d'ailleurs le village était trop près des arbres : ceux-ci bouchaient toute la vue. Leur peur était telle qu'ils bégayaient et baissaient la voix en prononçant certains mots, si bien que Gald peinait à les comprendre. Ils parlaient de génies funestes, de sorciers et de créatures malfaisantes.

Une petite rivière sortait de la forêt, qui venait arroser le village. À défaut de chemin, elle lui permettrait de passer la lisière, toujours plus touffue que la profondeur du sous-bois. Il poussa Tangwall dans son lit. L'eau était peu profonde. De temps en temps, sans cesser de marcher, le cheval y trempait les lèvres. Bientôt, Gald croisa un poteau gravé d'entailles bigarrées. Sans doute les porchers marquaient-ils ainsi la limite de leur territoire, la frontière au-delà de laquelle ils jugeaient trop risqué de s'aventurer. Il la franchit néanmoins sans appréhension. Le chant des oiseaux, l'odeur de la mousse et du feuillage lui apportaient un apaisement nostalgique. Il n'y avait aucune différence entre ce sous-bois et celui qu'il avait fréquenté avec Finn pendant toute son enfance. Il en déchiffrait l'alphabet mystérieux, les coulées par où les lapins tentaient d'échapper aux belettes, les écailles des pommes de pin laissées au pied des arbres par les écureuils qui s'étaient régalés des pignons, les drames révélés par une plume ensanglantée gisant sur l'humus, entre deux champignons à moitié dévorés par un rongeur... il remarquait tout cela, et d'autres traces encore : une branche brisée par le passage d'un sanglier, les laissées d'un blaireau ou l'empreinte légère d'un chevreuil dans la boue de la rive. Il décryptait le ramage des oiseaux : le pépiement des mésanges insouciantes, le martèlement des pics affamés, les criailleries des geais querelleurs. Oui, décidément, cette forêt ressemblait à la sienne. Il laissait son esprit dériver vers son village, refoulant au plus profond de lui-même les images d'horreur sur lesquelles il l'avait quitté. Il songeait à ses compagnons de jeux, à ses voisins, à la fête qui suivait les moissons, à la jolie Emaine, à qui tous les garçons souriaient, et qui avait choisi de sourire à son frère Finn.

La rivière se ramifiait en plusieurs bras, chaque fois un peu plus étroits, tandis que la pente raidissait. Pas au point, cependant, de gêner sa progression. Il avançait ainsi depuis plusieurs heures, quand une odeur étrangère à la forêt le mit en alerte. Il crut d'abord s'abuser. Mais cela se précisa : de la fumée. Il vérifia la position de Luc'hengwadeg sur son dos, prêta l'oreille. Tangwall aussi avait senti le feu. D'instinct, il retenait son pas, posait le sabot avec prudence, le plus légèrement, le plus silencieusement possible.

Une clarté glauque trahissait l'approche d'une clairière. Gald mit pied à terre et tira Tangwall par la bride.

Au milieu de la trouée, à cheval sur un ruisseau, se dressait une maison trapue, assez vaste, très ancienne à en juger par la couleur grise des rondins et le fléchissement de la poutre faîtière. Laissant Tangwall sous le couvert, Gald s'en approcha.

Du parchemin occultait les fenêtres. Si sa minceur laissait la lumière pénétrer, il arrêtait, hélas, le regard. Nul bruit ne parvenait de l'intérieur. Aussi Gald se persuada-t-il bientôt que la bâtisse n'abritait pas le bivouac d'une troupe ennemie.

La porte céda à sa pression.

– Entre donc, freluquet, grinça une voix éraillée. Tu as trouvé celui que tu cherchais.

– Je ne cherchais personne, se défendit Gald, explorant la pièce du regard pour y repérer son interlocuteur.

– Vraiment ? J'ai tout lieu de te traiter de menteur, s'pas. Et de menteur maladroit, ce qui est encore plus grave. Car je suis le seul habitant de ce bois, où on ne s'aventure pas par mégarde : parmi les bouffeurs de cochons, j'ai mauvaise réputation, je le sais bien. Ces pécores me redoutent.

Aucun mur qui ne fût couvert de bibliothèques. Sur les étagères s'empilaient des volumes de toutes les tailles, les uns dressés, les autres couchés pour combler tout l'espace. On apercevait même des rouleaux à parchemin. Les volumes avaient débordé : ils s'entassaient les uns sur les autres, en colonnes à l'improbable équilibre, sur la table qui occupait la moitié de la pièce, ou en pyramides serrées sur le parquet.

D'un de ces monceaux se détacha une silhouette mince et noueuse. L'homme – ou la femme, car ni la voix ni l'apparence ne permettaient à Gald d'en décider – s'approcha pour venir l'examiner sous le nez. Il se prêta de bonne grâce à cette inquisition. D'une part, c'était lui l'intrus, il en avait conscience. D'autre part, il ne tenait pas à indisposer l'ermite. Si quelqu'un pouvait le renseigner, n'était-ce pas lui qui, à l'évidence, se consacrait à l'étude ?

– Est-ce qu'un savant comme vous ne serait pas mieux dans une ville, où il y a des bibliothèques ? demanda-t-il, espérant amadouer son irascible interlocuteur par une flatterie.

– J'ai lu tous les livres, et pas qu'une fois. Ils n'ont plus rien à m'apprendre. Je ferais mieux de brûler tous ceux-ci : ils m'encombrent !

– Personne n'a pu lire tous les livres.

– Si, il suffit d'y mettre le temps. J'ai consacré plus de quatre siècles à ceux que tu vois ici.

L'homme – à ses manières rugueuses et à ses gestes dénués de grâce, Gald avait décidé qu'il s'agissait d'un homme – n'était pas de première jeunesse, certes. De là à le croire quadricentenaire… La solitude devait l'avoir conduit à la folie. D'où, sans doute, la méfiance qu'il s'enorgueillissait d'inspirer aux villageois des alentours, car pour le reste, il paraissait bien inoffensif.

– Je suis…

– Je sais qui tu es, le coupa le vieillard. Tu es le gaucher qui transporte une urne pour la jeter dans le Puits des Âmes.

Un frisson glacé secoua l'échine de Gald. L'étrange bonhomme n'était peut-être pas aussi inoffensif que cela !

– Ça t'en bouche un coin, s'pas ? ricana le vieillard.

– Comment savez-vous ?

Le vieux leva la main, dans un geste impérieux.

– Tututu ! C'est chez moi, ici, alors c'est moi qui pose les questions. Tu sais donc où le trouver, le Puits des Âmes ?

– Dans la Montagne du Dragon.

– Mais plus précisément ?

– Peut-être pourriez-vous me le dire, vous qui avez tant lu ?

– Tu ne me crois pas, s'pas ? devina, à juste titre, le vieil homme. As-tu jamais entendu parler de Klutam ?

Gald dut avouer son ignorance.

– Tatata ! Et tu prétends trouver le Puits des Âmes !

– Avec votre aide, suggéra Gald. Qu'est-ce que Klutam ?

– Impertinent ignare ! Ignores-tu que Klutam est le nom du plus savant des sorciers ?

– Un sorcier ?

– Oui. Enfin, c'est ainsi que m'appellent les autres, je veux dire les péquenots de l'orée. Tu as raison, savant suffit bien.

En le voyant se caresser la barbe avec une satisfaction non dissimulée, Gald comprit qu'il parlait de lui-même.

– Vous vivez seul ici ?

– Celui qui cherche la connaissance est toujours seul. Il faut se hasarder sur des chemins bien escarpés, s'pas. Oh, et puis je peux le reconnaître, les femmes, les cent cinquante premières années de ma vie, je ne dis pas… Mais l'âge venant…

– Je ne pensais pas à une femme, plutôt à un disciple.

Le visage de Klutam se figea.

– Un jeune blanc-bec, qui ne songerait qu'à voler le fruit de mon travail ? cracha-t-il.

Ses paupières se fermèrent à demi.

– Tu n'es pas venu dans l'intention de me piller, s'pas ?

Gald s'empressa de l'assurer du contraire.

– Non, bien sûr, grinça Klutam. Toi, tu es venu pour le Puits des Âmes.

– Savez-vous où je le trouverai ?

– Parce que tu l'ignores ? Tu veux me faire croire que tu es arrivé jusqu'ici par hasard, poussé par le vent, en quelque sorte ?

– Je sais seulement que le Puits des Âmes s'ouvre quelque part dans la Montagne du Dragon.

– Oui, eh bien il faudrait être un peu plus précis, s'pas, si tu veux y parvenir.

Klutam émit un gloussement à plusieurs reprises en remâchant : la Montagne du Dragon, la Montagne du Dragon... Soudain, il cracha, hargneux :

– Et d'abord, de quel dragon s'agit-il : Cénog, Natrach, Skand ou Gorteuz ?

De son doigt noueux, terminé par un ongle épais et crevassé comme l'écorce d'un chêne, il frappait la poitrine de Gald qui, interdit, reculait devant cet assaut imprévu.

– C'est qu'il faut savoir de quoi l'on parle, s'pas. Mais toi tu ne sais pas. Tu ne sais rien. Rien du tout !

Se radoucissant aussi soudainement qu'il était entré en fureur, il recommanda :

– Va chercher ton cheval. Je n'ai pas d'écurie, tu l'entraveras dans la cour. Tu dormiras chez moi cette nuit.

Gald ne se le fit pas répéter, soulagé de se soustraire au regard fiévreux de l'ermite. Quand il eut rejoint Tangwall, il fut même tenté de s'en aller. Au lieu de quoi, il revint vers la maison. Klutam avait raison sur un point : son ignorance.

– Le cheval est devant la porte, annonça-t-il en rentrant dans la maison. Je ne l'ai pas entravé. Tant que je serai dans la maison, il ne s'éloignera pas.

– Pfft, quelle blague. Attends que passe une jument, et tu verras ! Tu ne l'as pas dessellé non plus... Compterais-tu t'enfuir ? Aurais-tu, toi aussi, peur de la connaissance ?

Ainsi, Klutam l'avait observé.

– Plus tard, coupa Gald. À propos de jument, avez-vous vu d'autres cavaliers par ici, ces derniers temps ?

Klutam plissa les yeux.

– Tu veux parler de ces créatures infernales dont le monde est infesté ?

D'un geste ample de la main, il désigna l'empilement des livres.

– Crois-tu qu'ils existeraient encore si elles les avaient découverts ? Non, je ne les ai pas vues. Elles ne seront en mesure d'envahir le Cinquième Royaume qu'une fois conquis les quatre autres. En fait, elles n'auront pas à se donner cette peine : quand ce malheur arrivera, le Cinquième Royaume aura cessé d'être. Viens voir.

Il se dirigea vers un tas, dont il parvint à extraire d'une main experte un volume. À en juger par la poussière qui grisaillait la partie de la reliure restée découverte, Klutam ne l'avait pas consulté depuis longtemps. Néanmoins, il n'avait mis aucune hésitation dans son geste et, quand il ouvrit le grimoire, il tomba du premier coup sur la bonne page.

– Voilà, dit-il en pointant son index sur un passage qu'il avait poussé sous le nez de Gald.

Celui-ci échoua à déchiffrer l'écriture manuscrite, dont les caractères lui étaient inconnus.

– Ce n'est pas la première fois que le monde est malade, grinça Klutam. Vois ce que disent les chroniques. Chaque fois il a survécu, s'pas ? Ça ne veut pas dire qu'il s'en est sorti intact. Plus mauvais, chaque fois plus mauvais. Cependant, il a survécu. On se demande pourquoi. Quel sens donner à tout cela ?

Gald repoussa le livre.

– Je ne comprends pas, dit-il.

– Ah, tu ne sais pas lire.

Le jeune homme se raidit, piqué par le mépris dont la voix de Klutam se teintait.

– Bien sûr que je sais lire. Mais cette écriture. Elle est très ancienne, n'est-ce pas ?

Klutam ferma le livre, dissimulant à peine un sourire satisfait.

– Ceux qui ont composé cet ouvrage étaient de grands savants. Ils nous ont laissé ces chroniques pour éclairer le passé comme le futur.

– Vous voulez dire qu'ils connaissaient l'avenir ?

– Évidemment, gloussa Klutam. Puisqu'ils connaissaient le passé le plus reculé, ils avaient démonté l'articulation des évènements au point de prévoir leurs enchaînements.

– Alors ce livre dit si les guerriers noirs seront vaincus.

Klutam secoua la tête, agacé.

– Ce n'est pas aussi simple, s'pas ? La chronique dit qu'ils seront vainqueurs ou vaincus. Voire les deux. C'est selon.

– Selon quoi ? s'impatienta Gald.

– Tu le fais exprès, ou quoi ? s'emporta le vieillard. Que viens-tu faire dans ces montagnes, si tu ne le sais pas ? Fiche le camp ! Je n'ai pas de temps à perdre avec un ignare ! Tu n'es pas celui que j'attendais.

Tout en parlant, il poussait Gald vers la porte.

– Assez, vieux fou ! s'écria le jeune homme.

Mû par une intuition soudaine, il avait employé les mots de la langue ancienne, ceux que lui avait appris Marwenn. L'effet sur Klutam fut immédiat. L'ermite se radoucit aussitôt, recula, dévisagea Gald avec stupeur d'abord, puis avec bienveillance.

–Il n'est guère aimable de traiter ainsi les gens, surtout sous leur toit, plaisanta-t-il.

–J'ai besoin de votre aide, plaida Gald avec humilité.

Klutam ouvrit de nouveau le manuscrit, exactement à la page qu'il voulait consulter. Consulter n'était d'ailleurs pas le mot exact : il ne jeta même pas un regard sur l'ouvrage. Sans doute voulait-il simplement authentifier sa déclaration, en dépit du fait que Gald s'était déclaré incapable de décrypter les étranges caractères. En suivant les lignes avec son doigt, il énonça :

–*Lamm trec'liv, trecl awa lamm* : un semblant de défaite pour une victoire, une victoire au goût de défaite. Voilà ce qui est écrit, s'pas ?

La prophétie parut aussi fumeuse à Gald que les galimatias de Henwen.

–Et là : *Marr a-t'd a-ves'l treu brogwlch, teud a-sbrn a-m'rr arouantc'hwezh dizro* : un cheval, un homme, un vase traverseront terre de désolation, un homme, un sabre, un cheval en reviendront portés par le souffle du dragon.

–C'est moi, ça ?

–Faut voir, grommela Klutam. J'avoue que je ne t'imaginais pas ainsi.

–Et les guerriers noirs ? Agman ? Ton livre en parle ?

–Évidemment !

–Seront-ils vaincus ?

–Qu'est-ce que tu crois ? s'emporta de nouveau Klutam. Que je suis un devin ? Un diseur de bonne aventure ? Que je lis dans les viscères d'oiseaux morts ? Je suis un savant. Et aucun savant ne peut prédire l'infinie complexité du futur.

–Pourtant vous disiez… À propos des auteurs de ce livre…

–Dans une succession logique d'évènements, qui concernent les mondes subséquents, on s'y retrouve. Mais là, c'est différent. Il s'agit d'une brèche ! Un accroc dans la trame du continuum. La cohérence est rompue. Oh, et puis, suffit. Pourquoi perdrais-je mon temps, puisque tu ne peux pas comprendre ?

Le livre, en se fermant, émit un bruit mat.

–As-tu faim ? demanda Klutam, dont l'amabilité soudaine contrastait avec la mauvaise humeur dont il avait fait étalage l'instant d'avant.

–Un peu, reconnut Gald.

–Alors, va donner à boire à ton cheval. Sur la margelle du puits, tu trouveras un seau qui fera l'affaire. Pendant ce temps, je vais nous préparer quelque chose.

Et, comme Gald tardait à obtempérer :

–Dépêche-toi. Si tu veux rester ici, tu dois m'obéir !

À contrecœur, Gald se dirigea vers la porte. D'instinct, il éprouvait de l'aversion envers cet homme qu'il aurait pourtant aimé apprécier. Car Klutam savait certainement plus de choses qu'il consentait à le dire. Il ne pouvait en être autrement. Quatre siècles à étudier ! Quatre siècles ? Allons, il n'allait tout de même pas croire à cette fable !

Avant de jeter le seau dans le puits, il se pencha au-dessus de la margelle. Il sursauta : les traits que réfléchissait la surface de l'eau n'étaient pas, lui sembla-t-il, les siens. Il se pencha davantage. Ce faisant, il obscurcit le fond du puits. Quand il recula un peu pour laisser passer la lumière, l'illusion avait disparu. Il en demeura troublé. La dernière fois qu'une ondine lui était apparue au fond d'un puits, n'était-ce pas pour l'avertir d'un danger imminent ?

Il posa le seau rempli devant Tangwall. L'animal le négligea. Gald le dessella.

Quand il revint dans la maison, une odeur appétissante recouvrait celle, douceâtre, des reliures poussiéreuses.

– Maître, puis-je vous poser une question ?

– Encore ? s'impatienta Klutam, que la flagornerie de son visiteur n'apprivoisait pas. Je t'en accorde une. Et choisis-la bien, car à ce moment précis une seule s'impose, à moins que tu ne sois complètement stupide.

– Pourquoi y a-t-il un puits devant la maison, alors qu'un ruisseau passe en dessous ?

Le visage de Klutam s'illumina d'un franc sourire.

– À la bonne heure ! s'écria-t-il. Tu es décidément moins bête que tu en as l'air.

Gald inclina la tête, comme pour saluer. Il omit de préciser que cette incongruité ne lui était apparue que lorsque Tangwall avait reniflé distraitement le seau : il avait alors réalisé que le cheval avait eu tout le temps de boire au ruisseau.

– L'eau qui coule à la surface de la terre et celle qui sourd de ses profondeurs est-elle la même eau ? demanda, sentencieux, le sorcier. Grave question, s'pas ? Il a bien fallu que je la creuse, et le puits par la même occasion !

Gald se souvint que Marwenn lui avait appris deux mots distincts pour l'eau :

– Deux mots pour deux réalités, dit-il : *ber*, l'eau vive, *beù*, l'eau qui dort !

Klutam s'approcha de Gald à le toucher. Son haleine empestait.

– Dis-moi, as-tu déjà vu un ondin ?

– Il y en a dans le puits ?

– Ici, c'est moi qui pose les questions !

– L'omelette est en train de brûler.

Klutam se précipita vers l'âtre en pestant.

L'omelette avait juste un peu attaché. De toute façon, Gald avait tellement faim qu'il était décidé à trouver la cuisine de Klutam excellente. Il n'avait ni vu de poulailler ni entendu de caquètements à proximité de la maison, mais il n'osa pas interroger son hôte sur l'origine des œufs – ni sur les traces bleuâtres qui serpentaient dans le jaune d'or de l'omelette.

Au bout de quelques bouchées, reprenant la conversation où il l'avait laissée, Klutam déclara, péremptoire :

– Oui, tu as déjà vu un ondin, il ne peut en être autrement.

– C'était plutôt une ondine, corrigea Gald. Et ce n'était pas dans cette forêt.

Si cette précision décevait son hôte, il n'en laissa rien paraître.

– Le Peuple. Bien sûr, le Peuple. Il faut qu'il soit de la partie, s'pas ?

Gald approuva, à tout hasard. Il n'était plus très sûr de la sagesse de Klutam, sans être encore persuadé de sa déraison.

– Sinon, comment connaîtrais-tu ce qu'ils appellent le vrai langage ? poursuivit Klutam.

– Ce sont eux qui ont écrit le Livre ?

– Eux, ou d'autres, quelle importance ?

– Si ses auteurs n'appartiennent pas à ce monde, pourquoi se trouve-t-il ici ?

– Peut-être était-ce pour eux un moyen de se prémunir contre des crises comme celle que nous connaissons. D'autres questions ?

– D'où viennent les œufs ?

– De la forêt, d'où veux-tu ? Suffit de connaître les endroits. Pareil pour les champignons. Ceux que j'ai mis dans l'omelette sont vénéneux, à ce qu'on dit. Mais moi, je connais leur secret, s'pas, alors je sais les rendre inoffensifs.

Quand ils eurent fini leur repas, Klutam rassembla la vaisselle dans un panier à mailles lâches. Il souleva une trappe. On entendit le gazouillis de l'eau sur les cailloux arrondis du fond : le ruisseau passait là. L'ermite y plongea le panier : un savant tel que lui n'allait pas gaspiller son temps à nettoyer la vaisselle, quand la nature s'en chargeait si bien ! D'un coffret posé sur le manteau de la cheminée, il tira une pipe.

– Je ne t'en offre pas. Je n'en ai qu'une, s'pas.

Il bourra le fourneau d'un mélange parfumé, l'alluma à une braise ramassée dans l'âtre. Son visage s'enveloppa bientôt d'une fumée âcre, à la puanteur un peu sucrée, et Gald connut ainsi l'origine de l'odeur qui imprégnait les murs de la pièce. Klutam consacra quelques minutes à avaler la fumée. Quand il sortit de son mutisme, que Gald s'était bien gardé de troubler, il s'adressa au jeune homme sur un ton changé, parfaitement détendu.

– Alors, fils ? Si tu m'en disais un peu plus ?

Gald raconta son aventure, depuis le jour où Agman avait détruit son village, jusqu'à son errance à travers les contrées ravagées du Cinquième Royaume. Au moment de relater la nuit passée dans le chêne creux, il hésita à parler de Targo. Mais Klutam n'avait-il pas le premier évoqué le Peuple ? Au fait, n'en savait-il pas davantage sur ces créatures que Gald lui-même ?

Klutam se taisait, les yeux mi-clos. De temps en temps, un petit nuage se perdait dans sa barbe, seul signe d'une activité de sa part. Quand le délai entre deux bouffées s'allongeait, Gald imaginait que le vieillard s'était assoupi à la faveur de l'obscurité qui, peu à peu, avait envahi la pièce sans que l'ermite songeât à allumer la lampe à huile posée sur la table. Il poursuivait néanmoins son récit, surpris lui-même de tout ce qui lui était arrivé. S'il gardait un souvenir encore vif du gamin qui taquinait son frère sur le chemin du village, le jour où Henwen était morte, il lui semblait qu'il s'agissait d'un autre que lui. Et les quelques mois qui le séparaient de ce temps d'insouciance lui paraissaient avoir duré autant d'années.

Quand il eut achevé son récit, Klutam dit, d'une voix à peine audible :

– Je t'aiderai. Je t'aiderai, car il doit en être ainsi. Nécessairement, s'pas ? Le Puits des Âmes… Nul ne sait où il se trouve précisément. Nul ne saurait l'atteindre, s'il n'est guidé par ce qui doit y retourner. Voilà pourquoi toi tu pourras t'y rendre. Enfin, peut-être. Si cette urne contient bien ce que tu prétends qu'elle renferme. Si c'est toi qu'elle a choisi, aussi.

Un frisson secoua Gald. C'était Finn, et non lui, qui avait été désigné pour le grand œuvre. Était-il l'élu, ou un usurpateur ?

Klutam se leva. Gald le distinguait à peine, sinon quand le fourneau de la pipe éclairait un bref instant le fouillis de ses rides.

– Tu partiras avant le lever du jour. Je vais t'indiquer le chemin pour la Montagne du Dragon. Mais auparavant…

Il versa dans un gobelet d'argent une tisane qui mijotait au coin du feu.

– Bois ça. Tu dormiras mieux. Il importe que tu te reposes.

– Le voyage sera long ?

– Tu ne comprends donc rien ? La Montagne du Dragon ! C'est pourtant clair, s'pas ?

– Pourquoi n'existe-t-il aucune carte du Cinquième Royaume ? Dans tous ces livres, ne s'en trouve-t-il pas une ? Est-ce que vous-même…

Klutam fronça les sourcils, perplexe. Au terme d'une longue réflexion, il déclara :

– Écoute, et essaye de comprendre. Le Cinquième Royaume n'est pas un territoire ordinaire. Il est le devenir des quatre autres ; voilà pourquoi, à chaque instant, il change de physionomie. Et maintenant, bois.

Gald flaira le breuvage avec précaution. Il s'en dégageait un parfum agréable. Cela lui rappela les soirs d'hiver, au village, quand tous, après le repas, absorbaient une décoction brûlante, dont l'arôme délicat résultait du savant mélange d'herbes dosé par Brigat.

Tandis qu'il buvait à petites gorgées, Klutam commençait à expliquer :

– Tu remonteras le ruisseau jusqu'à rencontrer un rocher en forme de sanglier. Là, tu tireras vers la droite, dans une petite combe encombrée de sorbiers…

25

L'ŒIL DES TÉNÈBRES

Le défilé devenait si étroit que la lumière du soleil n'en atteignait pas le fond. Les arbustes accrochés au sol aride étaient noirs et tors, hérissés d'épines. Gald marchait avec précaution parmi des éboulis dont les teintes encore vives dénonçaient la chute récente. De temps en temps, les parois répercutaient le cri rauque d'un oiseau ou de quelque autre animal, sans que Gald aperçût le moindre signe de vie. À plusieurs reprises, il fut tenté de rebrousser chemin. Néanmoins il continuait, poussé par une force intérieure. Le pire était encore de ne pas savoir pourquoi il s'était dirigé vers ce ravin ni ce qui l'incitait à s'acharner. Il tâchait de se remémorer les indications de Klutam. Mais sa mémoire se dérobait. Pourtant, il avait suivi les instructions de l'ermite à la lettre jusqu'à… Quand s'était-il fourvoyé ? Et où avait-il laissé Tangwall ?

Il déboucha sur une combe moins resserrée, plus lumineuse. Cela le soulagea beaucoup, bien que la végétation, tout aussi maladive, ne rendît pas le lieu moins lugubre. Rapidement, d'ailleurs, il se rendit compte qu'il s'était engagé dans un cul-de-sac, un cirque oblong bordé de parois verticales, trop lisses pour qu'il en entreprît l'ascension.

Bien sûr, il ne pouvait en être autrement, grommela-t-il, furieux contre lui-même. Si ce chemin menait quelque part, Klutam me l'aurait dit. Nul doute qu'il a exploré le moindre recoin de cette montagne !

Il fit demi-tour. Son crâne explosa.

Quand il reprit connaissance, un visage hideux se penchait sur lui. Un masque ! Un cavalier noir !

Il n'était pas seul. Plusieurs voix, assourdies par les heaumes, se répondaient, caverneuses.

– Où est l'urne ? demanda celui qui se penchait sur lui.

La question surprit Gald. Ils ne l'avaient donc pas trouvée sur lui ? Lui-même ne se souvenait pas de l'avoir laissée chez Klutam. Il était même certain de ne pas avoir commis une si énorme négligence.

– Peu importe ! dit une autre voix. Finissons-en. S'il l'a cachée quelque part, il suffit de l'empêcher de la récupérer.

D'ailleurs, si les guerriers noirs l'avaient suivi à la trace, ils devaient avoir découvert la cabane du sorcier. Découvert et fouillé.

– Non, reprit le premier. Je veux savoir.

Autour de Gald, les falaises semblaient plus noires, les arbres plus desséchés, comme si les créatures, par leur présence, achevaient de gâter le paysage. Il se sentit brutalement empoigné. On le conduisit, ou plutôt on le traîna, car ses jambes ne le portaient plus, jusqu'au pied du rocher. Une fissure, à peine assez large pour livrer passage à un homme, s'ouvrait à sa base. On l'y poussa. Elle donnait accès à une petite grotte.

– Si tu te décides à parler, fais-nous-le savoir ! gronda le cavalier noir. Je te conseille de crier fort.

Quand Gald comprit que ses ennemis entreprenaient de boucher l'ouverture avec des blocs d'éboulis, il voulut se précipiter contre eux. Plutôt mourir percé par leurs épées qu'agoniser lentement dans ce caveau ! Mais ses forces le trahirent. Il s'écroula sur le sol.

Un battement régulier le tira de sa torpeur. Il mit quelques secondes à reconnaître celui de son propre cœur. Avec la conscience, le souvenir lui revint, cruel : il était enterré vivant. D'instinct, il porta la main à Luc'hengwadeg. Au lieu de la poignée familière, ses doigts ne rencontrèrent que le vide. De même, on avait subtilisé son poignard. Ses bourreaux lui avaient ôté toute chance d'abréger son supplice.

Aucun filet de lumière ne filtrait. Il entreprit d'explorer le contour de son tombeau à tâtons. Cela ne lui prit guère de temps. Il poussa de toutes ses forces les blocs qui condamnaient l'entrée. En vain. Ils étaient trop gros, trop lourds, trop bien ajustés.

L'effort le fit transpirer. Il respirait avec peine. L'air manquait-il déjà dans le caveau ou devait-il cette oppression à son angoisse ? Il s'assit, se força au calme.

– Ce n'est pas possible, murmura-t-il. Cela ne peut finir ainsi.

Il avait beau réfléchir, il ne trouvait aucun moyen de s'en sortir. D'ailleurs, à supposer même qu'il réussît à forcer le mur qui obstruait l'issue, ce serait pour tomber sur les cavaliers noirs ! La partie n'était-elle pas de toute façon perdue, puisque les suppôts d'Agman avaient pénétré jusqu'au cœur du Cinquième Royaume ? Est-ce que cela ne signifiait pas qu'ils avaient achevé leur conquête ?

Et s'il feignait de se soumettre ? Cela lui donnerait peut-être quelques heures de répit, mais ses ennemis se rendraient vite compte qu'il n'avait rien à offrir : ni l'urne ni le Puits des Âmes.

Alors ? Mourir dans ce trou, sans air, sans eau, sans lumière...

Et ce silence, qui rendait fou, troublé seulement par le bruit de son cœur et de sa respiration...

Il se leva d'un bond.

Ce souffle, ce n'était pas le sien !

Il tendit les bras, dans un geste de protection. Sa main rencontra le contact chaud d'un visage.

– Eh ! Tu es cinglé ! Tu as failli m'éborgner ! tonna une voix de basse, qui s'exprimait dans la langue ancienne.

– Qui êtes-vous ? Comment êtes-vous entré ?

– On m'appelle Orinn. Et je suis chez moi.

– Dans cette grotte ?

– Partout, sous cette montagne. Le sous-sol appartient à la tribu des Brifbuzughoned. Or je suis un Brifbuzug.

Gald sentit le souffle se rapprocher, comme si l'autre venait l'observer sous le nez. Quels yeux pouvaient percer une telle obscurité ?

– Ah ! Je vois, souffla l'autre, méprisant. Tu es un humain.

– Et vous ? demanda Gald, vaguement inquiet.

– Je te l'ai dit, un Brifbuzug. Vous autres, vous nous appelez les nains. Ne bouge pas, je vais arranger ça.

– Orinn ?

Le nain ne répondit pas. Gald le chercha à tâtons : il s'était bel et bien éclipsé. Par où s'était-il esquivé ?

Au bout d'un temps qui parut interminable à l'emmuré, Orinn reparut. Dans une fiole suspendue par une courroie de cuir luisaient une vingtaine de champignons. La lumière blême qu'ils dégageaient suffisait à peine à éclairer toutes les parois de l'étroit cachot, mais, succédant à l'obscurité totale, elle parut à Gald plus éclatante qu'un flambeau de fête.

La créature, nez camard, bouche démesurée aux lèvres minces, yeux petits et profondément enfoncés sous des arcades sourcilières proéminentes, cheveux collés par la poussière, cou et torse épais, avait tout pour effrayer. Pourtant sa présence rassurait Gald. Malgré son ton abrupt, Orinn ne lui était pas hostile. Sinon, aurait-il pris la peine d'apporter le lumignon dont, à l'évidence, lui-même n'avait nul besoin ?

– Pourquoi m'avez-vous dit être un nain ?

– Parce que je le suis.

– Vous me dépassez d'une tête !

– Et après ? Comme on dit chez nous, le plus grand des géants n'arrive pas à l'épaule du plus petit des nains ! Vous êtes extraordinaires, vous, les hommes ! Vous vous racontez les histoires les plus abracadabrantes, et vous y croyez. Parmi nous, comme chez vous, il y a des petits moches avec un gros nez rond, une barbe en pointe et un chapeau ridicule sur la tête, mais aussi des beaux gosses, comme moi !

Il se vantait un peu : beau n'était pas le qualificatif que Gald aurait employé pour le définir. Mais il ignorait, il est vrai, les critères esthétiques des Brifbuzughoned.

– Pouvez-vous m'aider ? Je vais mourir, si je reste ici.

– Mouais. Alors pourquoi y être venu ?

– Je ne l'ai pas fait exprès !

– Gna gna… On dirait un gosse. Je déteste les mômes. C'est sale, ça ne pense qu'à bouffer et ça dit des gros mots.

– Je voulais dire : on m'a emmuré, contre ma volonté bien sûr.

– Cela ne me dit pas ce que tu venais faire par ici !

Il ricana, cruel.

– Te fatigue pas à mentir. Je le sais parfaitement. Pourquoi un humain traînerait-il dans le coin, sinon pour taquiner le dragon ? Allez, viens. Suis-moi. Tu feras un beau mort.

Orinn se tourna face à la paroi et avança résolument. Il semblait que la roche s'écartait pour lui livrer passage. Suis-le, souffla une voix à l'oreille de Gald. La voix enchanteresse de Roannenn ! Une illusion de plus ? Pourtant il obéit, conscient que la moindre hésitation lui serait fatale, car le nain ne lui accorderait pas une seconde chance.

L'entendant sur ses talons, le Brifbuzug grinça.

– Pas mal. Tu ne manques pas de courage pour un humain.

Ils s'enfonçaient sous la montagne, dans la lumière fantomatique des champignons qui arrachait à la roche des éclats chatoyants quand elle caressait une veine métallifère ou un bouquet de cristaux. La paroi était si proche qu'elle semblait vouloir à tout instant se refermer sur eux. Pourtant Orinn avançait d'un pas assuré.

– Comment faites-vous ? demanda Gald.

Orinn haussa les épaules.

– Vous ne craignez pas que la galerie s'effondre ? insista Gald.

– Dans la terre, les Brifbuzughoned sont comme dans le ventre d'une mère.

Depuis combien de temps marchaient-ils ainsi dans les profondeurs ? Quelques minutes, plusieurs heures ? Le temps ici se mesurait à l'aune de l'angoisse.

Puis l'étreinte de la roche se relâcha. Le plafond s'exhaussa. Ils se tenaient au seuil d'une voûte qui allait s'élargissant jusqu'à se perdre dans l'obscurité. Quelques rayons tombaient de fissures lointaines, dissipant par endroits la noirceur de la caverne. Le poids qui, depuis que Gald avait été emmuré dans le réduit, gênait sa respiration s'allégeait un peu. Pour inhospitalier que lui parût ce séjour dans les ténèbres, au moins n'avait-il plus l'impression d'être enfermé dans un tombeau. Orinn s'arrêta.

– Voilà. Tu y es ! annonça-t-il.

– Où ?

– La Montagne du Dragon. N'était-ce pas ce que tu cherchais ? Inutile de nier : tous ceux qui se perdent dans ce vallon cherchent le passage qui y mène.

–À dire la vérité, je pensais plutôt arriver sur la montagne.

–Eh bien, tu es dedans. Bonne chance.

Gald n'aima pas le ton sur lequel Orinn prononça ces derniers mots.

–Vous ne m'accompagnez pas ?

–Pas si bête ! Heureux de t'avoir connu. Si tu t'en tires, sait-on jamais, et que tu as besoin de moi un jour, creuse un trou dans la terre. Plonges-y la tête et crie mon nom. Je serai ravi de te rendre service une seconde fois. Tu n'es pas obligé, bien sûr.

L'obscurité avala son rire moqueur.

Le sol de la grotte descendait en pente douce. La roche en était polie. Gald supposa qu'il s'agissait de l'ancien lit d'une rivière souterraine. Il tendit l'oreille, mais ne perçut aucun bruit de ruissellement, juste un grondement rythmé, semblable au heurt d'une vague. Sur sa droite, une paroi à l'éclat métallique reflétait la lueur étique tombée des hauteurs de la voûte. D'instinct, il s'en rapprocha. Sous ses doigts, la roche était lisse et froide, coupée à intervalles réguliers par des ressauts tranchants. Il la longea sur une grande distance, sur un sol toujours aussi régulier. La chaleur augmentait. De même, le grondement s'amplifiait. La sueur coulait le long de son visage, de son dos. Il respirait avec difficulté, comme si l'air était devenu trop épais. Il lui revint en mémoire les récits jadis entendus de la bouche de Govel, le forgeron, des récits affreux à propos des mineurs asphyxiés par de l'air vicié au fond de leur galerie. À plusieurs reprises, il éprouva la tentation de rebrousser chemin. En particulier quand son pied heurta un objet rond, qu'il envoya rouler dans l'obscurité, pas assez rapidement cependant pour ne pas reconnaître un crâne humain. Mais à quoi lui aurait-il servi de reculer maintenant ? Sans Orinn, la caverne n'était qu'un cul-de-sac. Et puis, pouvait-il renoncer aussi près du but ? Il se concentra sur l'image de Marwenn, afin d'y puiser le courage qui se dérobait. Sur celle de Roannenn, aussi. La première lui avait apporté la confiance en lui, la seconde lui avait offert l'audace.

Soudain, alors qu'il s'inquiétait de savoir si cette marche dans l'obscurité se prolongerait encore longtemps, la paroi bougea. Ce fut d'abord un tressaillement, puis les mouvements se propagèrent de bas en haut, dans un fracas de lames métalliques frottant les unes contre les autres. Gald s'écarta vivement. Une ombre surgie de l'ombre se précipitait à sa rencontre, et c'était comme si l'espace se refermait sur lui. L'éboulis s'arrêta à quelques coudées.

Quelque chose luisait dans la nuit, un grand disque doré fendu par une zébrure de ténèbres. Un souffle délétère, à la chaleur à peine supportable, l'enveloppa. Alors Gald comprit que le disque était un œil, et la gigantesque masse d'ombre, la tête du dragon. Ce qu'il avait longé pendant des heures n'était pas une paroi, mais bel et bien son corps.

Il tomba à genoux.

– Seigneur dragon...

Il n'acheva pas sa phrase. Le grondement devint tumulte. Gald se sentit soulevé par le souffle. Tout son être s'éparpillait, tous ses souvenirs, les plus anciens, les plus récents, tous ses sentiments, même ceux qu'il n'avait jamais osé s'avouer, affluaient en images sonores, emplissaient la caverne. Il ne sentait plus son corps. Il ne pouvait ni parler ni bouger. Ses yeux, ses oreilles ne lui étaient plus d'aucun usage. Pourtant il se dévoilait tout entier. En contrepartie, aucun des recoins des Cinq Royaumes ne lui restait étranger.

Il fut l'aigle dans le ciel, le saumon dans le fleuve, la taupe au profond de la terre. Il fut lave, il fut roc. Il fut rosée, il fut neige. Il fut brise, il fut tempête. Il fut branche et racine, écureuil aussi. Il fut l'enfant qui va naître et le vieillard au bord de la mort. Tout cela en un seul instant, avant de perdre connaissance.

26

VERS LA MONTAGNE DU DRAGON

Gald s'éveilla dans la douleur. Il sentait chacun de ses muscles, chacun de ses os. Le plafond, lointain, obscur, tournait au-dessus de sa tête. Et quand Klutam parla, sa voix résonna d'une façon insupportable dans son crâne.

–Ah ! Il se réveille, grinça le vieux sorcier. Alors ? As-tu vu le dragon ?

Gald tenta de se lever sur un coude. Le vertige s'accrut. Un flot de bile lui brûla l'arrière-gorge. Il se laissa retomber sur la couche.

Des images lui revenaient. La descente dans le ravin, l'entrée de la grotte. Et…

Il se mit à trembler de tout son corps, au souvenir de l'insoutenable regard de Cénog.

Il ne gardait en revanche aucun souvenir de son retour à la lumière. Encore moins de la façon dont il avait regagné la chaumière.

– Eh bien ? s'impatientait Klutam.

– J'ai mal à la tête, geignit Gald.

– Évidemment, évidemment, mais ce n'est pas ce qu'on te demande.

– J'ai vu le dragon.

– Ah ! Et comment était-il ?

– Gigantesque.

– Tu le fais exprès ! Je me doute bien qu'il était gros. On parle d'un dragon, s'pas ? Pas d'un caniche ! Ce que je veux savoir, c'est : lequel as-tu vu ?

– Cénog, je crois.

Klutam secoua la tête.

– Je m'en doutais, grommela-t-il. Un paysan de la vallée de Drusaonn, qu'aurait-il pu voir d'autre ? Raconte tout de même. Où l'as-tu trouvé ?

– Dans son antre. C'est un nain qui m'a montré le chemin. Un nain qui était grand.

Gald avait du mal à rassembler ses idées. Il ne comprenait pas la réflexion du sorcier. Voulait-il dire que n'importe lequel des quatre dragons aurait passé à ses yeux pour Cénog ? Ou bien que seul le dragon de la terre pouvait se laisser approcher par lui ? Un doute, soudain, lui traversa l'esprit, douloureux comme la mèche d'un fouet.

– Comment savez-vous que j'ai rencontré le dragon ?

– N'était-ce pas ce que tu devais faire ?

– Vous me l'avez dit, en effet. Mais comment saviez-vous que cela serait possible ?

Le soupçon à présent se fortifiait, devenait certitude. Gald énonça, d'une voix froide :

– Je n'ai jamais quitté ce lit. Tout cela, je l'ai rêvé. Et je crois que la tisane que vous m'avez forcé à boire n'est pas étrangère à ce rêve.

– Eh ! Eh ! Deviendrais-tu malin ?

– C'est cela, n'est-ce pas ?

– Oui et non. Ton corps est bien resté sous ce toit. En revanche, ton âme quinte…

– Je ne crois pas à ces sornettes, se rebiffa Gald.

– Ah non ? Alors, pourquoi transporter cette urne avec toi ? Et rappelle-moi comment se nomme ce lieu que tu cherches désespérément.

– J'agis ainsi parce que mon village me l'a demandé, et aussi parce qu'Agman redoute que je réussisse.

– Et alors ? Si tu jetais les cendres dans le premier fossé venu, personne n'en saurait rien !

– Moi, je le saurais.

– Donc, quoi que tu prétendes, tu y crois quand même un peu !

Klutam posa sur lui un regard assez éloquent pour qu'il ne lui fût pas besoin de préciser davantage.

– Écoute, et retiens ce que je vais te dire, enchaîna-t-il : peu importe comment tu es entré en contact avec le dragon. Tu as senti son souffle sur toi. Jamais plus tu ne seras comme avant. Au moins, t'a-t-il dévoilé le chemin ?

– Je le pense.

À vrai dire, Gald aurait été incapable de décrire l'itinéraire. Mais il avait, ancrée au plus profond de lui, la certitude qu'il saurait désormais déjouer le dédale des montagnes.

– Aujourd'hui, tu dois te reposer. Dès demain, nous nous mettrons en marche.

– Nous ?

– Tu ne pensais tout de même pas que j'ai mis toute ma science en œuvre pour tes beaux yeux ? Des siècles, que j'attends ce moment !

La voix de Klutam n'avait rien de bienveillant, et Gald éprouvait de la colère à l'idée que le sorcier s'était servi de lui. Au reste, pour autant qu'il le sût, Klutam pouvait tout aussi bien être un complice d'Agman. Il ne le croyait pourtant pas : si cela avait été le cas, il aurait déjà fait disparaître l'urne.

– Pourquoi voulez-vous aller au Puits des Âmes ? Vous n'avez rien à y jeter, vous.

– Ça, tu n'en sais rien, gloussa le sorcier.

Gald n'insista pas. Il lui serait facile de semer le vieil homme. La montagne est ardue : Klutam présumait de ses forces. D'autant qu'il déclara :

– Tu laisseras là ton cheval.

Le lendemain, Klutam le réveilla au point du jour. Gald se sentait encore l'esprit brumeux, bien que son mal de tête se fût calmé. Ils déjeunèrent d'un gruau et d'une soupe de châtaignes. Le vieux avait préparé leurs bagages. Il ne s'attarda même pas à glisser leurs écuelles dans la trappe.

Quand ils eurent pénétré sous le couvert de la forêt, Klutam se ravisa.

– Attends-moi là, j'ai oublié quelque chose, annonça-t-il avant de revenir sur ses pas.

Contrairement à sa recommandation, Gald poursuivit sa route. L'impression qu'il avait eue se confirmait : il savait exactement où se diriger. Les arbres, les rochers de cette forêt qu'il parcourait pour la première fois lui semblaient aussi familiers que ceux de Helg où il avait traîné toute son enfance.

Il marchait depuis un bon quart d'heure quand il aperçut Klutam, assis au pied d'un roncier.

– Eh bien ? Ne t'avais-je pas demandé de m'attendre ? La loyauté n'est pas ton fort, s'pas ?

Gald se troubla. Moins à cause de l'accusation, en la circonstance fondée, que de constater que le vieillard l'avait précédé. Il ne serait peut-être pas aussi facile de s'en débarrasser qu'il l'avait imaginé.

– Loyal ? Envers celui qui m'a drogué à mon insu ?

– Petit imbécile, tu n'as donc pas compris que c'était pour ton bien ? Ne t'ai-je pas permis de rencontrer Cénog ?

– Oui, pour servir votre dessein !

Il suffisait de lever le bras, de saisir la poignée de Luc'hengwadeg... Klutam le fixait droit dans les yeux.

– Tu peux me tuer, claironna-t-il. Mais ce serait bien mal me récompenser du service que je t'ai rendu.

Gald ne répondit pas et se mit en route, l'ermite sur les talons. Au bout de quelques pas, il maugréa :

– Vous n'avez pas besoin de moi, à ce qu'il paraît. Puisque vous avez su me rattraper, c'est que vous connaissez le chemin. Et même les raccourcis.

– De ce côté nous allons rencontrer une falaise abrupte. Il n'y a qu'un passage pour la franchir, sauf à l'escalader, s'pas. Alors, forcément, tu te dirigeais vers lui. Mais au-delà...

– Vous ne m'avez pas répondu, quand je vous ai posé la question : pourquoi voulez-vous aller au Puits des Âmes ?

– Parce que c'est là que réside la connaissance ultime.

Plus tard, Gald demanda :

– Orinn, les guerriers noirs, je les ai rêvés, eux aussi ?

– Cesse de te tourmenter pour savoir ce qui est réel et ce qui est imaginaire. Cette distinction n'a pas de sens dans le Cinquième Royaume.

27

LE PUITS DES ÂMES

En se hissant le long de la faille, qui permettait de gagner le premier plateau, tout encombrée de blocs instables, Gald comprit pourquoi Klutam lui avait conseillé de laisser Tangwall en arrière. L'ermite grimpait sans se plaindre, avec une agilité et une résistance à la fatigue qui tenaient du miracle. En haut de la falaise, ils trouvèrent un replat couvert d'une herbe rase, où prospéraient des buissons de rhododendrons. Ce répit ne dura pas : bientôt, le terrain s'accidenta de nouveau.

De pentes escarpées en corniches suspendues au-dessus de torrents écumeux, ils progressèrent lentement, des jours entiers, dans un paysage rendu mystérieux par la brume. La roche luisait d'humidité. Des écharpes de brouillard s'en détachaient langoureusement. Acérées, les aiguilles de la crête, soudain dévoilées à la faveur d'un coup de vent, paraissaient autant de serres tendues vers un ciel ignoré. Quelquefois, la silhouette furtive d'un animal effarouché par l'approche des deux hommes se laissait deviner.

Ils se nourrissaient de baies, d'œufs, de cœurs d'artichauts sauvages, et cela suffisait. Peu importaient les efforts qu'ils devaient consentir. Dans ce pays magique, le repos de la nuit effaçait la fatigue. Depuis qu'ils s'étaient hissés sur le premier plateau, Klutam avait perdu de sa superbe en même temps que de sa faconde. Il se laissait guider. Jamais Gald n'hésitait sur le chemin à emprunter. Le soir, cependant, l'ermite consentait à sortir de son mutisme. Gald en profitait pour lui arracher quelques-uns de ses secrets. Klutam croyait à l'Harmonie. Mais pas à la manière des Trévadites. Pour lui, plutôt que d'un principe actif qui animait la nature, il s'agissait d'une simple constante, un équilibre d'autant plus fragile qu'il concernait un ensemble de mondes empilés les uns sur les autres. À côté de ces mondes interdépendants, il en existait d'autres, qui auraient dû rester à jamais parallèles. Malheureusement, un accident se produisait de temps en temps : une collision, ou l'ouverture d'une brèche. Et le passage d'éléments d'un monde à l'autre risquait de compromettre l'équilibre, tout comme un grain de poussière suffit à faire pencher le bras d'une balance.

– Cela est déjà arrivé par le passé, et nous en gardons trace dans nos légendes, disait Klutam à l'appui de ses déclarations, en sentant bien que Gald soit ne les comprenait pas, soit n'y adhérait pas. Pourtant, l'allusion aux légendes remit à l'esprit du jeune homme les récits de Marwenn. Était-ce cela qu'elle cherchait à lui apprendre, par une autre voie ?

Un matin, le brouillard devint plus lumineux, ce qui signifiait qu'il perdait de sa densité. Quelques heures encore, et ils purent contempler à leurs pieds le fabuleux spectacle d'une mer de nuages frangée d'or et de pourpre par un soleil en déclin. Déjà, on distinguait quelques étoiles dans le ciel dont le bleu, intense, tirait sur le violet.

Par-dessus le moutonnement des nuées, tels des écueils émergeant de l'écume, se dressaient une infinité de pics acérés et de sommets enneigés. L'un de ces massifs était la Montagne du Dragon. Mais lequel ? Gald l'ignorait. En revanche, il avait une certitude : ce paysage, qu'il voyait pour la première fois, ne lui était pas étranger. Et s'il ignorait le nom des sommets adossés les uns aux autres en de fabuleuses pyramides, il savait qu'entre eux, quoiqu'ils parussent impénétrables, s'ouvraient cols et défilés.

– Ce ne sont pas des montagnes, dit-il, mais le dos de Cénog.

Klutam lui jeta un regard torve, incapable de décider si le garçon plaisantait ou énonçait sa conviction.

Le voyage continua les jours suivants sous une lumière crue, qui leur dessinait des ombres aussi noires que l'aile des oiseaux nichant dans les hauteurs. Chaque col franchi au prix d'un effort harassant ne dévoilait qu'une nouvelle succession de sommités. Pourtant, chacun les rapprochait du but.

Ils avaient perdu le compte du temps quand ils débouchèrent sur le cirque où Gald, dans la vision provoquée par le philtre de Klutam, avait fait une si mauvaise rencontre. Le jeune homme tira Luc'hengwadeg de son étui et le garda à la main. C'était inutile, bien sûr. Mais cela le confortait dans sa certitude d'être devenu invulnérable.

Il s'agissait bien du même endroit, cependant transfiguré. Les arbustes, couverts de feuilles, de fleurs ou de baies, offraient un aspect riant. De la paroi jaillissaient de multiples sources. Les plus hautes chutes se vaporisaient en voiles mouvants, dans lesquels la lumière du soleil dessinait des dizaines d'arcs-en-ciel. Et surtout, face aux voyageurs, une faille s'ouvrait dans la paroi. Gald la désigna.

– Elle n'y était pas, dans mon rêve.

– Bien sûr, gloussa Klutam. Le dragon l'aura ouverte en remuant la queue.

Gald sourit, par politesse.

Ils s'engagèrent bientôt dans le défilé. De part et d'autre, la muraille était si élevée que la lumière du jour leur parvenait à peine. Par endroits la passe devenait étroite au point qu'ils devaient marcher l'un derrière l'autre. Néanmoins, ils progressaient sans heurts sur un sol plan.

Un courant d'air violent mais irrégulier les poussait dans le dos. À cette altitude, domaine des glaciers suspendus, ce souffle aurait dû être froid. Au contraire, il enveloppait les voyageurs dans sa tiédeur. Gald serrait l'urne sur son cœur. Il ne ressentait plus aucune fatigue. De temps en temps, une pierre se détachait de la paroi. Il la regardait tomber sans crainte. L'idée qu'elle pût l'atteindre ne l'effleurait même pas. Cette haleine tiède n'était-elle pas celle de Cénog ?

Le soleil les éblouit. De la pénombre, ils passaient sans transition à la lumière crue de midi. Ils s'avancèrent au fond d'une cuvette bordée de tous côtés par des parois verticales d'une hauteur affolante. Au centre de la dépression s'ouvrait une prodigieuse excavation.

Gald sut ; Klutam comprit.

Le Puits des Âmes !

Ils s'en approchèrent avec d'infinies précautions, le corps tremblant, l'esprit agité par des sentiments contradictoires : à l'allégresse de la réussite se mêlait l'effroi de côtoyer le mystère. Le premier, Gald osa se pencher sur l'abîme. Il paraissait sans fond. Le jeune homme fut tenté d'y jeter une pierre, pour le sonder. Mais n'était-ce pas une profanation ? Il se retourna vers Klutam. Celui-ci sanglotait, ses vieilles mains agitées de mouvements erratiques. Gald tira l'urne de son sac.

Tout lui paraissait étrangement simple. Il arrivait au terme de sa quête. Agman n'avait pu l'en empêcher. Dans quelques instants, il lancerait son précieux fardeau dans le vide, et tout serait fini. Or, il contemplait le réceptacle, une simple poterie de son village, sans se résoudre à accomplir le geste ultime. Il fallut que Klutam l'y encourageât.

Alors, à contrecœur, il leva l'urne au-dessus de sa tête et la jeta.

Longtemps il attendit un bruit qui indiquât que l'argile s'était brisée, libérant les cendres de Henwen. Mais le puits sans fond ne lui renvoya aucun écho.

– C'est tout ? dit Gald, déçu.

– Tu attendais quoi ? grinça Klutam. Que jaillisse une colonne de feu ? Que les cieux s'entrouvrent et que résonne la pompeuse musique de mille et une trompettes ?

– Et maintenant, que vais-je faire ?

– L'âme du monde est revenue là où elle devait être, s'pas ? Un cycle s'est accompli. Qu'un autre commence ! Sera-t-il faste ou funeste ? Les cavaliers noirs occupent toujours des territoires où ils ne sont pas les bienvenus. Tu auras de nombreuses batailles à livrer, gaucher ! Souviens-toi de ce qui est écrit dans le Brudl'fr : un homme, un sabre, un cheval... Tu n'as encore parcouru que la moitié de ton chemin.

– M'aideras-tu ?

– Je ne suis pas un guerrier, mais un homme de savoir. Un jour, tu m'as demandé pourquoi nul n'avait pu tracer une carte fiable du Cinquième Royaume. Les rares géographes qui ont compris qu'il reflétait tous les possibles se sont découragés devant l'immensité de la tâche. Moi, je veux être le cartographe ultime et les connaître à mon tour. C'est pourquoi je ne redescends pas avec toi.

– Que veux-tu dire ?

– Que mon chemin s'arrête ici. Enfin presque. Rappelle-toi, quand tu as su que je t'accompagnerais. Tu as prétendu que je n'avais rien à jeter dans le Puits des Âmes. Tu te trompais.

Gald devina trop tard l'intention de son compagnon. Quand il tendit la main pour le retenir, Klutam avait sauté. Gald se pencha sur le gouffre obscur, sans rien apercevoir. L'abîme s'était refermé sur celui qui s'y était précipité sans même pousser un cri.

28

LE POISON DE LA TERRE

La brume empoissait sa peau, mouillait ses vêtements. Du bord de la falaise, Gald apercevait néanmoins, entre deux volutes, le moutonnement de la forêt de Rindoat. Assez pour constater que le mal avait progressé. Les feuilles jaunissaient sous l'effet d'un automne précoce. Par endroits, des cicatrices noires montraient que des arbres avaient cessé de vivre.

Gald en éprouva une vive contrariété. N'avait-il pas trouvé le Puits des Âmes, jeté dans ses profondeurs les cendres de Henwen, et ainsi invité l'âme du monde à renaître ? Une bande de corneilles vola au-dessus de sa tête, le saluant d'un croassement moqueur. Un soupçon s'insinua brusquement en lui. Si cette urne ne renfermait pas ce qu'il pensait qu'elle contenait ? Après tout, seul Finn savait ce qu'il en était réellement. L'instant d'après, il chassait ces mauvaises pensées : Cénog lui aurait-il permis d'atteindre le gouffre sacré s'il ne l'avait su porteur de l'âme du monde ? Allons, le mal avait tout simplement gagné pendant qu'il se traînait dans la montagne. La nature, il ne fallait pas en douter, n'allait pas tarder à reprendre le dessus. Seulement, cela ne se ferait pas en un jour... N'empêche, il avait perdu un peu de la superbe conviction qui l'animait depuis sa rencontre avec Roannenn. Bien sûr, il y avait la prédiction du Livre de Klutam. Et l'absolue certitude que celui-ci avait manifestée quant à son succès. Mais Klutam n'était qu'un vieux fou, un illuminé qui avait consommé sa propre perte en poursuivant un rêve impossible. Quant au Livre... Les prophéties ont-elles un sens en dehors de celui que veulent leur donner leurs lecteurs ?

Il descendit avec précaution le sentier de la falaise. Les pierres roulaient sous ses pieds, menaçant son équilibre. Il mit presque autant de temps à rejoindre le niveau de la forêt qu'il en avait mis, à l'aller, à atteindre le plateau. Le spectacle qui l'attendait se révélait plus sinistre encore qu'il ne l'avait craint. Dans le sous-bois, les fougères roussissaient et la mousse, desséchée, craquait sous sa semelle. D'énormes champignons répandaient une odeur nauséabonde. Les ronces se lançaient à l'assaut de la futaie pour l'étouffer. Le ruisseau lui-même, qui menait à la clairière naguère habitée par Klutam, demeurait étrangement silencieux.

À l'orée, une odeur de cendres mit Gald en alerte. Il s'approcha avec un renfort de précautions.

Son odorat ne l'avait pas trompé : des ruines de la maison, les madriers calcinés surgissaient, dressés comme des malédictions. Cependant, tout semblait tranquille. Nulle fumée ne s'élevait au-dessus des vestiges. Donc, l'incendie était éteint depuis longtemps. Or, il imaginait mal les guerriers noirs embusqués tout ce temps dans l'attente du propriétaire des lieux. Aussi se risqua-t-il à découvert.

Les cendres étaient froides, ainsi qu'il l'avait prévu. Pas besoin pour s'en assurer d'y plonger les doigts. Il suffisait de constater que l'herbe commençait à pousser dessus. À la réflexion, c'était même curieux, cette vitalité, dans une forêt où tout se mourait.

Il scruta les alentours, guettant une trace de ses ennemis. Il ne vit rien, pas même l'empreinte d'un fer. Au lieu de cela, il aperçut sa selle, posée à côté de la margelle. Il l'avait pourtant remisée au plus près de la maison, il en était certain. Celui qui l'avait déplacée entendait la protéger du feu. Les guerriers noirs auraient-ils pris autant de précautions ?

Il comprenait à présent pourquoi Klutam était revenu sur ses pas le jour de leur départ. Le sorcier savait qu'il ne reviendrait pas. Redoutait-il que ses secrets tombent en de mauvaises mains, ou était-il seulement jaloux de son savoir ?

Du pied, il fouilla la poussière. Des lambeaux de papier voletaient. Les parchemins n'étaient plus que des fragments ratatinés. Il heurta un objet plus solide. Des cendres pulvérulentes, il dégagea un livre à moitié détruit. Il ouvrit la reliure calcinée qui lui noircissait les doigts. Aux caractères indéchiffrables, il reconnut le Brudl'fr, dans lequel Klutam avait lu l'annonce des évènements. Même cet ouvrage qui avait traversé les millénaires n'avait pas trouvé grâce à ses yeux.

Un froissement de feuillage le fit se retourner brusquement.

– Tangwall !

La bête, amaigrie, s'était arrêtée à la lisière de la forêt. Elle humait l'air, comme pour se convaincre que l'homme qu'elle apercevait était bien son cavalier.

– Tangwall ! Que je suis heureux de te revoir !

Le cheval hennit et accourut au petit trot. Gald le sella et glissa les restes du Brudl'fr dans une fonte. Il avait hâte de s'éloigner.

Quand il atteignit l'orée, le soleil se couchait. Le vent charriait une puanteur de charogne. Gald recula pour passer la nuit sous le couvert d'un buisson de ronces. Au moins l'arbuste dégageait-il un parfum boisé.

Le lendemain matin, il ne tarda pas à trouver l'origine de la pestilence. À une lieue de l'endroit où il avait dormi, une vingtaine de corps abandonnés pourrissaient en plein air. À l'approche du cheval, des nuées de mouches s'envolèrent, pour se reposer aussitôt en bourdonnant sur les cadavres éventrés. À leurs tenues, Gald reconnut les pasteurs avec lesquels il avait fait un bout de chemin. Leurs mutilations ne laissaient aucun doute sur la cause de leur mort : on les avait massacrés. Les guerriers noirs ? Ou un autre clan, à qui ils disputaient les herbages ?

Si tel était le cas, ils étaient morts pour pas grand-chose : là où la terre craquelée n'avait pas été mise à nu par la sécheresse, des végétaux parasites étouffaient les pâturages. Le mal avait progressé de façon foudroyante. Et c'était un pays dévasté par la guerre que Gald traversait à présent. Pas un village qui eût échappé au fléau. À l'aller, il les avait vus désertés, ou peu s'en fallait. Il les retrouvait ruinés, incendiés. Comment les guerriers noirs avaient-ils pu se rendre coupables d'une telle dévastation en aussi peu de temps ? Le troisième jour, il croisa une troupe de pauvres hères. Vêtus de haillons, le regard halluciné, ils s'immobilisèrent en le voyant.

– N'ayez pas peur ! s'écria-t-il. Je ne vous veux aucun mal.

Pourtant ce fut à coups de sabre qu'il dut se frayer un chemin parmi eux quand, sourds à ses protestations, ils se ruèrent en glapissant sur Tangwall, cherchant à désarçonner son cavalier. Refroidi par cette aventure, il y regarda désormais à deux fois avant d'approcher un humain, ce qui lui fut rarement donné.

Quand il atteignit la région des lacs, ce fut bien pire. Les plans d'eau poissonneux qui avaient valu son nom à la contrée se réduisaient à des mares bourbeuses. Le cœur serré, Gald pénétra dans le village où les vieillards l'avaient hébergé. Leur cabane paraissait épargnée. Gald n'eut pas le temps de s'en réjouir, car sur le seuil il aperçut deux corps allongés.

En souvenir de l'hospitalité qu'il avait reçue, il prit le temps de dresser un bûcher funéraire sur lequel il coucha les deux vieux, ainsi qu'il les avait trouvés, main dans la main : au moins l'approche de la mort les avait réconciliés. Au moment de poser la torche sur l'herbe sèche qui enflammerait les fagots, un scrupule le saisit. Il ignorait tout des rites funéraires des pêcheurs. Sans doute se plaçaient-ils sous les auspices de la déesse Douraane. Irrité contre sa propre indécision, qu'il interprétait comme un reliquat de pensée superstitieuse, il avança la main d'un geste brusque. La paille s'enflamma d'un coup. Gald se remit en selle, sans vérifier si le feu s'étendait.

Peu après, il lui fut donné d'assister à l'affrontement de deux bandes. Les adversaires se battaient à coups de bâtons et de frondes, pour la possession d'un chariot, peut-être chargé de vivres. C'était pitié de voir s'assommer ces êtres hâves déjà marqués du sceau de la mort.

Les guerriers noirs n'étaient pas coupables des malheurs du pays : ses habitants y suffisaient. Il éperonna Tangwall. En entendant le cheval, les combattants s'égaillèrent. Ils reprendraient leur mêlée une fois l'écho de sa galopade évanoui.

Le pays était à ce point défiguré qu'il ne reconnaissait rien de ce qu'il avait repéré à l'aller. Pourtant il n'hésitait jamais sur la direction à suivre. Et quand, au terme de plusieurs jours de voyage, il atteignit une rivière encore en eau, il sut qu'il s'agissait de celle dans laquelle Roannenn avait disparu.

La malédiction qui ravageait le pays et tarissait les sources paraissait l'avoir épargnée. Elle ne présentait cependant pas le même visage : désormais de longues algues vertes encombraient son lit. Quand Tangwall le traversa, les végétaux s'enroulèrent autour de ses jambes. Penché sur son encolure, Gald les tailladait avec Luc'hengwadeg. Celui-ci vibrait, exactement comme lorsqu'il frappait un ennemi. Le jeune homme eut beaucoup de mal à calmer sa monture affolée une fois parvenu sur l'autre berge.

Au premier abord, le village où les compagnons d'aventure avaient tendu leur embuscade paraissait intact. Cependant, les portes arrachées et les volets crevés montraient qu'il avait subi une fouille en règle. Comme Gald s'apprêtait à le quitter, un bruit ténu l'alerta. Ce pouvait être un lézard, ou une motte de terre glissant du toit. Mais, à la seconde alerte, il se retourna vivement, le sabre à la main. Il ne vit rien. Ou plutôt...

–Disgar, tu faiblis. Je t'ai repéré !

Le chevalier se détacha du muret avec lequel il se confondait.

–Pas tant que tu le crois, répondit-il sans s'offusquer. Je te suis depuis que tu as pénétré dans le village. Et ce, sans que tu t'en sois douté un instant.

–Que s'est-il passé ? Où sont les autres ?

–Bo était inquiet. Comme ton absence se prolongeait et que nous ne savions pas où te chercher, que, de toute façon, on ne voyait plus de cavaliers noirs, il a décidé de revenir à Krenvel. Je suis resté avec Touhel pour t'attendre.

–Bo a bien fait, maugréa Gald. J'espère seulement qu'il a su trouver son chemin dans le marais de Kélar.

En réalité, le départ de ses amis le contrariait.

–Encore quelques jours, et nous allions l'imiter, constata Disgar. Il faut comprendre : voilà plus d'un an que tu nous as quittés.

Que racontait-il ? Un an ? Quelques semaines, tout au plus ! Pourtant... Une telle durée s'accordait mieux avec le progrès de la désolation qu'il avait constaté.

–Nous le rejoindrons demain, dit-il simplement.

Il trouvait Disgar changé. La crasse et la maigreur, cela pouvait s'expliquer par un séjour prolongé dans le village abandonné, avec le constant souci de ne laisser aucune trace de présence. Les journées d'attente avaient dû lui sembler interminables. Était-ce pour cela, les épaules voûtées et le regard éteint ? Or, ces stigmates de la lassitude, Gald les retrouva bientôt chez Touhel. Celui-ci revenait d'une ronde dans les environs.

– Je savais te retrouver, précisa-t-il. Je n'ai aucun mérite. Tu devrais être plus prudent. On suit ta piste sur des lieues.

– Pourquoi me cacherais-je ? Je n'ai aperçu aucun guerrier noir depuis que j'ai quitté la Montagne du Dragon.

– C'est vrai qu'on ne les voit plus. Ils nous ont un peu fait la chasse, après ton départ. Ceux qui ont échappé à notre embuscade avaient donné l'alarme.

– Et alors ?

– L'hiver venu, ils ont abandonné. Ils en avaient sans doute assez de perdre des hommes.

L'hiver ? Bien sûr, si un an avait passé, il y avait eu un hiver... Gald laissa errer son regard au-delà des toits, vers le nuage posé sur la montagne. Il s'était imaginé que la nuée se dissiperait après que l'âme du monde en aurait rejoint le cœur. Au lieu de cela, elle était devenue plus lourde, plus noire, menaçante.

– J'ai traversé le pays, expliqua Gald. Un pays ravagé. La guerre. Des ruines. Des charniers. En revanche, les guerriers noirs, je ne les ai pas vus. Sauf...

– Sauf ?

Gald secoua la tête, comme pour chasser une mauvaise idée.

– Rien, un rêve.

– Ah, toi aussi ? souffla Touhel.

– Mais dans le pays, rien, poursuivit Gald. J'en suis venu à cette conclusion : ils n'avaient pas besoin d'être là pour semer la haine et la discorde. Le mal est fait : l'Harmonie est détruite.

Il se tut, songeur. Il pensait au Trévad. Son pays était-il lui aussi plongé dans le marasme ? Klutam avait dit quelque chose, à propos du Cinquième Royaume. Quelque chose qui concernait la réalité de ce territoire. Quelque chose qui expliquait qu'on ne pouvait en tracer la carte.

– Pourquoi, quand j'ai parlé de rêve, as-tu dit « toi aussi » ?

– Parce que c'est à la suite d'un rêve que Bo a décidé de partir.

– Il avait vu Krenvel en flammes, précisa Disgar.

Touhel hocha la tête, gravement. Il leur avait fallu beaucoup de constance pour rester là, à l'attendre. Gald sentit une bouffée de reconnaissance lui nouer la gorge.

– Bientôt, promit-il, bientôt nous les reverrons.

Il partagea leur frugal repas, tandis que Disgar lui expliquait combien il était devenu difficile de se nourrir.

Le gibier disparaissait, victime d'épidémies foudroyantes. Retournés à l'état sauvage, les fruits présentaient un goût âcre. Restait la rivière. Mais les algues rendaient toute pêche périlleuse.

Quand Gald se leva le lendemain matin, le soleil émergeait à peine au-dessus de l'horizon. Pourtant, Disgar et Touhel se tenaient prêts. Ils avaient sellé leurs montures ainsi que Tangwall, et rempli les fontes.

La traversée du marais de Kélar, si lente et si pénible à l'aller, se révéla rapide. Malgré la brume, Gald dirigeait Tangwall avec assurance. Dans le dédale de boue liquide, il distinguait le cheminement, de sorte que les sabots des chevaux s'ancraient sur un sol ferme.

Ses compagnons suivaient sans mot dire. Tout juste Disgar avait-il remarqué, au début :

– Tu n'as donc plus besoin du sang de l'hydre pour t'orienter ?

– Ne t'inquiète pas, avait répondu Gald. Je suis porté par le souffle de Cénog.

Disgar n'avait pas insisté. Plus tard, bien plus tard, Touhel avait suggéré :

– Ne chanteras-tu pas pour nous ?

Et Gald comprit qu'ils avaient peur, moins peut-être des pièges du marais que des changements qu'ils percevaient en lui. Alors il chanta, et sa voix courut à la surface du marais, d'où les bêtes étonnées émergeaient pour l'écouter. Dans leur cerveau épais, elles sentaient s'apaiser le perpétuel effroi qui anime les proies ou la cruelle impatience qui agite les chasseurs. Le chant était un de ceux que lui avait appris la cavalière. Il parlait de retour après un long exil au pays de la guerre. Pourtant Gald savait désormais que la guerre n'en était qu'à son début.

La brume s'éclaircit, puis se dissipa tout à fait. Et les montures frémirent, les naseaux palpitants. Elles avaient senti la prairie grasse bien avant de la fouler.

L'herbe, d'un vert profond, monta bientôt à l'assaut de croupes arrondies : les contreforts des Collines bleues. À la joie qui illuminait le visage de ses compagnons, Gald mesurait l'ampleur du sacrifice qu'ils avaient consenti. Et puis, il y avait cette végétation, ondulante comme une mer : la malédiction qui gangrenait le Cinquième Royaume n'avait pas frappé ici. Pourtant, leur hâte se teintait d'inquiétude. Dans quel état retrouveraient-ils Krenvel ?

À cette interrogation s'ajoutait chez Gald une crainte : loin de la Montagne du Dragon, n'allait-il pas perdre le don que lui avait généreusement conféré Cénog ? Saurait-il toujours trouver le chemin menant au but qu'il se fixerait ?

La raison leur commandait de ménager leurs montures. Pourtant, ce ne fut qu'à la nuit tombée qu'ils se résignèrent à une halte. Il en fut ainsi le premier jour, et le suivant. Il est vrai que les bêtes elles-mêmes, poussées par leur instinct, semblaient moins aspirer au repos qu'à rejoindre leur écurie. Aussi est-ce avec une bonne journée d'avance qu'ils atteignirent Krenvel.

Les villageois avaient exhaussé les remparts, au risque de les rendre plus visibles. De fait, ils abordèrent une forteresse hérissée de défenseurs. Pour cela, ils durent traverser plusieurs camps de nomades, répartis sur toute la longueur du vallon. Les Fils du Vent avaient eux aussi érigé des fortifications de fortune autour de leurs roulottes. Détachés, les chiens erraient. Ils observaient les arrivants avec méfiance. Les Fils du Vent, au contraire, leur témoignaient tout le respect dont ils étaient capables. Se souvenant des termes employés par Askel pour qualifier les occupants des Collines bleues, Gald ne pouvait manquer de s'interroger sur cette déférence : craignaient-ils les compagnons, ou acceptaient-ils leur autorité ?

La nouvelle de leur arrivée s'était depuis longtemps répandue. Bo et Hirted, en grande tenue, se portèrent à leur rencontre. L'homme long les soûla de questions, mais le Sage refréna son impatience, en même temps qu'il coupa la parole à Gald, enclin à satisfaire la curiosité de Hirted.

– Cela mérite d'être raconté devant l'assemblée, trancha-t-il.

En revanche, il ne se fit pas prier pour résumer, à l'intention des nouveaux venus, le tour pris par les évènements de ce côté-ci du marais de Kélar. Depuis les Hautes Terres où on les avait vus la première fois, les suppôts d'Agman s'étaient répandus sur la plaine, incorporant, de gré ou de force, des Trévadites pour gonfler leurs effectifs. Implantés sur la côte nordique, il leur suffisait de pousser un peu au sud pour couper le royaume en deux. Désormais, ils tenaient la plus grande partie du Trévad sous leur coupe, depuis la rive gauche du fleuve Taedr, ne laissant libre à l'est qu'une mince frange côtière, jusqu'aux prospères provinces de l'ouest. Et Maez, après la défaite d'Iliaweg, n'avait eu d'autre réaction que d'abandonner sa capitale et de se réfugier au nord de son royaume, à Hanternoz, tout près de la frontière du Morklav. Comme la plupart des territoires périphériques, les Collines bleues échappaient encore au joug des guerriers noirs, mais pour combien de temps ?

– Les Fils du Vent nous ont rejoints, à ce que j'ai vu.

– Une partie d'entre eux. Le camp qui nous entoure n'est d'ailleurs pas le plus vaste.

– Il y a aussi des réfugiés, ajouta Hirted. Des habitants du Trévad, surtout des paysans, qui ont préféré abandonner leur foyer plutôt que de subir plus longtemps la tyranie d'Agman.

– Et il ne s'en inquiète pas ?

– À la fin de l'hiver dernier, il a envoyé quelques troupes – des mercenaires de Kerbeliou, principalement – que nous n'avons pas eu de mal à disperser. Depuis, il ne s'y frotte plus ! s'esclaffa Bratweg.

– La vérité, c'est qu'il était trop occupé à conquérir le royaume du Trévad pour s'occuper de nous, qui ne le menaçons guère, corrigea Bo. Il sera toujours temps, quand il aura consolidé sa position, de s'intéresser aux poches de résistance cantonnées sur les marches de son empire.

Bratweg lui jeta un regard furibond. Il préférait croire que les compagnons d'aventure inspiraient de la crainte aux cavaliers noirs. Tout en discutant, ils pénétrèrent dans l'enceinte où siégeait l'assemblée.

Il ne convient pas aux guerriers de s'attendrir sur le retour d'un des leurs. Tout au plus sont-ils autorisés à manifester leur joie par un tintamarre d'armes frappant en cadence les boucliers, ou par des cris martiaux lancés vers le ciel. Ce à quoi ne manquèrent pas les compagnons réunis. Gald s'efforça de retenir les larmes qui lui montaient aux yeux.

Une fois qu'il eut rendu compte de ses aventures dans le Cinquième Royaume, Bo prit la parole pour évoquer l'avenir. C'est-à-dire qu'il posa la question que Gald avait retournée dans sa tête tandis qu'il traversait les terres dévastées :

– Que vas-tu faire à présent ?

Pendant des mois, tout son être avait été tendu vers un seul but : le Puits des Âmes. Il l'avait trouvé. Il y avait jeté les cendres de Henwen. Et puis ? Agman et ses sbires étaient toujours là. Naïvement, il avait pensé les voir disparaître au terme de sa quête. Or, le lamentable spectacle offert par le pays dévasté l'avait rapidement persuadé que son geste n'avait pas suffi à rétablir l'harmonie brisée. La brèche entre les mondes ne s'était pas cicatrisée.

Pourquoi s'en étonner, d'ailleurs ? Pouvait-on réellement prêter foi à ces sornettes ? Bien sûr, il avait vu le dragon. Mais qu'était-ce, sinon une hallucination, due à la drogue que Klutam lui avait fait absorber ? Comment avait-il pu à ce point oublier les leçons de Heldorn ? Le don que lui avait conféré Cénog ? Après tout, il n'avait fait que retourner sur ses propres traces. Tout ceci n'était que rêve, superstition et poudre aux yeux ! La réalité, c'était Agman. Les armées d'Agman. La conquête qu'il menait. Les massacres et les hordes d'esclaves sur lesquelles ses griffes se refermaient.

– Ma famille, mon village ont été emmenés vers les mines de Kaer-Kailh. Je n'ai que trop tardé à les délivrer.

C'était exactement ce que Bratweg souhaitait entendre. Il se leva, tout excité par la perspective d'une action : la défensive, au demeurant inutile, à laquelle les compagnons d'aventure se cantonnaient depuis longtemps lui était devenue insupportable.

29

L'ALLIANCE

Quand on eut fini de fourbir les armes, de s'exciter aux récits d'exploits mythiques et de festoyer pour célébrer le succès de Gald et la future victoire, on se compta. Alors, malgré la force de conviction de Bratweg, il fallut se rendre à l'évidence : même en ajoutant aux Fils du Vent tous les serviteurs et les paysans qui travaillaient pour Krenvel, même en tenant compte des exceptionnels talents des compagnons d'aventure, ils n'avaient aucune chance contre les guerriers noirs. Si l'on voulait balayer un envahisseur bien équipé et aguerri, il fallait le noyer sous une marée humaine.

– La tactique d'Agman est simple, exposa-t-il. Il envahit une province, puis il en obtient la cession contre la promesse de s'en contenter. En acceptant un premier compromis, Maez pensait préserver ce qui pouvait l'être, bien certain de tout perdre s'il choisissait la confrontation. Et, de concession en concession, il a perdu la quasi-totalité de son royaume, sans que les autres souverains réagissent, trop contents que cela se passe chez leur voisin.

– Est-il naïf au point de croire qu'Agman s'en tiendra là ?

– Il est surtout paralysé par la conviction qu'Agman ne peut être vaincu. Depuis le temps que le monde vivait en paix, la simple idée de participer à une guerre le terrorise. On peut d'ailleurs en dire autant de tous les Trévadites. Sinon se laisseraient-ils asservir par une poignée d'hommes ?

– Alors, il faut leur montrer le contraire ! s'emporta Bratweg.

– Vas-y, je t'en prie, répliqua Bo. Agman te battra, et tu ne feras que renforcer leur conviction.

Gald se taisait, sombre, retournant dans sa tête les arguments des uns et des autres. Bien sûr, le prudent Bo avait raison. Mais Bratweg aussi. Et chaque jour passé, Agman renforçait sa position. Sur les hauteurs de Kerbenn-Névezenn, là où naguère s'élevait le palais du roi Maez, un millier d'esclaves lui bâtissaient une forteresse. Il choisissait parmi eux les jeunes hommes les plus forts et, contre la promesse d'un sort meilleur, il les enrôlait dans son armée.

C'est alors que Gald se souvint de l'une des chansons que Marwenn lui avait apprises. Il y était question de loups maigres, qui venaient à bout d'un taureau en pleine force. L'animal avait vaincu les plus puissants de ses congénères, mais ses cornes ne pouvaient rien contre la meute des bêtes furtives qui le harcelaient.

Il se leva.

– Je dois voir les Fils du Vent, décida-t-il.

Le campement établi à un jet de pierre de Krenvel ne comptait guère que deux à trois cents nomades. Ils lui réservèrent un accueil poli mais sans chaleur. L'expression des visages frappa Gald. Il avait connu un peuple frondeur, un brin arrogant : il retrouvait des fronts soucieux, des prunelles égarées. Un homme se donna pour le chef de la bande. Il se nommait Glaouel. Sans être familiers, ses traits évoquaient un vague souvenir à Gald. Sans doute l'avait-il croisé au Dastum.

Gald se dévoila d'emblée :

– J'ai besoin d'hommes pour lutter contre Agman. D'hommes qui sachent apparaître et disparaître dans le même souffle. D'hommes qui connaissent les routes et les sentiers. Qui aujourd'hui sont ici, et demain à cent lieues de là.

Glaouel le considéra gravement.

– Nous ne sommes que des montreurs de marionnettes, des jongleurs et des bateleurs.

– Vous êtes les mains qui donnent vie aux dieux. J'ai besoin d'hommes dont les rêves sont plus cuisants que les blessures, plus brûlants que la soif, plus obstinés que la faim.

– Oui, reconnut Glaouel. Nous sommes des rêveurs. Mais nos poignets ne sont-ils pas trop grêles pour tenir une épée ?

– Je vous ai vus chasser des oiseaux en plein vol à coups de fronde ! Et puis, j'ai besoin de messagers pour convaincre le roi Aamzer, le moment venu, de lever ses troupes.

– Le moment venu ?

– Quand, grâce à vous, j'aurai démontré qu'Agman n'est pas invincible.

La nuit était tombée. Le feu crépitait. Dans l'ombre, les yeux brillaient. Des yeux de loup, songea Gald. Alors il entonna le chant sauvage que la cavalière lui avait appris.

Quand sa voix retomba, il reprit, sur le ton non de celui qui quémande, mais de celui qui commande :

– Agman se méfie des Fils du Vent. Ils sont trop libres. Ils entendent et voient trop de choses. Il n'a pour eux aucune pitié. Vous n'avez donc pas le choix, à moins d'abriter dans vos carcasses une âme de mouton.

Glaouel leva sur lui un regard brûlant de haine.

– Crois-tu que je l'ignore ?

– Alors, qu'est-ce qui te retient ?

– Nous sommes un peuple pacifique. Seule la Mère peut nous engager dans cette voie, s'il s'avère que le combat est le destin des Fils du Vent.

– Le Dastum est détruit, m'a-t-on dit.

Glaouel le confirma. Les soldats d'Agman y avaient perpétré un massacre.

– Où pourrai-je rencontrer la Mère ?

Le débat de conscience qui agitait Glaouel se lisait sur son visage.

– Reviens demain à l'aube, finit-il par souffler. Si je n'étais pas le chef de ce clan, je t'y aurais mené. Mais je ne peux pas m'en éloigner. Mes filles te conduiront à elle.

Gald se leva lentement. Il mesurait la confiance que lui témoignait Glaouel. Avouer qu'il savait où se cachait la Mère, c'était déjà mettre son clan en danger.

Le lendemain, au point du jour, Gald se présenta seul et à pied, ainsi que Glaouel le lui avait demandé. Il craignait de se voir imposer un voyage en roulotte, pour donner le change. On n'en était plus là. Les filles de Glaouel portaient des vêtements d'homme, pour se déplacer plus aisément. L'aînée, qui répondait au nom de Telyn, tenait un arc à la main. À la ceinture de ses sœurs pendaient des frondes. Elles abrégèrent les présentations, pressées de se mettre en route. Légères, infatigables, elles progressaient d'un pas souple et rapide, que Gald peinait à suivre malgré l'entraînement des derniers mois. Elles ne parlaient guère. Il les sentait nerveuses. Elles s'écartaient des routes, pour éviter les rencontres.

Trois jours durant, le petit groupe traversa l'herbe bleue qui avait valu son nom à la région. Le matin du quatrième, Gald éprouva la sensation pénible d'être épié. Il s'en ouvrit à Telyn, que cette révélation laissa impassible. Gald en conclut qu'elle avait déjà repéré leurs suiveurs et ne les avait pas jugés hostiles.

Le camp se nichait au creux d'un vallon, si bien qu'il était impossible de le repérer avant d'avoir franchi la crête qui le dominait.

Comme Gald descendait la pente à la suite de ses compagnes, plusieurs silhouettes se profilèrent au sommet de la colline. Il ne s'était pas trompé en pensant être suivi. Dans le camp, il croisa des regards curieux, mais pas surpris : on l'attendait. Il comprit bien vite que nul n'ignorait la raison de sa visite. Les jeunes filles de son escorte ne se départirent pas de leur mutisme. Sans perdre de temps, elles menèrent Gald à une tente. Sur ses parois, il reconnut les symboles qu'il avait vus sur l'abri de la Mère, au Dastum. Non plus brodés avec des perles, comme là-bas, mais peints assez grossièrement.

Quand il pénétra sous la tente, le parfum lourd, entêtant que dégageaient les herbes brûlées l'assaillit. Il eut du mal à reconnaître la femme qui l'accueillit. Emria, la servante de la Mère, avait blanchi ; ses traits, s'étaient affaissés. Du regard, Gald chercha la forme tassée de la Mère.

–La vieille femme, Rouanez-Vamm, est morte, le prévint Emria.

–Morte ? Mais...

–Elle a péri lors du sac du Dastum.

–Alors, qui est celle que j'aperçois près du mât ?

–Notre nouvelle Mère. Elle t'attend depuis plusieurs lunes.

Comment pouvait-elle affirmer une chose pareille, quand lui-même ignorait, quelques jours auparavant, qu'il viendrait ? Comme si elle percevait son doute, la servante se reprit :

–Je veux dire : elle t'espérait. Mais je dois te mettre en garde : elle n'est plus celle que tu as connue.

Là-dessus, elle sortit vivement de la tente.

Gald vint s'asseoir face à la Mère. Assise en tailleur, elle baissait la tête et le buste, comme si elle cherchait à se recroqueviller autour de son ventre. Cette attitude, qu'il avait naguère attribuée au grand âge de la Mère, participait donc du rite. Car, sous l'étoffe qui la recouvrait, on distinguait la corpulence d'une femme encore jeune.

Sortant de son immobilité minérale, elle répandit une pincée d'herbes sur le brasero. Non seulement celui-ci, mais toutes les lampes alentour jetèrent une lumière plus vive.

– Tu as changé, dit-elle.

Gald frémit en reconnaissant la voix.

– Cela te va plutôt bien, ajouta-t-elle en soulevant le voile qui dissimulait ses traits.

Elle avait mûri, depuis le jour où, par jeu ou par tendresse, elle avait déposé un baiser sur ses lèvres.

– Sdrina…, murmura-t-il en donnant à sa voix toute la douceur dont il était capable.

– Chut ! tu ne dois plus prononcer ce nom. Désormais je me nomme Youank-Vamm.

Il s'était levé, tremblant de tous ses membres. La réflexion d'Emria lui revint en mémoire : elle n'est plus celle que tu as connue… Il ne l'avait pas comprise, croyant à une allusion redondante à la mort de la précédente souveraine. C'était au contraire un avertissement.

– Je te croyais morte. Les guerriers noirs…

– Le chef de ceux qui ont assassiné les miens m'a désirée. Il m'a épargnée pour que je me soumette à son plaisir. Mais il a commis l'erreur de ne pas me tuer tout de suite après s'être satisfait. À la première occasion, je lui ai tranché la gorge et je me suis enfuie sur son cheval.

Sa voix n'exprimait ni tristesse ni rage. Mais son regard fixe disait la blessure qui saignait encore en elle.

Gald s'approcha. Elle le retint d'un geste de la main, puis l'invita à se rasseoir. Docile, il obéit, sans la quitter des yeux. Ils se turent un long moment, partageant une émotion qui n'avait pas besoin de mots pour s'exprimer. Enfin Sdrina, de la même voix atone, précisa :

– Quand je me suis enfuie, j'ai retrouvé Rouanez-Vamm au Dastum. Elle m'a initiée à certains secrets, je ne comprenais pas pourquoi. Un jour, les guerriers noirs ont fondu sur le camp. Ils ont brûlé. Ils ont massacré. J'ai vu des femmes, des enfants, des vieillards désemparés chercher à fuir des coups qu'ils ne pouvaient éviter.

– Je sais, je sais, murmura Gald. J'ai connu cela, moi aussi.

Elle réprima un sanglot, et ce fut presque un soulagement pour Gald. Mais déjà, relevant la tête, elle lança sur un ton de défi :

– Ce jour-là, de nouveau, du sang humain a souillé mes mains. Cela fait de moi un être impur, mais c'était nécessaire.

– Pourquoi les matrones t'ont-elles choisie, toi, pour succéder à Rouanez-Vamm ?

– Parce que je leur ai dit ce qu'elle m'avait appris : que, toi et moi, nous étions liés par le même destin. Que tu viendrais pour nous mener au combat.

La lumière faiblissait. Elle jeta une nouvelle pincée d'herbes sur les braises.

– Pourtant, objecta Gald, Glaouel a cherché à me dissuader de venir, au motif que les Fils du Vent ne sont pas des guerriers.

– Glaouel est un homme raisonnable. Mais face à l'inacceptable, la sagesse est de choisir ce qui n'est pas raisonnable. Une lourde tâche t'attend. Avant même de te battre contre les guerriers noirs, tu devras lutter contre la peur qu'ils inspirent.

Gald ricana.

– Je sais. Il en est même qui disent qu'ils ne sont pas humains. Que leurs armures noires ne cachent que des spectres.

– Ça non, cracha Sdrina. Les ordures qui les occupent sont de chair et de sang. Et leur chair est lourde et puante !

– Je sais. Néanmoins, ils ne sont pas comme nous.

– Pourquoi ? Parce que leur peau est livide ?

– Et leurs cheveux sont sans couleurs.

– Et leurs prunelles aussi. C'est pourquoi ils les protègent. Ils redoutent la lumière trop vive.

Elle brûla encore quelques aromates sur le charbon ardent. L'étau se resserrait sur les tempes de Gald.

– Maintenant, tu dois partir. Ne reviens pas.

– Ne pas revenir ? Est-ce que nos destinées ne sont pas liées ?

Elle sourit sans joie. Faisant allusion à une conversation qu'ils avaient eue, tandis qu'ils cheminaient serrés l'un contre l'autre sur la banquette étroite de la roulotte, elle ironisa :

– N'oublie pas que tu ne crois pas au destin ! Quant à moi... ma destinée, à présent, se confond avec celle de mon peuple.

Ses yeux se brouillaient de larmes. Un bruit, dans le dos de Gald, le fit sursauter. Emria rentrait.

– Mon seul regret, c'est que je ne pourrai jamais avoir d'enfant à moi, puisque je suis désormais la mère de tous. Et je n'aurai connu des hommes que leur brutalité.

Gald sentit une main se refermer sur son bras. Il se laissa entraîner par la servante à l'extérieur de la tente. Les Fils du Vent formaient un demi-cercle. Des jeunes, des vieux, des hommes, des femmes... Son armée ! Une armée sans armes, ou presque. Mais les regards posés sur lui étincelaient de ferveur.

Il se sentit fort.

30

LA TACTIQUE DU LOUP

Un mois avait passé depuis l'entrevue entre Gald et Youank-Vamm. L'été s'appesantissait sur le royaume du Trévad. Les moissons mûrissaient. Ce qui, autrefois, aurait réjoui le cœur des paysans ne causait plus aujourd'hui que du ressentiment. Car ils savaient que, des grains qu'ils engrangeraient, Agman ne leur laisserait qu'une part trop faible pour passer l'hiver.

Ce matin-là, le ciel plombé annonçait l'orage. Par moments, un éclair d'altitude courait le long des nuages, silencieux. Dans un hameau, un capitaine d'Agman posa pied à terre près d'un abreuvoir. Il commandait un petit détachement chargé de ramener quelques jeunes paysannes à la forteresse de leur maître. Les hommes appréciaient ces expéditions, qu'ils appelaient la chasse aux cailles. Ce qui les amusait surtout, c'était le désespoir que ce jeu cruel inspirait aux villageois. Trouver où les familles tentaient de dissimuler leurs filles était d'autant plus drôle que cette partie de cache-cache se terminait par la pendaison des coupables. Pour étancher sa soif, le capitaine se pencha sur la canalisation qui surplombait la cuve. Quand il s'affaissa, ses hommes ne comprirent pas tout de suite qu'il mourait. L'eau devint rouge autour de sa tête. Une balle de fronde lui avait perforé la tempe.

À quelques lieues de là, deux messagers qui galopaient vers Kerbenn-Névezenn virent soudain une corde se tendre en travers de leur course. Ils n'eurent pas le temps de retenir leurs montures. Déséquilibrés, ils vidèrent ensemble les étriers. Quelques secondes plus tard, les mouches vrombissaient sur le sang répandu de leur gorge tranchée par des ombres surgies des fourrés.

Plus grave encore. Au moment précis où, devant tous les villageois assemblés, le bourreau serrait un garrot autour du cou d'un imprudent qui s'était plaint en public de la tyrannie d'Agman, une flèche vint se planter dans son dos.

Dès lors, il ne se passa pas un jour sans qu'une estafette tombât dans une embuscade, un collecteur d'impôts dans un piège. Les guerriers noirs durent renforcer leurs détachements pour circuler dans les campagnes. Invisible, l'ennemi attaquait leurs arrière-gardes. Le temps qu'ils réagissent, il s'était enfoncé dans les bois, coulé dans les hautes herbes, réfugié sous l'eau de la rivière.

Les pertes, à vrai dire, demeuraient minimes. Mais elles frappaient les esprits. Les guerriers noirs lisaient moins de résignation dans le regard des paysans. Certains poussaient l'audace jusqu'à les regarder en face.

On s'empara d'otages, qu'on exécuta à raison de dix, vingt, cinquante contre une vie. Peut-être, si les insurgés avaient été des villageois, ces représailles auraient-elles été dissuasives. Mais qu'importait aux Fils du Vent la mort d'une poignée de koueriged ?

Agman, au reste, tarda à réagir. Non que sa colère ne fût pas prompte à s'éveiller. Mais, précisément à cause de son irascibilité, ses capitaines le tinrent d'abord dans l'ignorance de ces escarmouches, de peur que son courroux se retourne d'abord contre eux. Si bien que le mal s'était répandu quand il en prit conscience. Déjà, quittant les terrains libres des campagnes, la sédition avait pénétré dans les villes. Des sentinelles étaient retrouvées étranglées par un fin lacet de cuir. Un capitaine mourut d'avoir mangé une omelette aux champignons. Accident ou attentat, le résultat fut qu'aucun officier n'osa plus se nourrir sans avoir donné son plat à goûter.

Apprenant ce trait de couardise, Agman entra en fureur. Quoi ? Ses troupes donneraient l'impression d'avoir peur ? Inacceptable ! Il envoya des espions par tout le pays, rassembla son armée dont, pour la première fois depuis des mois, quittant le confort de sa forteresse, il prit la tête en personne.

Il se dirigea vers les Collines bleues sans rencontrer d'obstacles : une chose était de s'attaquer à une patrouille, une autre d'affronter une armée entière. À mesure qu'elle avançait, avec une lenteur calculée, semant la terreur sur son passage, elle abandonnait des détachements aux principaux carrefours, aux confluents des rivières navigables ou bien renforçait les garnisons des bourgs. Bientôt, son objectif devint évident : elle se dirigeait droit sur le camp de Sdrina. Ainsi, Agman savait qui le harcelait, et où se trouvait le cœur de son ennemi.

Quand ils le comprirent, les Fils du Vent s'affolèrent. Quittant les abris où ils se dissimulaient en petits groupes, ils se précipitèrent au secours de la Mère. Gald lui-même, à la tête des compagnons d'aventure, accourut couper la route de l'ennemi.

La rencontre eut lieu à Cronnemain. Les Fils du Vent, constatant leur supériorité numérique sur les cavaliers d'Agman, sentirent grandir leur confiance. Mais, au premier choc, débordés, bousculés, sabrés, ils se débandèrent, sourds aux ordres des compagnons qui cherchaient à regrouper les fuyards. Devant cette débâcle, Bratweg donna l'ordre du repli général.

Agman, heureusement, ne jugea pas opportun de consolider sa victoire en talonnant les fugitifs jusqu'à leur base : son propos était moins d'extirper le mal à la racine que de rappeler son autorité sur le territoire qu'il avait senti sur le point de lui échapper. Le jour même, les troupes qu'il avait essaimées derrière lui se déployèrent partout pour donner la chasse aux rebelles, assassinant tous ceux qui, pour une quelconque raison, leur paraissaient suspects. Pour faire bonne mesure, ils incendièrent quelques villages, dont ils déportèrent les habitants vers leurs mines. Les paysans, qui s'étaient cru autorisés à relever le front, courbèrent de nouveau l'échine.

Au soir de ce désastre, Gald sentit peser sur ses épaules un profond découragement. À l'euphorie des premiers succès se substituait l'accablement. Il ne pouvait encore mesurer ses pertes, mais il les savait sévères. Les scènes d'horreur dont il avait été témoin le hantaient. Il avait suffi de quelques jours à Agman pour reprendre la maîtrise du terrain. Autant dire qu'il ne l'avait jamais perdue. Une fois certain de ses arrières, après avoir balayé les foyers de résistance, il ne manquerait pas de revenir en force pour détruire le camp de Sdrina, voire Krenvel.

C'est dans cet état d'esprit que Gald rejoignit ses compagnons. Or, paradoxalement, Bo se montra moins pessimiste que lui.

– À présent, nous connaissons son point faible. Nous l'avons obligé à sortir de sa tanière : c'est donc qu'il n'a pas confiance en ses lieutenants ! Agman est un homme isolé. Abattons-le, et nous serons débarrassés des guerriers noirs.

– L'abattre ? grinça Gald. Facile à dire !

– D'autre part, poursuivit Bo, si la victoire lui fut aisée, il n'a pas pu nous poursuivre. Sans doute a-t-il jugé ses effectifs insuffisants pour risquer une attaque de notre camp retranché.

– Pourtant...

Gald pouvait comprendre qu'Agman ne veuille pas immobiliser ses troupes dans le siège de Krenvel à l'approche de la mauvaise saison. Mais rien ne l'empêchait d'attaquer le camp de Sdrina, qui n'était pas fortifié.

– Il avait besoin de cette victoire. Il n'a pas voulu courir le risque d'en ternir l'éclat par de trop grosses pertes. Sans doute nous méprise-t-il, mais il sait ce dont sont capables des hommes acculés.

– Ou tout simplement, il a commis une erreur, bougonna Bratweg.

Cela, Gald ne le croyait pas. Agman avait mené cette expédition dans la hâte, avec les effectifs dont il disposait. Une fois les campagnes pacifiées, il rassemblerait toute son armée pour achever le nettoyage. Or, contre toute attente, non seulement les harcèlements contre les guerriers noirs reprirent dans les jours qui suivirent, mais ils devinrent encore plus nombreux qu'avant la bataille, y compris dans les secteurs désertés par les Fils du Vent. Les Trévadites avaient relevé une fois la tête. Ils avaient l'air de l'incliner de nouveau, mais ils n'avaient pas oublié l'espoir qu'ils avaient ressenti. L'espoir ! Gald sourit en songeant à Roannenn. Ne lui avait-elle pas appris qu'il suffisait de maîtriser sa peur pour s'engager sur le chemin de l'invincibilité ? Tantôt monstrueuse, tantôt séductrice, la femme-serpent connaissait l'irrésistible pouvoir de l'espérance. Agman en avait mésestimé la force. Désormais, pour beaucoup, la colère l'emportait sur l'effroi. Les expéditions punitives attisaient celle-là plus qu'elles n'augmentaient celui-ci. Quand un village était rasé, les survivants se réfugiaient dans les bois ou, mieux, affluaient vers les Collines bleues.

L'automne avançait. Le matin, les herbes luisaient de givre. La brise apportait des nuages gris, et quand il pleuvait, des flocons voletaient déjà parmi les gouttes glacées. Pourtant, les armées d'Agman ne rentraient pas dans leurs garnisons. Et si elles faisaient mouvement, c'était pour se rassembler vers le sud.

– Qu'en penses-tu, Hirted ? demanda Gald.

– Tôt ou tard, il viendra.

– Il sera reçu comme il le mérite ! s'écria Bratweg en levant les poings.

– Bo ?

– Bratweg est assurément le plus ardent d'entre nous, mais…

Était-il nécessaire de préciser ce que tous, autour de la table du conseil, savaient ? L'afflux des réfugiés, Trévadites ou Fils du Vent, s'ils grossissaient les rangs de l'armée insurgée, encombrait les abords de Krenvel. En cas d'attaque, le village fortifié ne pourrait contenir tous ces gens. Et puis, combien de temps ses défenses tiendraient-elles face à un ennemi résolu, muni de machines de guerre, qui n'aurait aucune peine à s'emparer des hauteurs les dominant ? Krenvel tenait davantage du repaire que d'une vraie forteresse.

– S'il fallait abandonner Krenvel…, commença Troabed.

– Abandonner Krenvel ? s'insurgea Bratweg. Jamais !

– S'il fallait abandonner Krenvel, répéta Troabed sans s'émouvoir de l'interruption, nous pourrions gagner le Rotkozn.

– Où est-ce ? demanda Gald.

Pour appuyer sa démonstration, Troabed déroula une carte.

– Là, au nord du Teirmor.

Gald grimaça. Troabed pointait le doigt sur une péninsule. Il était déjà déplaisant de reculer devant Agman. Si, en outre, c'était pour s'enfermer dans un cul-de-sac ! Néanmoins, il demanda :

– Combien de temps, pour atteindre le Teirmor ?

– En marchant bien, deux décades. Peut-être trois.

Gald songea aux filles de Glaouel. Rapides, souples, infatigables. Oui, mais elles étaient jeunes. Et sans bagages. Les autres accepteraient-ils d'abandonner leurs roulottes ? Et les vieillards ? Les enfants ? Quant aux paysans... Tandis qu'il remuait ces sombres pensées, son regard croisa celui de Bo, préoccupé. Sans aucun doute le Sage se faisait-il les mêmes réflexions. Gald allait soulever ses objections, quand Bo, le prenant de vitesse, énonça :

– Entre une mort probable et un trépas certain, le choix s'impose tout seul.

Bratweg se penchait sur la carte. Ayant renoncé à une défense pleine de panache mais désespérée de Krenvel, il échafaudait à présent une tactique pour mener à bien l'expédition.

– Sitôt que nous lui présenterons le flanc, la cavalerie ennemie nous attaquera, prédit-il. Sauf si nous mettons le fleuve Taedr entre elle et nous. Pendant qu'un détachement partira vers l'est, pour leurrer les espions d'Agman, le gros du contingent se dirigera vers le sud pour le franchir. Treuz ?

Contrairement au Mavel, qui paressait, débonnaire, dans les grasses plaines du Nord, le Taedr, nourri par de multiples affluents qui dévalaient les pentes escarpées des Mezmedalen, présentait un cours impétueux, tantôt roulant au fond de défilés ombreux, tantôt rugissant dans des rapides écumants. Inutile de songer à en franchir le cours supérieur sur des radeaux.

–Il faudra jeter des ponts là où il est encore étroit, constata Treuz. Ici, par exemple. Je pars tout de suite en reconnaissance.

31

LES PONTS SUR LE TAEDR

Contrairement à ce que Gald redoutait, les Fils du Vent ne firent aucune difficulté à lever le camp. Telyn et ses sœurs reçurent mission d'inviter Sdrina à se joindre à eux. Plus difficile fut de persuader les paysans de quitter les lieux où ils avaient commencé à s'installer. Ainsi étaient-ils bâtis : sitôt qu'ils prenaient pied sur une terre, ils s'y enracinaient.

Quand il fut question d'abandonner le bétail, ils se récrièrent tant et si fort que Bratweg intervint.

–Nous ne passerons pas tous par le sud, précisa-t-il. Une partie coupera vers l'est pour gagner la rive gauche du fleuve. Ceux-là pourront emporter des bagages.

Il dut lever les bras pour imposer le silence à tous ceux qui criaient pour se porter volontaires.

– Tous les bagages qu'ils voudront, le plus sera le mieux, car il s'agit de faire croire que toute l'armée est réunie. Mais il est probable qu'Agman les attaquera.

L'avertissement calma à peine les ardeurs : ils étaient prêts à tout pour ne pas abandonner le peu qu'il leur restait.

– Eh bien, tu vois, dit Bratweg à l'attention de Gald. Ce n'était pas plus difficile que cela !

Gald secoua la tête. En cas d'attaque, ils perdraient tout, et la vie par-dessus le marché.

– N'aie crainte, le rassura Bratweg. Ils défendront âprement leurs biens, et c'est la meilleure garantie que nous ayons qu'ils ne se débandent pas, comme les Fils du Vent à Cronnemain. Et puis, je serai avec eux !

Les préparatifs du départ prirent à peine une journée : ceux qui avaient opté pour la rive droite n'emportaient pas grand-chose. Les Fils du Vent avaient entassé sur leurs chevaux dételés leurs plus précieuses richesses. Beaucoup avaient privilégié les marionnettes qui, jusque-là, les avaient fait vivre. Les paysans, quant à eux, avaient sauvé ce qu'il leur restait de semences.

Le soir du départ, les rebelles allumèrent leurs feux comme d'habitude, pour duper un éventuel observateur.

Gald prit congé de Bratweg la gorge serrée. Le chevalier ne partirait qu'au petit jour.

–Nous devons nous dépêcher, dit Bo. On dirait qu'il va neiger cette nuit.

Ils s'enfoncèrent dans l'obscurité, sans même le réconfort de voir leur chemin baigné par la lueur apaisante des étoiles. Le silence était impressionnant. Les Fils du Vent se relayaient pour porter les enfants, enroulés dans de trop minces couvertures. Par bonheur, le vent qui avait soufflé les jours précédents était tombé. Cependant, le froid était vif. Comme Bo l'avait prédit, la neige fit son apparition un peu avant l'aurore.

Quand le jour fut levé, Gald se retourna pour observer la longue file qui s'étirait. Malgré la fatigue de la nuit qui marquait les visages, les fugitifs s'efforçaient de resserrer les rangs. Quelques-uns, quand ils arrivaient à sa hauteur, lui adressaient un salut. Mais la plupart, farouches, regardaient obstinément devant eux, comme s'ils pouvaient déjà apercevoir le but. Une armée, cette foule chargée d'objets hétéroclites, parmi lesquels on ne voyait guère d'armes ? Difficile à admettre. Pourtant, dans le brouhaha qui à présent s'élevait de la troupe, on ne distinguait aucune plainte. Et sur les traits se lisait la détermination.

Le cœur de Gald battit un peu plus vite quand il aperçut le palanquin dans lequel huit Fils du Vent transportaient Youank-Vamm. Un rideau de feutre dissimulait la passagère. Il lui sembla qu'il s'écartait un peu quand elle passa devant lui. Il se redressa sur sa selle.

Les flocons commençaient à tenir sur la terre gelée, qui peu à peu se couvrait d'une pellicule blanche. Gald renonça à donner le signal de la halte. Il préférait attendre que l'air soit un peu réchauffé.

Du genou, il invita Tangwall à rejoindre ses compagnons en tête de colonne. Troabed somnolait sur sa selle. Bo et Hirted devisaient, discutant de la distance qui les séparait du rendez-vous avec Treuz. Gald, tiraillé entre la confiance et l'inquiétude, ne se mêla pas à leur conversation.

La troupe s'arrêta vers midi. Herrek et Damsaer remontèrent la colonne au galop, pour rameuter les traînards. La neige commençait à épaissir.

Deux heures plus tard, l'avant-garde se remit en route. La troupe ne s'arrêta pas avant la tombée de la nuit. La colonne s'étirait de façon préoccupante. Mais la neige s'était refermée sur les fugitifs, effaçant toute trace de leur passage.

Au cinquième jour, ils abordèrent un relief heurté : les contreforts de la montagne. Leur marche s'en trouvait gênée. Mais c'était le seul moyen de passer sur la rive droite du Taedr. De complice, la neige devint obstacle. Ceux qui marchaient à pied s'enfonçaient jusqu'aux chevilles, parfois jusqu'aux genoux. Les chevaux glissaient. Pendant les haltes, ils reniflaient, méfiants, cette substance qui gelait leur pâture. Pour ne pas ralentir les plus rapides, il fut décidé de scinder la colonne en deux groupes.

Au moment de repartir, on hésita : fallait-il attendre l'arrière-garde ? Gald choisit de se mettre en route sans tarder. Ils avaient bivouaqué sans allumer de feux, malgré la bise, le froid. Patienter davantage, ce serait souffrir davantage. Et puis, plus les jours passaient, plus la neige s'accumulait, plus la marche deviendrait difficile.

Les Fils du Vent, habitués à courir les chemins par tous les temps, résistaient mieux que les paysans, et ceux-ci se montraient plus endurants que les citadins. Tous marchaient en silence, sans se plaindre. Quelquefois, un vieillard s'asseyait sur une pierre. C'était un piège : s'il ne se relevait pas bientôt, le froid l'engourdirait. Aussi ses compagnons l'encourageaient-ils à repartir – du moins les Trévadites, car les Fils du Vent, conformément à leur philosophie, considéraient qu'un homme sent quand sa route est finie.

Combien, à l'arrière, s'abandonnaient ainsi ? Y en avait-il, parmi eux, qui se repentaient de l'avoir suivi ? Combien avaient fait demi-tour ? Malgré ces questions qui le tourmentaient, Gald ne regrettait pas sa décision. Il souhaitait seulement que l'idée de Troabed se révélât bonne.

Enfin, l'avant-garde rejoignit Treuz et ses pontonniers, une poignée de Trévadites choisis pour leur force.

À cet endroit, le Taedr grondait au fond d'une gorge encaissée, une tranchée nette comme un coup de sabre.

Des profondeurs montait une vapeur glacée, qui givrait le grès rouge des parois. Au-dessus de ce gouffre effroyable, Treuz avait déjà jeté trois passerelles de cordage. Étroites, elles se balançaient sous la poussée du puissant courant d'air qui montait de l'abîme. Une quatrième était en cours de construction. Plus large, elle se composait de deux troncs sur lesquels les charpentiers chevillaient des traverses grossièrement élaguées. Là traverseraient les montures.

Les fugitifs découvraient, atterrés, ces installations précaires. Nul n'osait s'y aventurer. Gald mit pied à terre, confiant Tangwall à la garde de Gwaz. Il s'engagea sur l'un des ponts suspendus. Le voyant parvenu sans encombre sur l'autre rive, les Fils du Vent empruntèrent à leur tour la passerelle.

Le choix de Treuz se révélait particulièrement judicieux. Non seulement les deux rives du torrent étaient très rapprochées en cet endroit, mais encore les ponts débouchaient sur une forêt de résineux où l'armée pourrait camper à l'abri du vent et des regards.

Le franchissement prit toute la journée, et une bonne partie de la nuit. Sitôt que le tablier du pont de bois fut achevé, sans attendre que les pontonniers aient installé les garde-corps, les premiers chevaux traversèrent. Tangwall, échappant à la surveillance de Gwaz, bouscula ses congénères pour galoper vers son maître.

Le sous-bois bruissait de conversations joyeuses. Partout entre les troncs brillaient les feux. On s'asseyait en rond autour des foyers, le plus près possible, pour profiter de la chaleur. Tant pis si le bois, trop vert, fumait.

Le lendemain, on entendait déjà moins de rires. Les visages affichaient plus d'inquiétude à mesure que les heures passaient, et plus d'un gagnait l'orée, pour observer les passerelles : on guettait l'arrivée de l'arrière-garde.

Ce ne fut qu'au troisième jour que, derrière l'écran des flocons qui s'étaient remis à tomber, on distingua les premières silhouettes. Gald dut intervenir pour empêcher ses hommes de se précipiter au-devant des leurs.

Soudain, de cette foule, un cavalier se détacha : Bratweg !

32

DU SANG SUR LA NEIGE

– Agman nous a attaqués, annonça Bratweg, comme c'était prévisible.

– Alors ?

– Que crois-tu ?

Il n'y avait presque pas de survivants. Et encore ceux-là étaient-ils en sursis.

– Mais ils se sont défendus comme des lions ! ajouta le chevalier. Ceux qui l'ont pu ont fui vers Krenvel, pour donner le change et entraîner les ennemis à leur suite.

Bien sûr, cette défaite n'était pas une surprise. Néanmoins elle plongea Gald dans une profonde affliction. Son armée était nombreuse, il suffisait pour s'en convaincre de constater le temps nécessaire à son évacuation. Toutefois, si chaque rencontre avec les guerriers noirs se soldait par un massacre – sans compter tous ceux qui n'auraient pas la force d'atteindre le Teirmor –, il ne tarderait pas à se retrouver seul, impuissant à vaincre un ennemi plus habile au combat. La tactique du loup avait fait ses preuves. Mais déstabiliser l'envahisseur ne suffirait pas à l'éliminer. Quant à la ruse pour fourvoyer les guerriers noirs, il ne fallait pas en espérer davantage que quelques jours de répit. Agman, constatant l'abandon de Krenvel, se mettrait en chasse.

Le soir vint avant que toute l'arrière-garde ait eu le temps de traverser. Si certains, pressés de se mettre à l'abri ou de rejoindre leur famille sur l'autre rive, trouvaient au fond d'eux le courage de se risquer sur les passerelles dans l'obscurité, nombreux furent ceux qui préférèrent bivouaquer sur place, dans l'attente du jour.

Cette nuit-là, Gald tint conseil avec ses compagnons, auxquels il adjoignit quelques-uns des chefs de clan les plus estimés ou des anciens les plus écoutés chez les Trévadites. Il n'eut pas besoin de faire étalage de ses doutes. Beaucoup, il s'en aperçut bien vite, les partageaient. On en revenait toujours au même point : sans l'aide des armées royales et de leur arsenal, ils ne pourraient pas grand-chose.

Dès le point du jour, les retardataires levèrent le camp. Il n'en restait qu'une poignée sur l'autre rive quand, aux environs de midi, retentit une clameur : des cavaliers arrivaient au galop. Les malheureux se ruèrent sur les passerelles. Trop tard. Les guerriers noirs les acculaient à l'abîme. Ceux qui n'y étaient pas précipités tombaient sous les coups de sabre ou les lances. L'attaque fut si prompte que l'armée embusquée sur l'autre rive n'eut pas le temps de réagir.

– Sous le couvert ! ordonna Bratweg. Ce n'est qu'une patrouille. Ils ne doivent pas savoir combien nous sommes.

Le capitaine des guerriers noirs hésitait sur le parti à adopter. Traverser ? Aller chercher des renforts, au risque de laisser sa proie échapper ? L'orgueil l'emporta. Il envoya des éclaireurs. Ceux-ci s'engagèrent prudemment sur le pont de bois. Arrivés à son extrémité, ils se penchèrent sur la neige piétinée : à l'évidence, beaucoup de monde était passé par là. Ils observèrent la forêt, sans oser approcher. Mais, de l'autre côté du ravin, le capitaine s'impatientait.

Puisque le pont n'était pas défendu, il se crut autorisé à le franchir à son tour, entraînant ses hommes à sa suite. Presque tous étaient passés quand, soudain, un soubresaut secoua la montagne. Les cordes des passerelles claquèrent, tandis que le pont de bois, descellé, glissait dans l'abîme, avec les cavaliers qui le franchissaient. Pierres et paquets de neige accompagnèrent leur chute. Le fracas du torrent couvrit leurs cris. Leurs compagnons, occupés à maîtriser les chevaux affolés par le tremblement de terre, ne les virent pas disparaître.

Le calme revint aussi brusquement que le spasme qui avait secoué les lèvres du ravin avait été brutal. De la forêt ne parvenait aucun bruit, sinon le croassement des corneilles.

– Eh bien ? cria le capitaine. Qu'attendez-vous pour vous mettre en chasse de ces pouilleux ?

Les cavaliers approchèrent de la lisière. Les insurgés aux aguets se collèrent un peu plus aux troncs qui les dissimulaient. De nouveau, la terre trembla. Des sapins, la neige accumulée tomba, affolant les chevaux. Les branches basses, mues par quelque force mystérieuse, cinglaient les cavaliers, les déséquilibraient. Les Fils du Vent profitèrent de la confusion pour sauter en croupe, le poignard à la main. Les paysans jouaient de leurs épieux sur les hommes tombés à terre. Au silence avait succédé une clameur sauvage, où se mêlaient les cris de guerre, le hurlement du vent, le grondement du sol et les râles d'agonie. Les guerriers noirs qui, sous les flèches et les balles de fronde, cherchaient à fuir le sortilège de la forêt en mouvement se heurtaient au ravin. Puis le calme revint. Le vent tomba. Le sang qui sourdait des cuirasses noires colorait la neige d'écarlate.

– Victoire ! brailla Bratweg.

– Qui l'a remportée ? demanda Bo, l'œil fixé sur un grand mélèze encore frémissant.

– Tu le demandes ? s'insurgea Bratweg. Les cadavres que nos braves jettent dans le torrent ne sont-ils pas ceux de nos ennemis ?

Bo s'abstint de répondre. Gald avait compris le sens de sa question. Sans le tremblement de terre si opportun et l'insolite agitation des arbres, comment l'engagement aurait-il tourné ? Il ordonna qu'on rapporte de ce côté les victimes des cavaliers noirs, avant de démonter la seule passerelle qui avait résisté.

Au petit matin, tandis que les insurgés se mettaient en route, la neige redoubla. On l'accueillit avec un sentiment mêlé : d'un côté, elle rendrait la marche pénible, de l'autre, elle effaçait toute trace de leur passage sur cette rive. Déjà, le sang avait disparu.

Après quelques jours, ils abandonnèrent les contreforts des Mezmedalen pour une région plus facile. S'il roulait des eaux moins tumultueuses, le Taedr s'élargissait considérablement. Désormais, ils étaient à l'abri d'une attaque sur leur flanc.

Sur le conseil de Troabed, Gald dépêcha des éclaireurs pour vérifier qu'Agman ne coupait pas leur route. Non loin, en effet, s'étendait le village de Brug, où l'on trouvait le premier pont sur le Taedr.

Les estafettes revinrent porteuses de bonnes nouvelles : rien ne laissait soupçonner une activité particulière. Et, de fait, la colonne dépassa le débouché du pont sans encombre, avant de s'enfoncer dans la lande. La pluie avait succédé à la neige. La température était moins froide, mais l'humidité transperçait les marcheurs. Beaucoup toussaient. Les étapes devenaient chaque jour plus courtes, les pertes plus nombreuses. De même qu'un gibier blessé laisse derrière lui une traînée sanglante, de même la colonne égrenait les cadavres de ceux qui n'avaient plus la force de la suivre.

Ils étaient épuisés quand ils arrivèrent en vue du golfe du Teirmor. Ils longèrent une côte rocheuse. Au-delà du bras de mer, ils distinguaient parfois, à la faveur d'une brève éclaircie, une masse sombre : le Rotkozn. Le but était proche. L'espoir revint. Pourtant, on ne comptait plus ceux qui s'arrêtaient au bord du chemin, rongés par la fièvre.

Aussi l'émotion fut-elle forte quand les éclaireurs annoncèrent l'approche d'une troupe. Fort heureusement, il ne s'agissait pas des guerriers noirs, mais de Trévadites : les habitants de Dewen.

Ce petit bourg s'élevait au sud-ouest du golfe. Là se trouvait le dernier pont sur le Taedr, avant son embouchure.

– Quand les démons noirs se sont approchés, expliqua l'ancien du bourg, nous avons compris qu'ils cherchaient à s'emparer de notre pont. Alors nous avons pris la décision de le détruire et de vous rejoindre.

Ainsi, Agman avait attendu le dernier pont, et que les insurgés s'épuisent pour les attaquer. Le calcul n'était pas mauvais. Mais il avait commis l'erreur de tenir pour négligeables les habitants de Dewen. Que ceux-ci aient choisi de s'exiler plutôt que de permettre à l'ennemi d'attaquer la colonne emplit Gald de fierté et d'espérance.

Pour autant, le danger était-il écarté ? Troabed, approuvé en cela par le Dewenite, se montra rassurant. En aval du village, le Taedr se ramifiait en une multitude de bras. Les pluies des dernières semaines, en gonflant ses eaux, avaient provoqué des inondations dans le delta. Pour passer, l'armée d'Agman aurait besoin d'embarcations : leur construction la retarderait. Il s'agissait à présent de prendre l'ennemi de vitesse. Les éléments les plus valides furent invités à un ultime effort. On encouragea les autres à se presser autant qu'ils le pouvaient.

Quand Gald vit où Troabed l'avait mené, ses doutes tombèrent. On ne pouvait rêver forteresse plus inexpugnable. Le Rotkozn, vaste table granitique, dominait la plaine environnante du Teirmor. Sa surface lui permettait d'accueillir toute la troupe et davantage. On y accédait par des chemins étroits, dont une poignée d'hommes suffisait à interdire l'accès. Le seul désagrément était l'absence de sources, mais, en cette saison, cela ne représentait pas un obstacle : l'eau de pluie s'était accumulée dans de nombreuses dépressions pour former un chapelet de mares. On compléterait le dispositif en creusant des citernes.

Par commodité, le camp s'installa au pied de la falaise, se réservant d'y grimper à la première alerte.

Pour autant, leur situation ne comportait pas que des avantages. Le Rotkozn était une forteresse autrement difficile à prendre d'assaut que Krenvel. Mais elle n'était pas à l'abri d'un siège. Si Agman concentrait des troupes sur l'isthme qui commandait l'accès à la péninsule du Teirmor – et les espions de Sparfell confirmèrent bientôt qu'une armée progressait dans cette direction – il n'aurait aucun mal à contenir les insurgés, voire à les vaincre par la faim. De fait, ils manquaient déjà de provisions, malgré le rationnement que Gald leur imposait. Avoir atteint le Rotkozn ne leur assurait donc qu'un répit : un jour ou l'autre, il faudrait affronter les cavaliers noirs en bataille rangée.

Gald devait donc reprendre l'initiative. Pour cela, il avait besoin d'une armée encore plus nombreuse, et surtout plus solide. Certes, ses rangs grossissaient chaque jour. Certes, les compagnons d'aventure ne se ménageaient pas pour former les recrues, mais on était encore loin de pouvoir affronter les redoutables guerriers noirs.

La supériorité d'Agman dans la conduite de la guerre était une évidence. Gald, bien persuadé que seul le nombre pourrait jouer en sa faveur, rêvait d'une vaste coalition regroupant les Quatre Royaumes. Pour y parvenir, la première étape consistait à convaincre le roi Maez de tourner enfin ses armes contre Agman, au lieu de lui accorder d'humiliantes concessions. Seulement, pour parvenir à Hanternoz où le souverain du Trévad s'était réfugié après avoir honteusement cédé sa capitale à Agman, il devait traverser le territoire tenu par les guerriers noirs. Et il devait se décider vite, avant que ceux-ci n'aient complètement coupé tous les chemins menant au Teirmor.

33

LA FORÊT SUR LA MER

La première, Sparfell au regard perçant donna l'alerte : une flotte innombrable surgissait du fond de l'horizon. Sur les voiles gonflées par la brise se pavanait un bestiaire fantastique. Les longs vaisseaux étroits caressaient les vagues plus qu'ils ne les fendaient. L'écume ondulait sous leur caresse. Parvenus près de la côte, les marins affalèrent les voiles. Les mâts étaient si nombreux qu'il semblait qu'une forêt avait poussé sur l'eau. Un nuage d'oiseaux blancs à tête noire, les ailes effilées comme des faux, la survolait.

Les Trévadites n'aimaient pas la mer. Elle leur inspirait plus que de la méfiance : une véritable aversion. Son eau saumâtre tuait les plantes ; les poissons des rivières, quand on les y plongeait, crevaient. Elle bornait l'étendue des terres bonnes à semer. Pour les cultivateurs du royaume, elle symbolisait la mort. Comme elle,

elle n'avait pas de fin. Comme elle, elle n'était qu'amertume. Seuls, quelques rares villages du Nord-Ouest, à l'exemple sans doute de leurs voisins du Morklav, exploitaient le varech et ramassaient les coquillages. Dans le reste du pays, on construisait les villages à bonne distance des côtes.

Parfois, sur la mer, passait un navire.

Quelquefois, même, il accostait. Les marins restaient à bord, à l'abri des regards, tandis que débarquaient des commerçants danéens. Mais de telles visites demeuraient rares. Généralement, les navires croisaient au large, préférant se rendre au Morklav, où ils recevaient un meilleur accueil. Bien qu'ils eussent partie liée avec les forgerons du Glenn-Ar-Dan pour le transport de leurs marchandises, les navigateurs appartenaient à un autre peuple, originaire d'îles lointaines regroupées sous le terme vague d'Archipels. Le mystère dont s'entouraient les navigateurs, joint à la méfiance que les Trévadites éprouvaient à l'endroit de la mer, avait donné naissance à de nombreux contes où ils jouaient le mauvais rôle.

C'est pour cela sans doute que Gald, considérant sa position, n'avait pas d'emblée perçu son principal avantage : elle lui assurait un débouché imprenable sur l'océan. Par lui, il pouvait être ravitaillé. Par lui, il pourrait au besoin s'enfuir. À condition, bien sûr, de disposer de la flotte et des marins nécessaires.

L'un des navires, voile abattue, poursuivit sa course, poussé par vingt avirons multicolores. À la proue se détachaient deux personnages. Le premier, sombre, mince au point de paraître frêle, les cheveux flottant sur ses épaules, était presque nu malgré le vent aigre. Le second, gigantesque, le visage enfoui sous une épaisse barbe rousse, appartenait sans conteste au peuple du Glenn-Ar-Dan.

Le colosse sauta quand le navire s'immobilisa. L'eau lui arrivait à la taille. Il avançait calmement. Sur son épaule, il portait une lourde masse : symbole de son rang de maître-feu, elle pouvait à l'occasion se révéler une arme redoutable. Gald se porta à sa rencontre. Il se rappelait les récits de Govel. Il avait toujours cru que le forgeron exagérait en décrivant ceux qui l'avaient initié aux derniers secrets du métal. Or l'homme, avec sa stature, ses poignets carrés, ses mains puissantes, ses sourcils broussailleux et sa barbe enflammée, correspondait en tous points à ses récits.

Son regard erra sur les compagnons d'aventure qui lui faisaient face. L'eau dégoulinait de son costume de cuir fauve, formant à ses pieds une flaque que le sable saturé ne parvenait pas à absorber. Il n'en avait cure, pas plus que du vent glacé qui plaquait sur lui ses vêtements mouillés.

– Lequel d'entre vous est le Chevaucheur de dragon ?

Ainsi Gald apprit-il le surnom qu'on lui avait attribué. Il avança d'un pas. Le forgeron le toisa. Ce qu'il voyait le décevait.

– Mon nom est Anev, annonça-t-il enfin, élevant la voix comme s'il voulait se faire entendre de toute la troupe. Je suis le prévôt de la corporation des maîtres-feu du Glenn-Ar-Dan. Ceux-là – de la main, il désignait les navires – sont les Enfants de l'écume rangés sous le pavillon d'Uhlvor.

Il marqua une pause, pour souligner l'importance qu'il convenait d'accorder à cette déclaration. Ignorant ce nom, Gald se trouvait dans l'impossibilité d'en juger. Il se contenta de saluer d'un bref hochement de tête.

– Uhlvor ne mettra-t-il pas lui aussi pied à terre ? demanda-t-il.

Anev sourit avec un rien de condescendance à cette incongruité.

– Jamais un Enfant de l'écume ne touche un autre sol que celui de l'île où il est né, dit-il. Je parlerai en son nom.

– Viens sous ma tente, l'invita Gald.

L'abri que les Fils du Vent avaient dressé pour lui ne se distinguait guère de ceux qu'eux-mêmes occupaient. L'ameublement se caractérisait par une sobriété sévère : un lit de sangles, une table de fortune, quelques billots en guise de sièges, une planche posée sur deux pierres pour isoler ses maigres affaires de la terre humide. Le seul luxe avait consisté à répandre des genêts sur le sol.

Anev promena son regard sur cette installation précaire. Il hocha la tête deux ou trois fois, pour exprimer son approbation. Les forgerons du Glenn-Ar-Dan produisaient un artisanat raffiné, et les chefs-d'œuvre des artistes danéens ornaient les palais des Quatre Royaumes. Mais eux-mêmes demeuraient de mœurs austères et méprisaient le superflu.

Anev s'assit sans attendre d'y être invité. Cet homme avait l'habitude d'être traité en chef. Gald savait que le roi Maez lui-même ne manquait pas une occasion d'exprimer son respect pour la corporation du feu, dont les membres étaient supposés tenir leur savoir du dragon Gorteuz en personne. S'ils acceptaient de former les forgerons des autres peuples, jamais ils ne les admettaient au dernier stade de l'initiation.

Les autres, Fils du Vent ou compagnons, prirent place comme ils le purent. Beaucoup durent rester debout, le dos appuyé contre la paroi de la tente.

– D'où vient que tu savais où me trouver ? demanda Gald.

Anev leva les sourcils, surpris par la question.

– N'as-tu pas envoyé des messagers pour demander notre aide ?

Gald hocha la tête. Bien que ce ne fût pas le cas, il préférait le taire pour l'instant. Il résoudrait ce mystère plus tard.

– Autrefois, enchaîna Anev, les miens forgeaient les armes de tous les guerriers.

– Ainsi le veut la légende, répliqua Gald. Mais les guerriers des temps anciens ont depuis longtemps disparu.

– Et ce fut une bonne chose, affirma Anev. L'Harmonie qui s'installa entre les quatre dragons après la bataille d'Airma-Kad valait mieux que tous les tumultes de ces temps troublés. Au lieu de forger des épées, nous avons fabriqué des socs de charrue et des bandages pour les roues des charrettes. Au lieu des fers de lance, des bêches et des houes, des binettes et des herses. Cependant, nous avons gardé l'ancien savoir, au cas où renaîtraient la discorde et le chaos. Et ce temps est venu !

D'un geste imprévu, il se leva et porta la main sur la poignée de son épée. Il ne l'avait pas tirée du fourreau que déjà trois lames pointaient sur sa poitrine. Sans se départir de son calme, avec une lenteur prudente, il acheva de défourailler son arme pour la poser devant Gald.

L'épée était large, plus large que les sabres des compagnons d'aventure, et lourde. Son tranchant, aiguisé des deux côtés. Sa longueur aussi la rendait redoutable, mais, jugea Gald, d'un maniement délicat : le bras qui la manipulait devait se fatiguer rapidement. Parmi eux, seul Bratweg usait d'une arme aussi pesante. Et bien sûr, à l'occasion, Herrek, passé maître dans l'art de l'escrime. Le long de la lame couraient des signes incrustés dans le métal. Ils n'étaient pas sans rappeler les caractères du Livre des chroniques.

– Il y a de ces épées plein les cales des navires. Et aussi des lances et des pointes de flèches, et des carreaux d'arbalète, des dards et des haches. Des lames de jet. Des crocs. Des grappins…

– Nous n'avons rien à offrir en paiement, rappela Bratweg.

Anev sursauta.

– Pour qui me prends-tu ? gronda-t-il. Ces armes ne sont pas à vendre !

Bo intervint précipitamment :

– Excuse-le. Bratweg est un guerrier fougueux, à l'image des ancêtres. Cependant, il ignore les usages des autres peuples. Du premier coup d'œil, il a apprécié l'ouvrage du forgeron. Mais il ignore quelle puissance confèrent à ces armes les runes secrètes. Que c'est là l'ultime secret des maîtres-feu, et que bien peu de profanes ont été autorisés à les contempler – à moins, bien entendu, d'être promis à une mort prochaine.

– C'est donc un très grand honneur que tu nous fais, constata Gald. Car tu n'es pas venu nous tuer, n'est-ce pas ?

– Au contraire. Je sais que tu luttes contre les guerriers noirs. Aussi je te propose mon alliance. Et celle des Enfants de l'écume.

– J'ignorais que le royaume du Glenn-Ar-Dan et les habitants des Archipels entretenaient des relations si étroites qu'un maître-feu puisse parler en leur nom dans une affaire aussi grave, dit Troabed.

– Nous leur fournissons les pièces d'accastillage dont ils ont besoin. En échange, ils transportent nos marchandises jusqu'au Morklav ou au Bro-Avèl.

Il baissa la voix pour ajouter, sur le ton de la confidence :

– Ce sont de grands sorciers, qui parlent aux oiseaux et aux poissons de la mer.

Cela, les légendes trévadites le rapportaient aussi.

– Ton offre est noble et généreuse, dit Gald. Elle est pour moi un honneur autant qu'une grande joie.

Anev inclina le buste. L'accord était scellé. Cependant, il précisa :

– Ne t'y trompe pas. Nos armes sont puissantes. Toutefois, si nous savons les forger, il s'en faut de beaucoup que nous en maîtrisions l'usage. Quant aux coureurs des mers, s'ils sauront déposer tes hommes en n'importe quel point de la côte, eux-mêmes ne consentiront jamais à débarquer. Cela leur est aussi interdit que de laisser un étranger accoster l'une de leurs îles.

– Pourquoi nous aident-ils ?

– Dans le vol des oiseaux, ils ont lu le danger d'une invasion.

– Et vous-mêmes ?

– Je te l'ai dit : la guerre nous était devenue étrangère. Mais lorsqu'un membre pourrit, est-il une autre solution que de le trancher avant que le corps entier soit infecté ? Quand les enfants de la Mère m'ont expliqué qui tu es et quel est ton combat, nous avons considéré de notre devoir de t'aider.

Les enfants de la Mère ? Ainsi, c'était Sdrina – ou plutôt Youank-Vamm – qui avait envoyé des émissaires en secret auprès des maîtres-feu !

– Le roi Rutiern nous soutiendra-t-il, lui aussi ?

– Le moment venu, sans doute.

Ce qui était une façon diplomatique de dire que, pour l'heure, seule leur corporation consentait un effort.

Pendant qu'ils se parlaient ainsi, Herrek, n'y tenant plus, s'était approché de l'épée. Il la soupesa en connaisseur. Puis, pour en apprécier l'équilibre, il fit quelques moulinets.

– Prends garde ! s'écria Anev.

Mais il était déjà trop tard. Sur la lame, les runes s'animaient, jetant un éclat vénéneux. Plus Herrek enchaînait les figures, mimant quelques-unes de ses bottes préférées, plus les signes luisaient. Soudain, le compagnon d'aventure se planta devant Gald.

– En garde, s'écria-t-il. Allons ! Défends-toi !

Gald blêmit, comprenant au regard halluciné du maître escrimeur qu'il ne se possédait plus. Il se leva et se jeta en arrière, tout juste à temps pour éviter le coup qui trancha le billot où il s'était assis. Avec un soupir de dépit, Herrek releva l'épée. Luc'hengwadeg surgit de son fourreau. Dans son bras, Gald sentit une énergie telle qu'il n'en avait jamais connu, tandis que sur la lame de son adversaire les runes devenaient incandescentes.

Les deux lames se heurtèrent. Gald sentit le choc se répercuter douloureusement dans son corps, et son cri se mêla à celui des armes enchantées.

Tous les compagnons d'aventure s'étaient reculés autant qu'ils le pouvaient. Ils roulaient des yeux fous, ne sachant comment séparer les adversaires sans les blesser. Car ceux qui se battaient dans l'espace étroit et malcommode de la tente n'étaient plus des hommes, mais des fauves en furie.

Au reste, le combat fut bref. À la cinquième passe, l'épée de Herrek se brisa sous le coup de Luc'hengwadeg. Ils crurent tout d'abord, et Gald le premier, que Herrek avait eu le poignet tranché. Mais non : la lame s'était rompue un peu au-dessus de la garde.

Herrek regardait autour de lui, avec sur le visage l'expression hagarde d'un homme tiré d'un profond sommeil. Il ne croisait que le regard encore écarquillé de ses compagnons figés par la stupéfaction.

Le premier, Anev réagit :

– Puis-je voir ton sabre ? demanda-t-il à Gald.

Le jeune homme le lui tendit, posé à plat sur ses deux paumes. Le forgeron l'observa, n'osant lever la main vers lui.

– Prends-le, l'encouragea Gald. Vois comme il est léger et comme le pommeau équilibre exactement la lame.

Anev recula. Sous sa barbe de feu, sa peau parut encore plus livide.

– Cette lame..., souffla-t-il. La main qui l'a forgée n'était pas une main d'homme.

34

LE ROI MAEZ

Les navires approchèrent autant que cela leur était permis sans risquer l'échouage. Le déchargement des armes prit toute une demi-journée. Faute d'un quai de débarquement, les Fils du Vent devaient s'avancer dans la mer pour atteindre les navires. L'eau leur arrivait haut sur la poitrine ; quelquefois, même, ils devaient nager un peu. Dans ces cas-là, le poids des armes que leur confiaient les Îliens les entraînait inexorablement au fond. Ils marchaient alors jusqu'à retrouver l'air libre : pour rien au monde ils n'auraient lâché leur précieux fardeau. Ils accueillaient avec force démonstrations de joie ces épées, ces casques, ces cuirasses qui leur promettaient des lendemains victorieux. Ils ne savaient guère s'en servir ? La belle affaire ! Les tenir leur communiquait une ardeur belliqueuse.

Sur la plage, les armes s'entassaient en de prodigieux amas, et les enfants riaient en dansant autour. Les femmes, elles, les considéraient avec gravité, car elles savaient que les vainqueurs aussi bien que les vaincus paieraient à la mort son tribut.

Confiant à Hirted le soin de surveiller le déchargement, Gald se rendit à la tente de Youank-Vamm. Emria fit mine de s'interposer, mais, devant sa fermeté, elle s'effaça.

Gald s'assit en tailleur devant Youank-Vamm, ainsi qu'il avait appris à le faire. Derrière le voile qu'elle n'avait pas levé, il devinait son regard clair.

– Les maîtres-feu sont venus, dit-elle.

Elle le constatait, sans en tirer gloire.

– Je suppose que je te dois des remerciements, commença Gald.

Elle resta muette.

– Pourquoi ne pas m'avoir prévenu ?

– L'air et le feu sont des éléments mouvants, que le vent agite et attise, mais qu'il ne contrôle pas.

– Ne suis-je pas le chef de cette armée ?

– Aussi as-tu besoin d'avoir l'esprit serein. En cas d'échec de mes fils, pourquoi ajouter à tes doutes ? Et puisque le succès est au bout de leur chemin, contente-toi de t'en réjouir.

La voix était encore celle de Sdrina. Mais les paroles qu'elle prononçait paraissaient si éloignées du babil qu'il avait connu quand ils voyageaient côte à côte dans la roulotte d'Askel, qu'il en éprouva un serrement de cœur.

– À présent, va ta propre route. Tu seras plus fort, dit-elle.

Il glissa un œil vers le brasero. Les cendres avaient noirci : pas de fumée divinatoire aujourd'hui.

– Je te remercie pour ce que tu as permis, lâcha-t-il avant de se retirer.

Il manquait de sincérité : s'il se réjouissait de l'aide que lui apportaient les maîtres-feu, il lui déplaisait de la devoir à une intervention secrète de la Mère.

Cependant, la présence des navires apportait un élément nouveau. Hanternoz, la cité du nord-ouest où le roi Maez s'était réfugié, n'était guère éloignée de la côte. Plutôt que de traverser le territoire tenu par Agman, au risque d'être reconnu et intercepté, il pourrait l'atteindre par la mer. Même si cette perspective répugnait au Trévadite qu'il était, elle lui apparaissait la meilleure solution possible.

– Introduis-moi auprès d'Uhlvor, ordonna-t-il à Anev.

Ce n'est pas sans appréhension que Gald embarqua sur le radeau qui devait mener hommes et chevaux aux navires embossés face à la plage. Pour l'accompagner, il avait désigné Sparfell et Pelk, dont les yeux et les oreilles lui seraient utiles, ainsi que les filles de Glaouel. Il n'avait pas besoin d'une forte escorte : si sa réputation était parvenue jusqu'aux maîtres-feu du Glenn-Ar-Dan, sans nul doute l'aurait-elle précédé à la cour du souverain trévadite.

Bien que très brève, la traversée parut éprouvante à Gald. Anev, saisissant un cordage, sauta prestement à bord. Gald l'imita en dissimulant de son mieux l'anxiété qui le tenaillait. Les navigateurs se nommaient eux-mêmes Oogantr, ce qui dans leur langue signifiait « ceux qui sont nés de la mer ». De petite taille, ils paraissaient frêles, n'étaient les muscles noueux de leurs bras et de leurs jambes, dénudés malgré la morsure du vent. Depuis des générations, les embruns avaient recuit leur peau, dont la tonalité variait du cuivre à l'ébène. Ne prêtant pas une attention particulière aux hommes qui les rejoignaient, ils s'employèrent à hisser les chevaux à bord.

L'opération achevée, la voile fut aussitôt hissée.

La flotte entière manœuvra avec un accord parfait, sans que Gald comprît comment les navigateurs se coordonnaient. Il soupçonna cependant que les volatiles jouaient un rôle. Les sternes, en effet, passaient d'un bord à l'autre en criaillant, et les marins paraissaient porter une attention particulière à leurs mouvements. Anev n'avait-il pas prétendu que les hommes des Archipels parlaient aux oiseaux ?

Les navires gagnèrent le large, pour ne pas être repérés par d'éventuels guetteurs à la solde d'Agman. Ils survolaient les vagues. Leur étrave flattait l'eau, sans la heurter. Le continent n'apparaissait plus que comme une ligne bleue, à l'horizon. Inquiet, Gald ne pouvait en détacher son regard. Il lui semblait que s'il la perdait de vue, la terre disparaîtrait à jamais.

Réfugié à la proue, le seul endroit pourvu d'un pont, s'abritant tant bien que mal de la morsure du vent, Gald poursuivait avec Anev une conversation débutée sur la plage. Uhlvor ne s'en mêlait pas : il était question de stratégie, de batailles... Autant de questions qui concernaient les hommes de la terre ferme, pas les coureurs d'écume.

Après trois jours de navigation, le navire amiral se détacha du reste de la flotte pour aborder – enfin ! Uhlvor choisit pour cela une plage étroite face à une brèche ouverte entre deux falaises escarpées. Les chevaux hésitaient à sauter dans l'eau mouvante. Tangwall montra l'exemple. Bientôt les galets sonnèrent, métalliques, sous leurs sabots. Peu après, les voyageurs traversèrent un village de pêcheurs, dont les habitants les considérèrent avec une curiosité inquiète. Il est vrai qu'ils n'avaient pas l'habitude de voir des cavaliers en armes, survolés par une bande de sternes qui, dès qu'un chien s'approchait, plongeaient bec ouvert pour le pincer. Les filles de Glaouel s'amusaient de ce jeu.

Ils arrivèrent en vue des tours d'Hanternoz un peu avant le crépuscule. Bien qu'en territoire réputé ami, et malgré une bise inhospitalière, ils préférèrent passer la nuit à l'extérieur des remparts : depuis sa mésaventure à Kerbeliou, Gald se méfiait des villes.

Tôt le matin, ils pénétrèrent dans la capitale du nord. Bien que connue comme l'une des Cinq Villes Hautes du royaume et abritant la résidence d'été des souverains du Trévad, Hanternoz n'était qu'un gros bourg, à peine plus étendu que Kerbeliou. Il paraissait tranquille, ou plutôt endormi. Le palais ne se distinguait des habitations construites autour de la grand'place que par les innombrables dragons sculptés sur sa façade. Par déférence, Gald mit pied à terre et confia Tangwall à la garde de Telyn avant de pénétrer dans la première cour. Un péristyle richement décoré l'entourait. Le bas-relief animant la margelle de la citerne alimentée par le ruissellement des toits représentait un épisode de l'Airma-Kad. Hormis cette scène guerrière, la décoration évoquait plutôt la douceur de vivre et la fertilité du Trévad. Devant ces fresques où s'étalaient les champs de blé et les vergers aux fruits vermeils, Gald éprouva un pincement au cœur : la vallée de Drusaonn n'était-elle pas le fleuron de cette terre généreuse ? Il préférait ne pas penser à ce qu'elle était devenue aujourd'hui.

Un chambellan hautain vint s'enquérir de ce visiteur si matinal. Gald demanda audience, se présentant comme celui qui tenait tête à Agman. Le serviteur se raidit, tandis que ses traits se décomposaient. Dans ses yeux, nulle admiration : seulement de la peur. En bégayant, il l'invita à le suivre. Par une porte étroite, il s'engagea dans un labyrinthe de couloirs sur lequel débouchaient de minuscules cellules. La plupart étaient vides, seulement encombrées de registres. Quelquefois, un scribe, penché sur une mystérieuse besogne, relevait furtivement la tête en les entendant passer. Mais, le plus souvent, les copistes ne leur prêtaient pas la moindre attention.

Rencontrer le souverain était un droit acquis à n'importe lequel de ses sujets. Pour autant, cela n'allait pas sans quelques formalités. Par trois fois, Gald fut sommé d'écrire sur un parchemin la raison de sa demande d'audience. Il se plia volontiers à cette exigence : il ne lui déplaisait pas de montrer aux scribes du palais que lui aussi, bien que simple paysan des Hautes Terres, savait écrire. Cependant, ils ne jetaient pas même un coup d'œil sur la page qu'il leur tendait : ce que Gald venait chercher auprès du roi ne regardait que ce dernier. Un placet lui serait remis ; les autres rejoindraient le secret des archives.

L'audience ne commençait pas avant la cinquième heure qui suivait l'apparition du soleil. On introduisit Gald dans une longue salle, dont les fenêtres ouvraient sur un jardin peuplé de plantes aromatiques. L'été, l'enclos, ombragé, devait être enchanteur. Quelques paysans l'avaient précédé dans cette antichambre. Aux regards qu'ils lui jetaient de biais, Gald comprit qu'ils savaient à qui ils avaient affaire.

En fin de matinée, un chambellan vint le chercher. Il suffisait de franchir une porte pour pénétrer dans la salle d'audience. Le souverain siégeait dans l'embrasure d'une fenêtre. À sa droite se dressait un individu maigre, vêtu d'une houppelande de soie noire sur laquelle un dragon brodé en fils d'or déroulait ses anneaux. Une barbe effilée prolongeait un visage pâle, émacié. Les yeux mi-clos, les mains enfoncées dans ses manches, il paraissait somnoler debout. À la gauche du roi, un scribe s'apprêtait à en noter les décisions.

Quant au roi Maez, il ne correspondait en rien à l'image que Gald s'était forgée de lui. Poupin, bedonnant, les traits affaissés, il n'avait ni la prestance, ni l'autorité naturelle qu'on s'attendait à trouver chez le dernier représentant d'une lignée supposée remonter au dragon Cénog en personne. Son embonpoint accréditait sa réputation d'amateur de bonne chère. On le prétendait aussi pleutre et avare, mais d'aucuns préféraient dire prudent et économe.

À l'entrée de Gald, il esquissa un geste pour se lever. Le prêtre-dragon, découvrant soudain une prunelle de jais, posa la main sur son épaule pour l'en empêcher, et c'est lui qui prit la parole.

– Sois le bienvenu. Sa Majesté Maez est impatiente de faire ta connaissance.

– Tout à fait, confirma le roi. Nous sommes impatient.

Il coula un regard vers le prêtre-dragon, pour vérifier l'opportunité de cette initiative.

À l'évidence, l'homme mince était le réel détenteur de l'autorité, quand bien même il affectait de s'adresser au souverain avec le plus grand respect.

– Tu as demandé audience. Eh bien, parle. Que veux-tu ?

– Le commandement en chef des armées royales pour chasser les guerriers noirs.

Un brouhaha parcourut les rangs des quelques courtisans répartis de part et d'autre de la salle.

– Nous... nous avons conclu un accord avec Agman, rappela le roi.

– J'ai eu vent de ce traité, qui lui abandonne les deux tiers du royaume et l'autorise à réduire ses habitants en esclavage, sans aucune contrepartie, sinon la promesse de vous laisser votre trône et l'autorisation de régner sur les miettes qu'il n'a pas encore asservies.

– Il nous a prêté serment d'allégeance...

– Sans aucune intention de le respecter. Il veut juste gagner du temps, consolider sa conquête, avant de la pousser plus loin. Déjà, il est plus puissant que vous.

Le roi se leva. Ses joues rubicondes avaient, sous l'effet de l'émotion, perdu toute couleur.

– Toi et tes rebelles lui offrez un bon prétexte pour cela ! Il ne cesse de se plaindre de vos attaques, contraires aux accords passés. Pour le convaincre de ma loyauté, je dois lui accorder plus que je ne voudrais. À quoi sert de lui infliger ces piqûres d'épingle, sinon à l'irriter et à le faire douter de ma bonne volonté ?

– Quelle erreur, en effet, ne put s'empêcher de persifler Gald : si certains de vos sujets résistent à sa tyrannie, vous n'y êtes vraiment pour rien !

– Ton impudence n'a d'égale que ta stupidité ! Hors de ma vue, et tiens-le-toi pour dit : si tu continues à harceler nos alliés, j'enverrai mon armée contre toi !

– Sire, intervint le prêtre-dragon, ce jeune homme a entrepris un long et périlleux voyage pour avoir l'honneur d'une audience royale. Il serait contraire aux lois de l'hospitalité de le renvoyer si vite.

– Il m'a insulté.

– Il n'en avait pas l'intention, j'en suis sûr. Pardonnez la fougue de la jeunesse ! N'est-ce pas le propre d'un souverain glorieux de savoir se montrer magnanime ?

Le roi se rengorgea. « Dire, songeait Gald, que j'ai cru un jour qu'il vengerait mon village. » Outre de la déception, il éprouvait de la honte. Sparfell et Pelk demeuraient impassibles. Avaient-ils prévu l'échec de cette ambassade ?

Le prêtre-dragon frappa dans ses mains. Aussitôt, un garde accourut.

– Que l'on conduise ces voyageurs dans les appartements de passage, afin qu'ils s'y reposent cette nuit.

Le soldat s'inclina, devant le prêtre-dragon d'abord, puis devant ses hôtes. Gald salua le roi, avant de suivre le garde.

Le logis des visiteurs jouxtait le palais, avec lequel il communiquait. Assez vaste pour accueillir une centaine de personnes, le bâtiment, organisé autour d'une cour carrée, paraissait bien vide. Seul un colporteur occupait l'une des chambres. Il leur jeta un coup d'œil, pour vérifier s'il pouvait leur proposer sa marchandise. Les regards qu'il croisa le dissuadèrent. Gald avait quelque raison de se méfier : d'une part, la trahison d'un colporteur avait provoqué la perte de la famille d'Askel, d'autre part la guilde des marchands, après s'être montrée hostile à Agman, s'accommodait à présent fort bien de son autorité.

Le garde s'effaça pour les laisser pénétrer dans le logement qui leur était attribué, avant de refermer doucement la porte sur eux. La pièce, claire, meublée sans luxe mais avec un confort auquel la plupart des demandeurs d'audience n'étaient pas accoutumés, donnait sur la cour. Des grilles de fer forgé ombraient les fenêtres.

– On n'a pas tiré de verrou à l'extérieur, mais deux hommes d'armes ont pris position devant notre porte, prévint Pelk.

Un piège ? En ce cas, pourquoi leur avoir laissé leurs armes ?

Sur le toit du bâtiment d'en face, les sternes se posèrent, au grand déplaisir des pigeons qui s'en virent chassés. La présence des oiseaux apportait un peu de réconfort : ils seraient leurs messagers, en cas de besoin.

Une servante leur apporta de l'eau pour se laver les mains, annonçant qu'un repas leur serait bientôt servi.

Là encore, tout en restant simples, les mets se caractérisaient par une préparation raffinée. Il y avait fort longtemps que Gald et ses compagnons n'avaient pas été traités avec autant d'attentions.

– Et maintenant, dit Sparfell, une fois rassasiée. Que faisons-nous ?

– Nous attendons, décida Gald. Le prêtre-dragon a insisté pour nous garder, il a sûrement ses raisons.

– S'il allait nous livrer à Agman ?

Pelk exprimait le soupçon qui les avait tous effleurés. Cependant Gald n'y croyait pas. Toute la journée, les serviteurs attachés à la maison de passage s'évertuèrent à prévenir leur moindre besoin. Quand le soir vint, ils eurent le sentiment d'avoir passé la journée à boire et à manger.

Soudain, Pelk leva la tête, l'oreille tendue.

– Les gardes en faction devant notre porte s'éloignent, annonça-t-il.

– Préparons-nous à recevoir de la visite, augura Sparfell.

Gald tira Luc'hengwadeg de son fourreau et le posa près de lui. Quelques instants plus tard, confirmant l'intuition de Sparfell, Pelk chuchota :

– Quelqu'un approche.

Peu après, le prêtre-dragon s'encadra dans la porte.

– Pardonnez mon intrusion, dit-il en s'inclinant légèrement. Puis-je entrer ?

Il n'attendit pas la réponse pour avancer, du pas décidé d'un homme qui a perdu l'habitude du refus. D'emblée, son regard se posa sur le sabre dénudé. Il s'assit devant Gald. Sans s'embarrasser de préliminaires, il interrogea :

– N'êtes-vous pas un peu jeune pour prétendre au commandement suprême ?

– J'ai reçu la formation d'un compagnon d'aventure, et, surtout, mes yeux ont plongé dans les profondeurs du Puits des Âmes, expliqua Gald, sur le ton le plus persuasif possible.

Pour autant, le prêtre-dragon ne parut pas impressionné.

– Quand bien même vous seriez le plus grand général que les Cinq Royaumes aient connu, que pouvons-nous espérer ? Notre armée fait bien piètre figure, comparée aux guerriers d'Agman. Quant à son équipement...

– J'ai des armes en abondance.

– Vraiment ? D'où les tenez-vous ?

– Des maîtres-feu du Glenn-Ar-Dan.

– Et vous êtes venu sur un navire des Enfants de l'écume..., ajouta, songeur, le prêtre-dragon.

Ce n'était pas une question. L'homme était renseigné. Il fixait sur Gald un regard fiévreux. Après avoir marqué un long silence, il déclara, impérieux :

– Je sais qui vous êtes, d'où vous venez, et pourquoi vous voulez vous venger.

– D'où le tenez-vous ?

– Du margrave de Kerbeliou.

– Un traître !

– Oui. Mais il trahit autant son nouveau maître que l'ancien.

Il le constatait avec le plus grand flegme. Il se plaçait au-delà du jugement des hommes ordinaires. Pourtant, il soupesait Gald.

– C'est vrai, reconnut celui-ci. Je ne suis qu'un paysan des Hautes Terres, et j'ai davantage manié la serpe que le sabre. Mais j'ai avec moi les meilleurs des guerriers. Et je connais le point faible d'Agman. Si nous nous coalisons tous contre lui, nous le renverrons d'où il vient.

– Ah oui ? Et d'où vient-il ?

La question déconcerta d'autant plus le jeune homme qu'il eut l'intuition que le prêtre-dragon en savait autant que lui à ce sujet, sinon plus.

– Peu importe. L'essentiel est de le vaincre. Je pensais trouver une aide en ce palais. Puisque mon roi m'a chassé, j'irai trouver Morwreg, ou Rutiern...

Le prêtre-dragon l'interrompit d'un geste de la main.

– Maez est le descendant de Cénog (que sa mansuétude nous apporte une éternelle prospérité !). Pour cela, sa personne sacrée mérite mon respect. Mais comme roi, force est de constater qu'il est... insuffisant ! Et je ne parle pas seulement de ses talents militaires !

– Dois-je comprendre que vous me soutiendrez ?

Le prêtre-dragon inclina le buste.

– Je sais que vos partisans ont infligé quelques revers aux guerriers noirs. Certes, il s'agissait de petits détachements isolés. Néanmoins je veux y voir un espoir. Car vous avez raison ; au printemps prochain, Agman s'emparera du reste du Trévad. Après quoi, il attaquera le Morklav, ou le Glenn-Ar-Dan. Plus tard nous lui résisterons, et moins nous aurons de chances de le vaincre. Tandis que si nous regroupons nos forces quand il en est encore temps...

– Le roi...

– Le roi fera ce que Cénog (bénie soit son inépuisable générosité !) lui dira de faire. Or, c'est par ma voix que le dragon lui parle !

Le ton du prêtre-dragon était impérieux. Mais ce fut surtout l'intensité de son regard qui fit frémir Gald : le temps d'un éclair, il s'était cru de nouveau sous l'œil du dragon. L'instant d'après, le visage de son interlocuteur s'était apaisé. À la grande surprise du jeune homme, le dignitaire s'agenouilla devant lui.

– Je me nomme Mabgir et, de cet instant, je me mets à votre service. Ordonnez et j'obéirai.

Une si entière soumission n'était due qu'au souverain. Gald en fut à la fois surpris et gêné. Les succès de ses embuscades ne lui méritaient pas tant d'égards ; d'autant que le prêtre-dragon ne pouvait ignorer le revers de ses troupes à Cronnemain. Mais celui-ci poursuivit :

– Je sais que vous vaincrez, parce que le souffle du dragon a passé sur votre tête.

35

LA GLOIRE DE FÉRAD

L'armée de Maez se mit en marche à grand renfort de sonnailles et de trompettes. Les officiers montaient des chevaux empanachés, davantage dressés aux parades qu'à la mêlée d'un champ de bataille. Les armes des hommes ne valaient guère mieux. La première urgence était donc de les équiper avec celles fournies par les forgerons danéens. Les rangs étaient moins denses que Gald ne l'avait espéré. Il comptait augmenter leurs effectifs en rameutant dans les villages tous ceux qui redoutaient de connaître le sort réservé aux populations tombées sous la férule d'Agman. Maintenant que Maez soutenait ouvertement les insurgés, aucun scrupule ne pouvait plus empêcher ses sujets de se placer sous leur bannière.

Maez, pour sauver la face, n'avait pas consenti à confier le commandement de ses troupes à Gald, lui préférant le sénéchal Férad. Ce semi-vieillard somnolent, qui écrasait sa monture sous son poids, ne serait cependant pas une gêne : au côté de Gald chevauchait Mabgir, en grande tenue ; jamais le sénéchal n'oserait contrevenir aux instructions du prêtre-dragon.

Au troisième jour de marche, l'avant-garde vit approcher un cavalier. Il n'avait pas ménagé sa monture : l'écume blanchissait sa robe. Aussi bien apportait-il une nouvelle d'importance : Agman, avisé qu'une colonne marchait en direction du Rotkozn, en avait quasiment levé le siège. Seule, désormais, une poignée d'hommes contrôlait l'isthme séparant le Teirmor du continent.

La nouvelle se répandit bientôt dans toute l'armée. Le sénéchal se rengorgeait, persuadé que la seule approche de « son » armée avait effarouché les guerriers noirs. Gald doucha cette arrogance :

– Cela veut simplement dire qu'il a préféré décrocher avant d'être pris en tenaille. Il avance sur nous, et s'il nous rejoint…

Il ferma le poing, mimant un total écrasement. Férad se rembrunit.

– Notre seule chance d'éviter le désastre consiste à rejoindre le Rotkozn, précisa Gald. Là nous attendent les armes qui nous donneront la victoire.

De la fonte de sa selle, il sortit une des précieuses cartes de Troabed et, désignant un endroit de la côte, il ordonna :

– Soyez réaliste, sénéchal. S'il y a bataille, vos troupes seront décimées, comme elles le furent à Iliaweg. Notre seule chance d'atteindre le Rotkozn est de passer par la mer, puisqu'Agman ne la contrôle pas encore. Dirigez l'armée vers les plages d'Etoul, à marche forcée. Qu'elle abandonne les bagages. Elle doit avoir embarqué sur les vaisseaux d'Uhlvor avant qu'Agman ne l'ait rejointe.

Férad se cabra.

– Je m'y refuse ! Nous dérober, ce serait lui livrer Hanternoz. Ce ne sont pas les quelques gardes du roi qui lui résisteront.

– J'en ai conscience, répliqua Gald.

Il n'ajouta pas qu'il comptait sur la rapacité d'Agman pour que celui-ci choisisse de s'emparer de la capitale du nord plutôt que de les talonner. Ni ne précisa qu'en entraînant l'armée trévadite vers l'est, il n'avait à aucun moment envisagé qu'elle s'interposerait entre Agman et la nouvelle capitale de Maez.

– Dans ces conditions, enchaîna le sénéchal, je préfère revenir sur mes pas. J'ai prêté serment au roi…

– Vous ferez ce que l'envoyé de Cénog (que sa bénédiction féconde nos champs et nos prés !) vous demande, le coupa le prêtre-dragon.

Le sénéchal ouvrit la bouche, comme si l'air lui manquait. Mais aucun mot ne franchit ses lèvres. Gald retint un sourire. C'était tout de même bien pratique, cette faculté qu'avait Mabgir de parler au nom du dragon tutélaire du Trévad !

Au reste, les états d'âme du sénéchal furent sans incidence sur la précipitation avec laquelle les officiers exécutèrent les ordres. Pas plus que sur celle des soldats : ils n'avaient pas oublié le revers qu'Agman leur avait infligé. Aussi n'étaient-ils pas pressés de l'affronter de nouveau.

Quand ils atteignirent la côte, Uhlvor les attendait, fidèle au rendez-vous que Gald lui avait fixé au moyen de messages confiés aux sternes. Embarquer toute cette armée ne fut pas une mince affaire. La moitié des hommes attendaient encore leur tour sur la plage, quand les éclaireurs laissés en arrière annoncèrent l'approche d'Agman. Un mouvement de panique s'empara des troupes restées à terre. C'est alors qu'on vit apparaître le vieux sénéchal sur son cheval emplumé. Il n'avait pas traîné pour revêtir sa tenue de combat. Il exhorta ses soldats, réclamant des volontaires pour retarder les guerriers noirs tandis que les autres finiraient d'embarquer.

Stupéfait, Gald assistait à la métamorphose en chef respecté de cet homme qui, jusqu'à présent, lui avait paru plus apte à banqueter qu'à combattre.

Rapidement, Férad organisa autour de la plage un cordon défensif. Puis, à la tête de deux phalanges, il se précipita au-devant des guerriers noirs.

Bien que ceux-ci fussent peu nombreux – Gald avait eu raison de supposer qu'Agman s'assurerait d'abord de Hanternoz, parachevant ainsi sa conquête du Trévad –, il apparaissait évident qu'aucun des soldats du détachement ne reviendrait. Il en conçut une grande estime pour le sénéchal. Celui-ci n'avait trouvé que ce moyen pour rester fidèle au serment qu'il avait prêté à son roi sans contredire Cénog. Mais aussi, il porta sur ses hommes un regard neuf : Férad n'avait eu aucun mal à trouver parmi eux des volontaires pour le sacrifice. Jamais Gald, considérant l'agitation qui les avait saisis à l'annonce de l'approche des guerriers noirs, ne les aurait imaginés capables d'une telle abnégation.

Quand l'ennemi se montra, tous n'avaient pu embarquer. Depuis les navires, les archers décochèrent leurs traits pour maintenir les cavaliers noirs à distance, sans grand succès. Le cordon défensif, ultime barrière, ne résista guère. Quand les navires s'éloignèrent, les guerriers noirs achevaient de sabrer sur la plage ceux qui n'avaient pu fuir, et qui se défendaient avec l'énergie du désespoir.

Deux jours plus tard, l'armée débarqua au Rotkozn, accueillie avec enthousiasme. Pourtant, les tensions ne tardèrent pas à se manifester. Les soldats méprisaient les paysans ralliés, maladroits dans le maniement des armes, et plus encore les Fils du Vent, qu'ils traitaient de francs-tireurs incapables de se plier à la moindre discipline. Ceux-ci le leur rendaient bien, moquant leur grossièreté. Bratweg, de son côté, déplorait le relâchement des uns et des autres, doutant de leur conduite au combat.

Tous, cependant, reconnaissaient l'autorité de Gald, tous attendaient de lui qu'il les menât à la victoire.

Du nord parvenaient des nouvelles alarmantes. Hanternoz était tombée sans résistance. Les séides d'Agman ratissaient la province du Nord-Ouest, qui connaissait à son tour la terreur réservée aux territoires asservis, avec son lot de massacres arbitraires et de déportations. Maez n'avait dû son salut qu'à la fuite. Un navire des Enfants de l'écume l'avait mené non chez la reine Morwreg, comme il l'avait demandé, mais au Rotkozn, selon les ordres donnés par Gald.

Celui-ci reçut son souverain avec toute la révérence due à sa fonction. Aux Fils du Vent, dont il connaissait l'esprit moqueur, il intima l'ordre d'afficher le même respect. Mais dans le discours qu'il prononça pour accueillir le roi, il se présenta lui-même, de manière d'ailleurs fort présomptueuse, comme le dernier rempart contre Agman.

Maez ne put faire autrement que de le remercier. En privé, cependant, il ne décolérait pas, convaincu de devoir sa chute à celui qui, aujourd'hui, se proclamait son protecteur.

– Calmez-vous, sire, recommandait le prêtre-dragon. Et ne vous trompez pas d'ennemi.

– Me crois-tu un imbécile ?

Le prêtre-dragon baissa les yeux, se gardant de répondre.

– Je sais bien qu'Agman s'était taillé un fief au cœur du Trévad, poursuivit Maez. Mais, à présent, il ne me reste plus rien ! Et qui m'obéit ? Quand les autres souverains apprendront que je suis retenu par l'armée de ce paysan, des croquants et des traîne-sentiers montreurs de poupées, ils auront beau jeu de se moquer de moi !

Gald, quant à lui, déplorait que Maez ait perdu presque la moitié de ses effectifs en une seule bataille. Les armes des maîtres-feu ne suffiraient pas à renverser l'équilibre. Seul le nombre assurerait la victoire. Aussi envoya-t-il des émissaires aux trois autres souverains, pour leur réclamer des renforts.

La première, Morwreg répondit. Elle opposait une fin de non-recevoir, alléguant qu'elle avait besoin de toute son armée pour garder les terres marécageuses de la frontière séparant le Morklav de ce qui était désormais le territoire d'Agman.

Quelques jours plus tard, Anev apporta une bien meilleure nouvelle : Rutiern, roi de Glenn-Ar-Dan, promettait son alliance. Aamzer demeura silencieux. Il est vrai que son royaume, le plus éloigné, n'avait aucune frontière commune avec le Trévad.

– N'attendons pas ! s'impatientait Bratweg. Ne laissons pas de répit à Agman. Il est occupé à consolider sa présence au nord. Fonçons vers l'ouest, de manière à couper son territoire en deux.

– Ou être pris en tenaille par ses cavaliers ? insinua Bo.

Mais Gald de trancher :

– Bratweg a raison sur un point : nous devons prendre l'initiative et amener Agman où nous le souhaitons, plutôt que subir sa loi. Sans doute est-il trop tôt pour reprendre Kerbenn-Névezenn. Mais obligeons-le à sortir de sa tanière. Puisque Rutiern nous promet des renforts, marchons à sa rencontre, de façon à empêcher Agman de verrouiller l'accès aux cols qui permettront à ses troupes de nous rejoindre.

Il y avait une autre raison à ce choix, qu'il n'avoua pas : Kaer-Kailh, où croupissaient les siens, se situait au sud, tout comme les Mezmedalen, les montagnes qui formaient la frontière avec le Glenn-Ar-Dan.

– C'est la sagesse même, déclara, pompeux, Mabgir. Tout est préférable à l'immobilité. Car rien n'est immuable dans l'univers. Je vais consulter Cénog (que son onction soit l'eau fraîche de nos sources !), pour savoir quel jour est le plus favorable à l'ébranlement de notre armée.

Bo lui jeta un regard noir. Il se tourna vers Gald, espérant une réaction. Mais celui-ci ne paraissait aucunement contrarié par les simagrées du prêtre-dragon.

–S'il entrait dans les intentions de Cénog de nous aider, persifla Bo, pourquoi n'a-t-il pas empêché Agman de prospérer ?

Mabgir serra les lèvres.

–Quand, sur ton chemin, tu vois deux fourmis se battre, te vient-il à l'idée de te mêler de leur dispute ?

–Est-ce que le combat de deux insectes représente une menace pour l'Harmonie ? riposta Bo.

Les deux savants se défièrent, chacun cherchant la réplique qui jetterait sur l'autre le discrédit du ridicule. Entre eux, au premier regard, la tension s'était installée, palpable. Gald jouait parfois de leur rivalité. Cependant, en la circonstance, cet antagonisme l'agaçait.

–Je propose que vous remettiez votre querelle métaphysique à plus tard, coupa-t-il. Pour l'heure, nous avons un plan de campagne à dresser.

–Le bien et le mal sont les deux faces d'une même médaille, enchaîna Mabgir, sans tenir compte de l'interruption. Sans l'Harmonie, les mondes disparaîtraient. Mais il faut que, de temps en temps, elle soit compromise afin qu'ils se régénèrent.

–Je connais cette théorie, rebondit Bo. Elle suppose que les mondes dégénèrent. Or...

– J'ai dit : suffit ! éructa Gald.

Les deux sages sursautèrent, soudain ramenés à une réalité que leur débat leur avait fait oublier. Le prêtre-dragon, se tournant vers Gald, s'inclina. Bo, lui, se dirigea vers la porte.

– Bo ! Je ne t'ai pas dit de partir ! le rappela Gald.

Il lut sur les traits du compagnon d'aventure une telle stupéfaction qu'il faillit éclater de rire. Plus diplomatiquement, il précisa :

– J'ai besoin de ton conseil.

– N'as-tu pas déjà pris ta décision ?

– Il reste bien des détails à examiner.

En grommelant, Bo revint s'asseoir à la table. Mais il s'enfonça dans un silence bougon.

36
LES MINES DE KAER-KAILH

Une partie de l'armée restait au Rotkozn, tant pour assurer la sécurité de Maez que pour constituer une réserve en cas de besoin. Le reste des effectifs fut divisé en deux colonnes. La première s'embarqua sur les vaisseaux d'Uhlvor pour le sud. L'autre s'ébranla dans la même direction, en longeant le Taedr, par la rive gauche cette fois. Les bourgeons des arbres annonçaient l'arrivée du printemps. La neige des cols était-elle fondue ? L'humeur était joyeuse. Après une saison à s'entraîner tout le jour durant au maniement des armes, les soldats éprouvaient autant d'impatience que Gald de reprendre l'initiative. Sur ses flancs, les partisans redoublaient d'activité. Acculés à la défensive, les guerriers noirs s'enfermaient dans leurs places fortes. Les rares accrochages qui opposèrent les soldats de Gald à des patrouilles ennemies démontrèrent l'efficacité des armes danéennes.

Quand l'armée campa à quelques lieues des mines de Kaer-Kailh, Gald se glissa discrètement dans la tente de Bratweg. Celui-ci venait juste de se coucher. Aussi commença-t-il par manifester sa mauvaise humeur. Depuis son retour du Cinquième Royaume, Gald en prenait bien à son aise avec ses pairs ! Avoir pris le commandement d'une armée lui tournait-il la tête, au point de lui faire oublier les convenances ? Il se calma quand Gald lui exposa son projet :

– Choisis une cinquantaine d'hommes. Nous partirons dès que possible. Je ne tiens pas à ébruiter l'annonce de mon départ.

Bratweg acquiesça. Si Bo et Hirted étaient mis dans la confidence, ils ne manqueraient pas de soulever des objections. Le détachement qui quitta le bivouac un peu avant l'aube ne comptait que trois compagnons d'aventure : Bratweg le guerrier, Herrek l'escrimeur et Irelde la guérisseuse.

Tandis que Gald galopait, les visages de ses parents, de son frère et de ses sœurs le hantaient. Enfin venait le temps de tenir la promesse de les libérer qu'il s'était faite dans le bois de bouleaux. Tant de jours avaient passé depuis. Pourvu qu'il ne soit pas trop tard.

La garnison de Kaer-Kailh pouvait paraître nombreuse. En réalité, elle comptait peu de guerriers noirs. La plus grosse partie des effectifs se composait de gardes-chiourme, préposés à l'encadrement des forçats condamnés à extraire le minerai du flanc de la montagne de fer. Les suppôts d'Agman les avaient recrutés dans les villages voisins. Mais, bien que leurs gardiens fussent trévadites, les prisonniers n'attendaient d'eux aucune pitié, au contraire. Car la peur les animait. S'ils ne se montraient pas assez sévères, si leur équipe ne produisait pas le rendement attendu, ils se retrouvaient immédiatement destitués et enchaînés parmi ceux sur lesquels, l'instant d'avant, ils exerçaient leur rigueur. Autant dire qu'ils se voyaient condamnés à une mort dont la cruauté se nourrirait des haines refoulées depuis des mois.

Le jour n'était pas encore levé quand les insurgés fondirent sur la garnison de Kaer-Kailh. Prompts à réagir, les guerriers noirs commencèrent par repousser l'assaut. Alors, d'étranges lueurs hantèrent la nuit. Elles émanaient des caractères incrustés dans les lames fournies par les maîtres-feu. Et les hommes qui les maniaient, pourtant peu aguerris, se transformèrent en redoutables bretteurs, capables de tenir les guerriers noirs en respect. Herrek se démenait comme un fauve et Bratweg jetait au sol tous ceux qui avaient le malheur de l'approcher.

Les gardes accoururent à la rescousse de leurs maîtres. Bientôt, une clameur s'éleva derrière eux. Des Fils du Vent, à la faveur de la mêlée, s'étaient glissés jusqu'aux grottes, anciennes galeries de mine devenues cachots, où les prisonniers étaient entassés pour la nuit. Les gardes n'eurent pas le temps de réagir, bientôt égorgés ou la poitrine percée par une lame de jet. Les bagnards se répandirent. Comme armes, ils brandissaient leurs pioches, leurs barres à mine. Ils avaient à peine la force de les soulever, mais ils étaient dix, vingt, trente à s'acharner sur un seul ennemi.

Quand le soleil pointa à l'horizon, la place avait été nettoyée. De nombreux bagnards avaient payé de leur vie l'étincelle de liberté jaillie dans la nuit. Au moins étaient-ils morts sans fers aux poignets. Les survivants contemplaient, hébétés, les corps démembrés de leurs tortionnaires de la veille. C'était donc si simple, la révolte ?

Gald dévisageait en tremblant de rage et de pitié ces êtres amaigris, pelés, aux yeux démesurément agrandis par la fièvre et la faim. Or, du pied de la montagne, il en venait d'autres, tout juste libérés, parce que leurs cages, situées au fond de la mine, avaient d'abord échappé aux recherches des libérateurs. Ils hésitaient, éblouis par l'aurore : cela faisait si longtemps qu'ils n'avaient pas vu le jour ! Sautant sur son cheval, Gald se précipita à leur rencontre.

Ils défilaient, les yeux éteints, décharnés, livides, titubants. Certains, pour tenir debout, s'appuyaient sur un compagnon, sans qu'on puisse distinguer lequel soutenait l'autre. Ils ne souriaient pas à leurs libérateurs. Des ulcères striaient leurs jambes aux muscles fondus.

Un de ces spectres se tourna vers Gald et le contempla de ses yeux fiévreux.

– Kened ? C'est toi ?

Le spectre grimaça à l'énoncé de son nom, avant de s'écrouler. Gald sauta de cheval, souleva dans ses bras le corps devenu si léger de sa sœur.

– À boire, vite !

Un Fils du Vent lui tendit sa gourde. Il versa un filet d'eau sur les lèvres craquelées de la jeune fille. Elle ouvrit les yeux. Une expression fugitive anima ses traits, qui pouvait passer pour un sourire.

Tandis que, anxieux, il dévisageait sa sœur, d'autres spectres l'entourèrent.

– Maman ? Bloenvel ?

Un mouvement détourna un instant son attention. Le bruit courait parmi les forçats que ceux qui les avaient délivrés distribuaient de la nourriture. Ce fut la ruée. Tant pis pour celui qui tombait et se retrouvait piétiné.

– Attention ! prévint Irelde. Trop manger les rendrait malades.

Heldorn, à son tour, avait rejoint sa famille. Tout comme ceux de Brigat, ses cheveux avaient blanchi. Gald sentit ses larmes couler le long de ses joues. Eux ne pleuraient pas. Leurs yeux n'exprimaient ni joie ni reproche.

Juste de la stupeur. Gwaz accourut, porteur d'une miche de pain qu'il partagea.

– Herrek a découvert l'entrepôt où les guerriers noirs conservaient leurs provisions, expliqua-t-il.

Bloenvel se saisit du pain avec fébrilité.

À présent, tous les Atiléens se rassemblaient autour de Gald.

– As-tu accompli… As-tu trouvé le Puits des Âmes ? demanda Heldorn.

La question sembla à Gald si déplacée, dans la circonstance, qu'il manqua éclater de rire. Mais son père n'aurait certainement pas compris sa réaction. Comment aurait-il imaginé que cela n'avait en rien servi à chasser Agman ?

– J'ai trouvé le Puits des Âmes. J'y ai jeté les cendres de Henwen.

Un murmure de soulagement courut parmi les Atiléens. Enfin, les visages s'éclairèrent. Mais cet espoir qu'il lisait en eux se révélait plus insupportable encore que leur apathie. Il hésitait à en reconnaître plus d'un. Ils avaient tellement changé ! Beaucoup manquaient. À commencer par son aîné. Il osa enfin poser la question qui le torturait.

– Finn ?

Kened secoua la tête.

– Il s'est rebellé quand les soldats ont emmené Emaine, expliqua Brigat.

– Alors ils l'ont battu, précisa Kened. Plusieurs jours de suite. Chaque fois jusqu'à ce qu'il perde connaissance. Puis il a disparu.

Gald dut consentir un effort pour respirer. Une boule de chagrin lui obstruait la gorge. Pendant tous ces mois, il avait craint pour la vie de ses parents, de ses sœurs. Mais, à aucun moment, il n'avait douté que Finn l'astucieux survivrait. Où était-il à présent ? Le pire était encore le ton sur lequel Brigat avait annoncé la nouvelle : ni tristesse ni révolte dans sa voix. Seulement la résignation de ceux qui ont trop souffert pour s'émouvoir encore.

– Pourquoi ont-ils emmené Emaine ?

– On dit qu'Agman apprécie la beauté de nos filles.

Gald serra les mâchoires.

– Dans ce cas, je sais où elle se trouve, grinça-t-il.

Bratweg n'avait pas perdu de temps. Il avait chargé les armes prises sur l'ennemi dans un chariot.

– Partons vite ! Quand Agman apprendra la chose, il voudra récupérer les mines.

– Alors, il faut détruire tout ce qui peut l'être. Demandez aux forçats de vous prêter main-forte.

– Pour nous aider, ils nous aideront, répliqua Bratweg. Mais ces pauvres types tiennent à peine debout. Je me demande comment ils pouvaient encore travailler.

La réponse, ils l'obtinrent d'un prisonnier. En fait, beaucoup mouraient. Les guerriers noirs s'en souciaient peu : quand un mineur tombait de faiblesse, on le remplaçait par un homme valide, raflé quelque part dans la campagne. Bientôt, Gald eut confirmation de ce qu'il avait pressenti en voyant les Atiléens : la moitié des gens qu'il avait connus dans son enfance avait disparu. Les autres n'avaient survécu que grâce à leur solidarité.

– Trouve des chariots, n'importe quoi. On les emmène.

– Tu es fou ? Ils nous retarderaient.

Bratweg avait raison. Ils étaient trop nombreux.

– Dommage, souffla Gald. Avec une telle haine en eux, ils auraient fait de redoutables soldats.

Bratweg ne pouvait que se montrer sensible à un tel argument.

– Je vais voir ce qu'il est possible d'arranger pour récupérer les plus valides. Les autres devront se débrouiller tout seuls. Ils nous rejoindront plus tard, s'ils s'en sortent. Toi, pars en avant. Tu dois regagner l'armée avant qu'Agman lance une expédition punitive dans le coin. N'aie crainte, je prendrai soin de ta famille.

Gald hésita. Comment se résoudre à abandonner ceux qu'il venait tout juste de retrouver ? Pourtant Bratweg parlait le langage de la raison. Aucun membre de sa famille n'aurait supporté une chevauchée.

– Je suivrai ton conseil, dit-il. Auparavant, il me reste quelque chose à faire.

La surprise provoquée par le raid entrait pour beaucoup dans sa réussite. Il serait autrement difficile de libérer Emaine, puisque, pour cela, il fallait pénétrer au cœur de la citadelle d'Agman. Pas question, évidemment, de la prendre d'assaut. Quant à s'y faufiler sans se faire repérer, à moins de traverser les murs…

Précisément, Gald en avait peut-être la faculté, pour peu que sa rencontre avec Orinn le nain ait été autre chose qu'un délire provoqué par la drogue de Klutam. Seul, éclairé par la lueur fantasque d'une torche, il s'enfonça dans une galerie de la mine. Il ne devait pas douter. Il fallait suivre la voie de Roannenn : puiser dans l'espoir la force de tout tenter.

– Orinn ! cria-t-il.

L'écho de sa propre voix l'effraya. Un peu de gravier tomba en chuintant entre les planches qui étayaient le boyau. Puis ce fut le silence. Un silence accablant. Il fit une nouvelle tentative, juste pour le combler.

– Arrête de brailler comme ça ! s'écria une voix éraillée depuis les profondeurs des ténèbres. Tu réveillerais mille volcans éteints.

Le nain regarda autour de lui, émit un sifflement admiratif.

– Je t'avais dit de creuser un trou dans la terre, mais là, j'avoue que tu m'épates !

Il rit de sa propre plaisanterie.

–Bon, c'est pas le tout, enchaîna-t-il. Je peux savoir pourquoi tu m'as dérangé dans la plus fabuleuse, la plus réparatrice des siestes ? Une sieste commencée il y a à peine trois jours.

–J'ai besoin de ton aide.

–Ça, je m'en doute, sinon tu ne te donnerais pas tant de peine. Ça t'arrive quelquefois de l'ouvrir pour dire quelque chose ?

Tout en parlant, il caressait la paroi suintante de la galerie :

–Tu sais ce qu'il y a derrière ? Une poche d'eau. Un véritable lac souterrain. Encore quelques coups de pioche, et tout le bazar était noyé.

–Quand on s'est quitté, tu m'as dit que je pouvais t'appeler en cas de besoin.

–Ouais. Une simple formule de politesse. Je pensais que tu n'aurais pas l'outrecuidance de t'en souvenir. Nous sommes comme ça, nous les Brifbuzughoned : toujours trop naïfs dans nos rapports avec les hommes. Tiens, tu vois, il suffirait de creuser là, et splaouch ! Bon, qu'est-ce que tu mijotes ?

–Je dois pénétrer dans la forteresse d'Agman.

–Rien que ça ! Ça doit grouiller de soldats, là-dedans. Tu en as conscience ?

–Il s'agit de libérer une femme.

– Pourquoi celle-là ? Choisis-en une autre, ce sera plus simple.

– J'ai promis...

– Ah, là, c'est autre chose. Les affaires d'honneur, nous les Brifbuzughoned, on ne plaisante pas avec.

Ils tinrent un long conciliabule. En fait, dès le premier instant, Orinn s'était réjoui de jouer un bon tour aux guerriers noirs. Mais sa réputation exigeait qu'il se fît longuement prier.

Quand Gald remonta à la surface, des mineurs accumulaient du bois à l'entrée des galeries. En y mettant le feu, ils espéraient incendier les étais et ainsi écrouler les accès.

– Je connais un moyen plus efficace, annonça Gald. Il me faut quelques volontaires. Mais je dois vous prévenir : les chances de survie sont minimes.

Une femme s'avança.

– En fait, elles sont inexistantes, précisa Gald.

– Tous les miens sont restés dans cette mine. Moi-même, je sens ma vie partir de jour en jour. Alors, si mon sacrifice sert à détruire cette abomination, je m'en réjouirai.

Gald hésitait. Aurait-elle seulement la force de soulever une pioche ? Un autre volontaire se manifesta. Puis un troisième. Gald sursauta. L'homme semblait un rocher effrité par le gel. Il avait perdu son bras droit. Mais dans ses traits ravagés, mangés par une barbe grouillante de vermine, Gald reconnut Govel.

Le forgeron lut la stupéfaction, le désarroi et le dégoût dans le regard du jeune garçon, avant que celui-ci ne se ressaisisse.

– Govel, je…

– Ne dis rien. Ou plutôt, dis-nous ce que tu attends de nous.

Gald hésitait. Pouvait-il envoyer à la mort le père d'Emaine ? Le forgeron le comprit.

– Regarde-moi. J'ai tout perdu. Ma famille, mon état… Moi-même, je ne sais pas comment j'ai survécu jusqu'à ce jour. J'ai même perdu mon honneur : ils se jouaient de moi, ça les amusait, de me voir piocher avec un seul bras. Je suis sûr que je n'en ai plus pour longtemps. Alors, autant mourir dans la dignité.

– Cette paroi, dit Gald d'une voix blanche. Derrière, il y a une poche d'eau…

– N'en dis pas davantage, et pars le cœur tranquille, le travail sera fait. Tout, plutôt que de permettre à Agman de rouvrir ce bagne. En contrepartie…

– Oui ?

– Tout ce temps, si j'ai tenu, c'était parce que j'espérais sinon retrouver Emaine, au moins me venger de son ravisseur. Mais que pourrait faire un manchot, surtout dans l'état où je me trouve ? Alors, je te confie le soin de la retrouver. Et de tuer Agman.

37

LES GEÔLES DE KERBENN-NÉVEZENN

–Que sommes-nous à tes yeux ? Des valets ?

Hirted écumait. Bo, les lèvres pincées, était l'incarnation même de la réprobation. Son mutisme se voulait aussi éloquent que la colère de Hirted.

–Que me reprochez-vous au juste ? ironisa Gald. De ne pas vous avoir prévenus de mon départ, ou d'avoir confié l'armée à Mabgir pendant mon absence ?

Bo consentit à rompre le silence.

–Nous sommes les compagnons d'aventure. Nous pouvons nous permettre de mener des quêtes individuelles. Mais toi, tu as voulu le commandement d'une armée. Ceux qui te suivent croient en toi. Tu n'as plus le droit de t'exposer. Que se serait-il passé si tu avais été tué ?

Le ton sentencieux du Sage irrita Gald, même s'il admettait que sa remarque n'était pas dénuée de fondement.

– Je vais là où je dois être, trancha-t-il. J'ai libéré ma famille et privé Agman d'une importante ressource. Mieux : j'ai redonné de l'espoir aux esclaves. Ils sauront vite que nous sommes là pour mettre fin à leur captivité.

– Je ne conteste pas l'utilité de ton raid. Mais ne pouvais-tu en confier la conduite à Bratweg ? Toi, tu dois rester avec les hommes qui t'ont accordé leur confiance.

– Pourtant, je vais repartir, affirma Gald.

– Peut-on savoir où, cette fois ?

– À Kerbenn-Névezenn.

Interloqué, Bo se tut. Quant à Hirted, son regard exprimait assez le sentiment que lui inspirait cette lubie.

– Non, protesta Gald. Je ne suis pas devenu fou. Je ne vais pas attaquer la forteresse des guerriers noirs. Juste leur montrer qu'elle n'est pas invulnérable, que je peux m'y introduire quand je le veux.

En quelques mots, il exposa le but de son incursion.

– Comment comptes-tu pénétrer à l'intérieur ?

– Disons que je dispose d'un allié précieux. Le moment venu, il m'y fera entrer. Où sont Pelk et Sparfell ?

Sparfell ne se trouvait pas au camp : avec les éclaireurs, elle précédait l'avant-garde pour déjouer un éventuel traquenard. Pelk vint donc seul sous la tente de Gald.

– Tu vas partir pour Kerbenn-Névezenn. Je t'y rejoindrai. Voici ce que je veux savoir : dans quelle partie de la forteresse Agman enferme-t-il les femmes enlevées par ses sbires ?

– Pas besoin d'aller là-bas. Je le sais déjà : parmi ceux qui nous ont ralliés, certains ont travaillé sur le chantier. J'ai entendu ce qu'ils racontent. Les prisonnières sont retenues dans le sous-sol du vieux palais.

Gald sourit. Pelk se montrait une fois de plus à la hauteur de sa réputation.

– Je vais y pénétrer, dit-il. Tu viendras avec moi.

Pelk glissa un œil vers Hirted. Celui-ci haussa les épaules.

Avant le lever du soleil, Gald galopait vers le nord. Herrek, mis en appétit par l'attaque des mines de Kaer-Kailh, s'était porté volontaire, ainsi que Damsaer, la farouche compagne d'aventure à laquelle tous les animaux se soumettaient. Gald attachait beaucoup d'importance à la rapidité avec laquelle le raid serait mené. Il s'agissait de montrer à Agman qu'il pouvait agir partout où il le voulait, quand il le voulait.

À l'approche de Kerbenn-Névezenn, ils se déguisèrent en marchands. Dans les villages qu'ils traversaient, ils se répandaient en plaintes, affirmant avoir été attaqués et dépouillés par les rebelles. Ainsi justifiaient-ils l'absence de marchandises. On les plaignait. Par simple politesse ? On approuvait leurs invectives contre les insurgés. Duplicité, prudence ou, pire, indifférence ?

Les abords de la ville les surprirent par leur calme apparent. De temps en temps, un groupe de cavaliers passait en trombe, soulevant la poussière du chemin. Les paysans affairés dans les champs ne levaient même pas la tête.

Au sommet de la colline sur le flanc de laquelle s'étendait la ville, de hautes tours crénelées remplaçaient les débonnaires campaniles du vieux palais. Celui-ci n'avait pas entièrement disparu. On en devinait encore la façade, incorporée avec habileté aux nouvelles constructions. La forteresse impressionna fortement Gald. Il s'attendait à une architecture massive. Or, une décoration élégante allégeait la rigueur de ses hautes courtines. Par leur envolée, les tours, en dépit de leur évidente vocation militaire, ajoutaient une réelle grâce à l'ensemble.

Pour la première fois, Gald soupçonna que les guerriers noirs pouvaient être autre chose qu'un ramassis de sauvages. Il ne s'attarda cependant pas à ces considérations.

– Damsaer ! Tu sais ce que j'attends de toi.

La jeune femme hocha la tête et s'éloigna sans ajouter un mot. Comment elle s'y prendrait pour leur procurer les montures nécessaires à leur retour, Gald l'ignorait. Il ne doutait pas en revanche qu'elle s'acquitterait de cette mission.

Orinn lui avait fixé rendez-vous dans le bois de Bengoat, vestige d'une ancienne forêt qui jouxtait

Kerbenn-Névezenn. Ils y parvinrent à la tombée de la nuit.

– Te voilà enfin, s'exclama le nain en guise d'accueil. Pas trop tôt.

– Il faudra que tu m'expliques comment tu te déplaces aussi vite.

Orinn grimaça.

– Nous autres, les Brifbuzughoned, nous savons toujours être là où on a besoin de nous. C'est une question de savoir-vivre.

Gald sourit, bien qu'il ne fût pas persuadé que le nain plaisantât.

– Je vous présente Orinn, dit-il à l'intention de ses compagnons. Sous des dehors rugueux, il cache une grande finesse d'esprit et de réelles qualités de cœur. Il nous donnera accès à la forteresse.

– Je serais curieux de voir comment, grommela Herrek.

– T'as qu'à me suivre, si tu l'oses ! grasseya Orinn.

Il alluma une minuscule lampe à huile avant de se couler entre deux blocs de grès, au cœur desquels se dissimulait le départ d'une galerie. Les parois en étaient maçonnées. Il s'agissait probablement d'un passage secret permettant de sortir de la ville en cas de siège. Par endroits, des éboulis obstruaient à moitié la galerie. Le souterrain était ancien. Très ancien : sans doute datait-il de l'époque troublée qui avait précédé l'Airma-Kad.

Ils marchaient ainsi depuis un bon moment sans pouvoir dire quelle distance ils avaient parcourue à la lueur insuffisante de la lampe, quand ils se heurtèrent à un effondrement plus important que les autres.

– Fini ! constata Pelk. La galerie me paraît entièrement bouchée.

– Par ici ! invita Orinn. Serrez sur moi !

La terre s'ouvrit devant lui, livrant passage à la petite troupe.

– Par les cornes des cinq dragons ! souffla Herrek. Comment a-t-il détecté ce boyau dans le noir ?

– Tu connais à présent le don des Brifbuzughoned, lâcha Gald, sans préciser davantage.

Derrière eux, l'obscurité se refermait, opaque.

– Serrez ! Serrez ! recommanda Orinn.

– Si ça continue, nous allons tomber nez à nez avec Cénog, plaisanta Herrek.

– Cénog ne niche pas dans le coin, et ça vaut mieux pour toi, coassa Orinn. Bon, nous y sommes.

– Tu es sûr ? s'inquiéta Herrek.

– Gald, s'il ne se tait pas, je laisse le rocher se refermer sur lui ! prévint le nain.

Ils débouchèrent dans une cavité qui, comparée au boyau où ils avaient circulé, leur parut spacieuse.

– Nous y sommes, annonça Orinn : les souterrains de l'ancien palais.

Une galerie voûtée prolongeait la grotte. Ils trouvèrent une torche pendue à un anneau de fer scellé dans la paroi. Ils l'allumèrent à la flamme de la lampe. Les concrétions qui soudaient les énormes moellons, posés à joints vifs, étincelaient à la lueur du flambeau. Des portes s'ouvraient sur la galerie. De lourds battants de chêne, renforcés par des bardeaux d'acier. Pour passer sous leur linteau, il fallait se courber, voire se tenir à genoux. Les gonds étaient corrodés : ces battants s'ouvraient rarement, une fois le prisonnier jeté à l'intérieur.

– Il faudrait se grouiller un peu, dit Orinn. Le boyau ne tardera pas à se refermer.

Il crânait, mais depuis qu'il avait pénétré dans le château, on le sentait mal à l'aise. Il régnait un silence sépulcral dans le souterrain. Sauf pour Pelk.

– Par ici, dit-il. Je perçois des voix.

Un escalier creusé à même la roche les mena au niveau supérieur. Il débouchait sur un long corridor, tout juste assez haut de plafond pour leur livrer passage. De chaque côté s'alignaient d'autres cachots.

Quels prisonniers pourrissaient derrière ? Fallait-il tenter de forcer les ferrures ? Ah, si seulement Orinn pouvait franchir la paroi ! Mais le nain l'avait prévenu : il pouvait se frayer un passage n'importe où dans les entrailles de la terre, mais son pouvoir s'arrêtait là où la main de l'homme était intervenue : il lui était interdit de franchir une maçonnerie autant qu'aux humains. Pelk ne lui laissa pas le temps de la réflexion.

– Éteins la torche, chuchota-t-il.

L'obscurité les enveloppa. Puis, leurs yeux s'accoutumant, ils distinguèrent une lueur à l'extrémité du couloir. Elle provenait d'un corridor qui le coupait à angle droit. À présent, tous devinaient le bruit d'une conversation languissante. Mais seul Pelk pouvait se montrer aussi précis à son sujet :

– Des gardes. Ils sont deux. J'entends aussi des voix de femmes, plus étouffées. C'est bien ce que nous cherchons.

Multipliant les précautions, ils s'approchèrent de l'intersection. Arrivé au coin, Gald se risqua à passer la tête pour jeter un rapide coup d'œil. Deux torchères éclairaient la galerie, plus vaste que celle où ils se tenaient. Les gardes ne portaient pas de heaume : leurs cheveux bruns, leur peau halée dénonçaient des Trévadites entrés au service d'Agman. Leur faction ne leur pesait guère. Ils avaient même déposé leur épée, pour se mettre à l'aise. Que craindre, au cœur même de la forteresse ? Quand Gald bondit devant eux, ils eurent à peine le temps de hoqueter de surprise. Luc'hengwadeg siffla, par deux fois. Les gardes s'écroulèrent.

Une barre passée en travers de la porte constituait la seule fermeture. Elle fut prestement tirée. Gald ouvrit tout grand le battant. À la main, il tenait toujours son sabre, pour prévenir toute surprise. Pelk marchait sur ses talons, la torche à la main, tandis que Herrek couvrait leurs arrières.

Une dizaine de femmes, figées dans leurs gestes, le regardaient, effrayées. Toutes, jeunes, belles, paraissaient bien nourries. Rien à voir avec les captifs de Kaer-Kailh. Pourtant, plusieurs portaient des traces de coups au visage. Leurs robes somptueuses paraissaient incongrues dans ce cachot mal éclairé par quelques lampes à huile.

– N'ayez pas peur. Je viens vous délivrer.

Certaines s'avancèrent vers lui. D'autres, au contraire, reculaient à son approche, craintives.

– Emaine ! appela-t-il. C'est moi, Gald, le frère de Finn.

De la pénombre, une forme blanche surgit, un enfant accroché à son sein. La jeune femme dévisagea Gald. Éclata en sanglots. Il l'attira contre lui. Comme elle avait changé ! Il gardait d'elle le souvenir d'une jeune fille espiègle, un peu maigre, jolie, certes – en réalité, elle passait pour la plus jolie fille d'Atil. Elle était une femme aujourd'hui. Et très belle.

– Nous devons partir, à présent, recommanda Pelk.

Gald approuva.

– Venez vite. N'emportez rien.

Rassurées par l'attitude d'Emaine, ses compagnes se précipitèrent.

Bien que Herrek lui indiquât que la voie était libre, Gald jeta instinctivement un coup d'œil à droite, puis à gauche, avant de se précipiter dans la galerie.

– On approche, prévint Pelk.

– Combien ?

– Assez pour que ce soit amusant !

Orinn tordit le nez : il n'avait aucune envie de tomber entre les griffes des guerriers noirs.

– Dépêchons-nous, recommanda Gald. Ils seront d'autant plus impressionnés qu'ils ne nous verront pas.

Avant de quitter la pièce, Pelk enflamma quelques tentures : cela ajouterait à la confusion des gardes.

Les murs humides répercutaient les échos de leur fuite. Ils n'en avaient cure, à présent. Des cris fusèrent dans leur dos, puis le bruit d'une course : découvrant leurs camarades morts, les gardes de la relève avaient compris que l'incendie couvrait une évasion. Mais déjà les fugitifs atteignaient le boyau par où ils s'étaient introduits dans la place.

– Glissez-vous là-dedans ! ordonna Gald aux jeunes femmes. Emaine, donne-moi l'enfant !

La première hésita devant l'orifice ténébreux. Orinn la poussa, un peu brutalement. Elle s'engouffra dans le trou en étouffant un petit cri.

– Vite !

Les uns après les autres, les fugitifs se coulèrent dans le boyau.

– Ils arrivent ! annonça Pelk.

– Trop tard, gloussa Orinn. Le passage s'est refermé sur nous. Tant mieux pour eux. Car si j'en avais attrapé un…

– N'aie pas de regret, plaisanta Gald en entrant dans son jeu, tu trouveras une autre occasion. Pour l'instant, hâte-toi de nous mener aux chevaux. Quand l'alerte sera donnée, ils ne manqueront pas de battre la campagne aux alentours de la ville.

Ce fut un soulagement pour tous de retrouver l'air libre. Damsaer les attendait dans le bois. Elle avait réuni une vingtaine de chevaux. C'était plus qu'il n'en fallait. Gald sauta sur Tangwall.

– Viens, dépêche-toi ! dit-il en tendant le bras pour aider Emaine à monter en croupe.

– Me ramènes-tu auprès des miens ? demanda-t-elle. Ou sont-ils encore dans les mines ?

Gald baissa la tête.

– Je te conduis auprès de Brigat, dit-il. En ce qui concerne Govel, hélas…

Des larmes coulèrent sur les joues d'Emaine, tandis que, maladroitement, il insistait sur le sacrifice consenti par le forgeron.

– Et… ma mère ? demanda-t-elle d'une voix mourante.

Gald tourna les mains vers le ciel, en signe d'impuissance. Il ne savait dire ce qu'elle était devenue.

– Personne ne la remplacera, bien sûr. Mais Brigat te recevra comme sa fille.

– Je ne peux pas revenir parmi vous, souffla Emaine. Je n'abandonnerai pas mon bébé.

Gald regarda l'enfant, une fillette de quelques semaines. Elle posait sur lui un regard grave. Sur son front à la peau transparente, on distinguait le fin réseau des veines.

– Elle est d'Agman, n'est-ce pas ?

Emaine hocha la tête. Ses larmes redoublèrent.

– Comment s'appelle-t-elle ?

– Je ne lui ai pas encore donné de nom.

Donc, elle était âgée de moins de huit semaines, puisque la coutume du Trévad voulait que ce fût à cet âge qu'on nommait les enfants, quand la Cohésion avait eu le temps de rejoindre les quatre autres âmes dans ce corps tout neuf. Gald pouvait-il l'utiliser contre Agman ? Peu probable : le guerrier était-il homme à s'attendrir sur le sort d'un bébé, fût-ce le sien ? Fallait-il la tuer ? Sûrement : quelles que soient la nature et l'origine des guerriers noirs, l'irruption d'une de leurs bâtardes dans ce monde ne pouvait qu'être néfaste. Mais combien d'enfants étaient déjà nés ?

–Laisse-moi partir, supplia Emaine. Je me cacherai loin. Personne n'entendra parler de moi.

Gald l'observait, troublé. Ce n'était pas tant le ton suppliant de la voix qui l'émouvait que sa beauté. Déjà, quand elle était la promise de Finn... Il chassa aussitôt cette idée de sa tête.

–Il en sera fait selon ce que tu souhaites. Mais je t'emmène.

Elle pleura de plus belle. De soulagement, cette fois. Curieusement, elle n'avait demandé aucune nouvelle de Finn. Elle ne se berçait d'aucune illusion sur son sort.

–Quand le moment sera venu... Emaine, tu ne dois pas avoir honte. Tu n'es coupable de rien.

–Il faut y aller, maintenant, s'impatienta Orinn. Vous autres, les humains, ce que vous pouvez perdre de temps en bavardages !

Ils galopèrent toute la nuit. Ils passèrent le jour suivant tapis dans un hallier profond, qu'ils ne quittèrent qu'au soir. Le lendemain, une chaumière abandonnée les abrita. Le troisième jour, des partisans les prirent en charge, tout juste à temps pour leur éviter d'être interceptés par une patrouille. Ils leur confièrent les jeunes femmes, moulues par la chevauchée, à l'exception d'Emaine, que Gald ne se résolut pas à laisser en arrière.

38

LES DOUTES DE HELDORN

De retour au camp, Gald eut la joie de retrouver Bratweg.

–Les prisonniers de Kaer-Kailh ? Mes parents ? s'inquiéta-t-il aussitôt.

–Ta famille est sauve, grâce à Treuz. Nous les avons ramenés au camp.

En quelques mots, Bratweg résuma l'équipée au terme de laquelle il avait rejoint le gros de la troupe. Une partie des forçats s'étaient égaillés, cherchant à rejoindre leur village d'origine. D'autres avaient préféré accompagner leurs sauveurs, mais n'avaient pu suivre le train.

–Nous avons dû les abandonner, se justifia Bratweg. Ils nous retardaient trop. Et les guerriers noirs commençaient à réagir.

Il y avait eu d'abord quelques escarmouches, au cours desquelles Bratweg et ses hommes avaient surpris leurs poursuivants.

– S'ils nous avaient attaqués franchement, ils auraient peut-être emporté la décision. Mais ils ont attendu des renforts. Quand ils se sont décidés, c'est nous qui en avions reçu.

L'affrontement décisif s'était déroulé sur l'Erdour, un impétueux affluent du Taedr. Les guerriers noirs avaient cru acculer les fugitifs dans un coude du torrent. C'était compter sans le talent de Treuz.

– Il a jeté un pont au-dessus du défilé. Ce qui devait constituer un piège s'avéra une position facile à défendre : à pied, les guerriers noirs perdent la moitié de leurs moyens. Or, le terrain, rocailleux, était malcommode pour leurs chevaux.

Une fois le pont détruit, après le passage des fugitifs, ceux-ci avaient pu souffler un peu : pour les rattraper, les guerriers noirs auraient dû consentir un long détour. Ils ne s'y étaient même pas essayés. Bratweg laissait entendre qu'ils avaient eu peur de se frotter à lui. Plus sûrement, ils avaient estimé que cela ne valait pas la peine : ils n'auraient aucun mal à se procurer de nouveaux esclaves.

Tandis qu'ils parlaient, Bratweg glissait un œil curieux vers Emaine. Gald s'avisa soudain que, gênée par son bébé, elle n'osait pas descendre de cheval. Il tendit les bras pour la saisir à la taille mais elle, se méprenant sur son intention, lui tendit l'enfant.

Il frémit. La petite ne pesait guère. Sa peau paraissait d'autant plus blanche que son crâne se couvrait d'un duvet sombre. De sa mère, elle avait la prunelle bleue. L'intensité de son regard, chaque fois qu'elle le posait sur Gald, le mettait mal à l'aise.

Déjà Emaine la lui reprenait.

Il fit appeler les filles de Glaouel.

– Je vous confie cette femme, dit-il. Donnez-lui ma tente. Et veillez bien sur elle et son enfant.

Telyn soupesa Emaine du regard, avec une évidente hostilité. Néanmoins, elle obéit à Gald.

– Voici ce que j'ai entendu, dit Pelk. Agman s'inquiète de l'alliance avec les Danéens. Il a décidé d'en finir avant que notre armée soit assez nombreuse pour lui créer de réelles difficultés. Il nous talonnera jusqu'à trouver la bonne occasion de nous exterminer.

– Cela, je n'en doutais pas, ironisa Gald.

De jour en jour parvenaient des informations plus précises. L'armée d'Agman avançait rapidement, bien qu'elle prît le temps de semer la terreur sur son chemin. Il était difficile d'en évaluer les effectifs, mais il était évident qu'Agman n'avait pas lésiné.

Malgré ses fanfaronnades, Gald s'inquiétait de la progression de l'ennemi, dont les espions dépêchés par Sparfell lui rendaient compte d'heure en heure. Il s'en fallait encore d'une bonne demi-décade que sa propre armée ait atteint la plus orientale des Trois Passes, les cols qui permettaient de franchir les Mezmedalen. Le manque de mobilité de ses troupes l'exaspérait. Mais les provisions pour les hommes manquaient, de même que le fourrage pour les bêtes. Une bonne partie de la journée se passait à rechercher des vivres.

– Troabed !

Agman ne pouvait plus nourrir de doutes sur sa destination. S'il voulait attaquer les rebelles avant leur passage dans le Glenn-Ar-Dan, il devait le faire entre ici et les Trois Passes.

Le géographe étala ses cartes. Les hauts sommets des Mezmedalen formaient une barrière redoutable. Si de profondes vallées les pénétraient, la plupart se terminaient en culs-de-sac. Les seules voies franchissables, regroupées sous le vocable des Trois Passes, n'étaient pas hors de leur portée. Le Rethrem, la plus proche, était aussi la plus commode : moins élevé que les deux autres, le col était desservi par une voie plus large. Mais il n'était sans doute déjà plus question de l'atteindre sans livrer bataille.

– À sa place, je choisirais d'attaquer là, ou là, ou encore ici.

Bratweg regardait les cartes, plein de respect pour le sens du terrain dont témoignait Troabed. Lui-même se sentait incapable d'imaginer à quoi ressemblerait le champ de bataille à la vue de ces dessins abstraits.

– Alors, surprenons-le, dit Gald. Il sait sans doute où nous sommes et cherchera à nous couper la route du Rethrem. Remontons vers le nord, laissons-nous dépasser, contournons-le et marchons sur l'autre col, le Goueldtrem.

Ce plan laissait les compagnons dubitatifs. Une fois au Rethrem, Agman ne serait de toute façon qu'à quelques heures de marche des autres passes. Le stratagème pouvait néanmoins fonctionner, si l'armée de Rutiern, franchissant le col, gênait ses mouvements en menaçant de le prendre sur ses arrières.

Encore aurait-il fallu pour cela que les deux armées puissent coordonner leurs mouvements. Plus de vingt jours étaient passés depuis que Rutiern avait promis des renforts. Pourtant, Gald n'avait pas encore vu le moindre soldat danéen. Que le gros de l'armée n'ait pas eu le temps de boucler les préparatifs, il voulait bien l'admettre. Mais pourquoi Rutiern n'avait-il pas envoyé au moins un détachement pour sécuriser leur route ? L'hypothèse d'une félonie ne paraissait plus improbable. Après tout, avant l'Airma-Kad, le Glenn-Ar-Dan avait été le plus implacable ennemi du Trévad, auquel il disputait les minerais de la province frontalière au motif qu'ils constituaient les dons du dragon Gorteuz aux humains.

Si aucun des compagnons de Gald n'avait encore exprimé de doutes, tous y songeaient. Bratweg était d'avis de ne pas finasser et de continuer tout droit, à marche forcée, jour et nuit. Mais Gald resta sur son idée.

Les étapes étaient longues, épuisantes sur un terrain qui devenait accidenté. Cependant, nul ne protestait. Les premières crêtes paraissaient toutes proches. Le soir, on ne dressait pas de tentes. Les foyers, innombrables, s'allumaient, autour desquels les hommes se rassemblaient pour s'abandonner à un trop bref sommeil. On se remettait en marche avant le lever du jour.

Gald aimait à contempler ces feux. Plus que la poussière soulevée la journée par la colonne en marche, ils révélaient l'importance numérique de ses troupes.

Un soir, alors qu'il s'abandonnait à cette contemplation, Heldorn le rejoignit.

– Comment cela va-t-il finir ? soupira-t-il.

– Par la victoire ! répliqua sèchement Gald. Qui pourrait venir à bout d'une telle multitude ?

– Si le nombre suffisait, jamais Agman n'aurait soumis le Trévad.

– Qu'ai-je besoin de ton pessimisme ? s'emporta Gald.

Heldorn sursauta, pris au dépourvu par cet accès d'humeur. Il ne reconnaissait pas son fils : il avait quitté un enfant insouciant, il retrouvait un être dur, autoritaire. Même son visage avait changé. C'est lui qui s'excusa.

Il garda un moment le silence, avant d'ajouter :

– Qui aurait cru qu'un jour, tu deviendrais…

Il laissa sa phrase en suspens. L'irritation de Gald, quoique muette, était patente :

– Tu aurais été moins surpris, si à ma place tu avais trouvé Finn ?

Blessé, Heldorn esquiva la question.

– Je suis fier de toi et de tout ce que tu as déjà accompli, dit-il. Mais cela me fait peur. C'est trop… démesuré.

Bien sûr ! Le vieux principe du juste équilibre, qu'il faut dans tous les cas garder, pour ne pas troubler l'Harmonie. Gald serra les poings :

– Dans des circonstances aussi exceptionnelles que celles que nous vivons aujourd'hui, n'est-ce pas précisément dans l'audace que nous trouverons le salut ?

– Peut-être, concéda Heldorn, loin d'être convaincu.

Bien après que son père l'eut quitté, Gald s'abandonna à sa méditation. Des sentiments divers l'agitaient, allant de l'excitation au découragement. La bataille qu'il avait choisi de livrer serait, il en avait conscience, décisive. La perdre, c'était perdre du même coup le Trévad, voire les Cinq Royaumes. Pour se décider, il n'avait eu que l'audace que lui avait insufflée Roannenn, et pour arrêter une tactique, les récits de Marwenn.

39

AVANT LA BATAILLE

Agman contrôlait désormais le chemin du Rethrem. L'armée de Gald s'engagea donc dans la vallée qui conduisait aux deux autres cols. Le soir tombant, elle se retrouva dans une cuvette cernée de hauteurs aux pentes escarpées. Des centaines d'oiseaux noirs y nichaient. Ils avaient donné son nom au lieu : Cornighent, la Passe aux Corneilles. À l'ouest, une falaise abrupte la bordait ; la roche, polie par un glacier depuis longtemps disparu, brillait d'un éclat laiteux. Des collines terreuses, anciennes moraines, la dominaient à l'est. Le passage s'ouvrait au sud : une brèche pentue menait soit au Goueldtrem, soit, en bifurquant vers une vallée torrentielle très accidentée, au Begtrem.

La proximité des passes faisait naître l'espérance : la manœuvre de Gald avait trompé l'ennemi, la perspective d'un affrontement s'estompait. Les rapports des éclaireurs vinrent à la fois miner cette illusion et apporter un nouveau motif de satisfaction. D'une part, Agman avait quitté sa position au pied du Rethrem et, passant hardiment par les contreforts séparant les deux vallées, se trouvait désormais à quelques heures de marche ; de l'autre, une troupe importante avait franchi la passe du Begtrem : Rutiern, enfin !

– Hâtons-nous de faire la jonction ! suggéra Bratweg.

– Au contraire, nous allons attendre ici, décida Gald.

Les compagnons s'entre-regardèrent. Le premier, Bo souleva l'objection que tous avaient en tête.

– L'endroit me paraît peu propice.

– Agman arrivera par l'est, c'est-à-dire par ces hauteurs, précisa Bratweg en désignant les collines. Tandis que nous sommes en contrebas. En cas d'attaque, nous serons pris en tenaille entre sa cavalerie et la falaise.

– Qui parle de reculer ?

– Notre longue marche a épuisé nos troupes, rappela Bo.

– C'est pourquoi une halte sera la bienvenue. D'ailleurs, si nous poursuivons notre route, Agman ne fera qu'une bouchée de l'arrière-garde. Profitons au contraire de disposer encore d'assez d'espace pour nous ranger en ordre de bataille et attendons les Danéens. Ils sont tout proches, maintenant, et plus frais que nous.

L'argument n'était pas dénué de bon sens, même Bo le reconnut. Cependant, Bratweg insistait :

– Au moins, prenons position sur la hauteur avant qu'Agman s'en empare.

– Je suis le chef de cette armée, s'emporta Gald. Pourquoi discutez-vous sans cesse mes ordres ? Venez !

Casqué, Luc'hengwadeg sur l'épaule, il passa de bivouac en bivouac, encourageant ses soldats, leur annonçant l'imminence d'une rencontre décisive. Ils le saluaient avec respect. Certains, même, répondaient avec enthousiasme à ses exhortations ; cependant, dans beaucoup de regards, il lisait plutôt de la résignation, voire de la déception. Gald, d'ailleurs, ne pouvait se défendre d'un malaise. Si, devant ses compagnons, il ne voulait pas le reconnaître, il sentait sa certitude se fissurer en constatant l'aspect de ses troupes. Harassés par la marche, les traits tirés par la faim, ses soldats sauraient-ils résister à l'assaut qui se préparait ?

– Que l'on frotte le métal des boucliers avec du sable. Et que ceux qui sont en bois ou en osier soient garnis de lamelles d'acier.

– Mais… cela les alourdira. Ils deviendront pénibles à manipuler.

– Que ce soit fait, et que les hommes en polissent la surface.

Les filles de Glaouel s'en furent répercuter l'ordre aux officiers des phalanges.

Peu avant midi, les sentinelles placées en vigie à l'amont du défilé annoncèrent un parti de cavaliers. Il ne pouvait s'agir de l'avant-garde de l'armée danéenne, car ils étaient trop peu nombreux. Le messager tant attendu ?

Il s'agissait bien de Danéens. Mais pas d'envoyés de Rutiern. À la mine fermée des maîtres-feu, Gald comprit qu'il se passait quelque chose de grave. Il les entraîna sous sa tente, où il les reçut seul.

Quand il ressortit, il donna des ordres pour que ses hôtes soient bien traités, mais il éluda les questions de ses compagnons. Pour ajouter à son humeur sombre, les éclaireurs signalèrent des feux dans les collines : Agman avait pris position, si sûr de lui qu'il ne cherchait même pas à se dissimuler.

– Rebroussons chemin s'il en est encore temps, recommanda Bratweg.

– Les hommes doivent se reposer, répondit Gald. Ils auront besoin de toutes leurs forces, pour supporter l'assaut.

– Mais pas ici, explosa Bratweg. Imagines-tu quel choc représentera la charge des cavaliers, quand la pente leur aura donné de l'élan ?

– Accordons-leur tout de même quelques heures de repos. Demain, avant l'aube, je veux qu'ils s'alignent face aux collines.

Tandis que les hommes obéissaient sans enthousiasme, Gald sauta sur Tangwall. Pour aller encourager ses troupes, supposa Bratweg.

Or, Gald se retira à l'écart. L'entretien avec les maîtres-feu avait confirmé ce qu'il soupçonnait depuis plusieurs jours : tout en s'affirmant son allié, Rutiern n'était pas pressé d'intervenir. Il lui fallait donc trouver un autre allié. Un des récits de Marwenn lui inspirait une tactique. Encore fallait-il qu'Orinn accepte de l'aider de nouveau. Il trouva enfin ce qu'il cherchait : un terrier de marmotte. Il mit pied à terre, s'agenouilla devant la cavité, appela…

À son grand soulagement, la voix ironique du Brifbuzug lui répondit :

– Encore besoin de moi, on dirait ?

S'ensuivit un long conciliabule, au terme duquel Orinn, rigolard, déclara :

– Cela me dépasse, mais je dirais que tu peux compter sur les Brifbuzughoned !

Quand Gald revint au camp, ragaillardi par les promesses du nain, il prit Mabgir à part.

– Mabgir, je dois savoir : que s'est-il passé quand j'ai jeté l'urne de Henwen dans le Puits ?

– Le cycle s'est accompli, pontifia le prêtre-dragon. L'âme du monde, libérée, est partie à la recherche d'un autre corps.

L'esquisse d'un sourire flotta sur les lèvres de Gald.

– C'est bien ce que je pensais, murmura-t-il.

Mabgir le dévisagea, l'œil rond, avant d'éclater d'un grand rire.

– Oh non ! s'esclaffa-t-il. Vous ne vous imaginez tout de même pas que…

– Et pourquoi pas, répliqua Gald, vexé. Ne me tenais-je pas au bord du gouffre ? Ne suis-je pas le premier être humain qu'elle a rencontré ?

Mabgir secoua la tête. Il paraissait avoir retrouvé son sérieux, mais ses épaules s'agitaient encore par à-coups.

– Cela ne se passe pas comme ça. L'âme du monde, c'est le souffle du cinquième dragon. Si elle prenait possession d'un corps formé, elle consumerait à l'instant ses âmes propres. Pour que la synthèse se fasse dans l'Harmonie, il faut un être en devenir, qui s'éveille tout juste à la vie.

– À quoi le reconnaît-on ?

– Le cinquième dragon veille sur lui.

Gald haussa les épaules, de méchante humeur.

– Si mon maître n'a plus besoin de moi…, dit le prêtre-dragon sur un ton onctueux.

Gald le congédia d'un geste de la main. Mabgir s'inclina et recula jusqu'à la porte. En le regardant partir, cassé en deux, Gald ne pouvait se défendre de songer au mépris que le conseiller avait naguère exprimé envers Maez, devant lequel, pourtant, il marquait la même déférence qu'envers lui-même. L'expression qu'il avait eue lorsqu'il avait compris que Gald se croyait la nouvelle incarnation de l'âme du monde ne pouvait laisser de doutes sur ses véritables sentiments.

40

LA PASSE AUX CORNEILLES

Bratweg ne décolérait pas.

– Agman t'a manœuvré pour t'acculer à cette position, et toi, au lieu de chercher à t'échapper, tu t'es laissé faire !

– M'échapper ? Comment aurais-je pu ?

– Hier, il était encore temps. En passant par le défilé nous avions quelque chance de sauver une partie de l'armée.

– En sacrifiant l'arrière-garde ?

– Cela aurait mieux valu que tout perdre !

– Voire ! répliqua Gald, un sourire mystérieux au coin des lèvres.

Son impassibilité irrita encore davantage le bouillant Bratweg.

– Nous sommes en contrebas de son camp, rappela-t-il. Et quand le soleil passera les crêtes, nous l'aurons en pleine face. Déjà que nos ennemis ont l'avantage de l'expérience…

– C'est exactement ce que pense Agman, confirma Gald. Et c'est là-dessus que je compte.

– Où sont les renforts promis par Rutiern ? tempêta encore Bratweg.

– Inutile de les attendre, ils ne viendront pas, assura Gald.

La mine de Bratweg s'allongea :

– C'est ce que les maîtres-feu sont venus t'annoncer ?

– À peu de chose près. Les hommes ont-ils suivi mes ordres ?

Un pli amer tordit les lèvres de Bratweg.

– Je n'ai jamais vu des armes aussi brillantes. Mais les voiles dont tu as fait couvrir les boucliers pourraient bien être des voiles de deuil.

Gald ne releva pas la remarque.

Le ciel blanchissait. De la terre s'élevait une vapeur ténue. Les hommes, mouillés par la rosée, grelottaient. Avec anxiété, ils surveillaient l'est, d'où poindrait le danger.

Soudain, il fut là.

Sur le haut de la colline, les cavaliers noirs se détachaient, compacts, impressionnants, sur le ciel blanc. Le vent, par rafales, rabattait l'odeur âcre des chevaux. Un barrissement affreux retentit. Des dizaines de trompes résonnaient, discordantes. Sur le visage livide de ses hommes, Gald put lire l'effet de cette effrayante aubade. Mais, s'ils avaient tous peur, aucun ne rompit les rangs. Bientôt un battement métallique se superposa à la redoutable musique : les guerriers noirs la scandaient en frappant leur bouclier du plat de leur épée. Puis un chant sauvage s'éleva.

Les cavaliers ne chargèrent pas immédiatement, préférant prolonger leur intimidation. Conscients de l'avantage numérique de leurs adversaires, ils préféraient jouer au préalable avec leurs nerfs pour n'avoir plus affaire, au moment de l'attaque, qu'à des moutons tremblants face à la meute des loups.

De fait, cette attente se révélait réellement éprouvante. Et si, au grand soulagement de Gald, ses rangs ne s'étaient pas débandés, plus d'un homme tremblait de tout son corps, voire éclatait en sanglots.

Gald surveillait la course du soleil.

– Qu'est-ce que je te disais ? maugréa Bratweg, surprenant son regard. Agman attend pour charger que nous ayons le soleil dans les yeux.

– J'espère bien, répondit Gald.

Quand les trompes et les cris se turent, le silence qui s'ensuivit, loin d'être un soulagement, parut lourd de menaces.

Le long de la pente herbeuse, un flot noir s'écoula. Le martèlement des galops grondait comme un orage.

–Fais donner les archers, recommanda Bratweg. Que leur élan soit un peu freiné.

–Il le sera, ne t'inquiète pas.

Sur le visage de son compagnon, Gald lut une incompréhension inquiète.

–Non, dit-il, je ne suis pas devenu fou. Sparfell ! Combien sont-ils ?

–Agman est tellement sûr de sa victoire qu'il a engagé le gros de sa troupe, sans se ménager de réserves.

Les premiers rangs des cavaliers atteignaient le bas de la pente. Rien ne semblait devoir les arrêter.

–Les archers ! supplia Bratweg.

–Personne ne bouge ! cria Gald.

Soudain, dans un nuage de poussière, les premiers rangs des cavaliers disparurent d'un coup, comme avalés par la terre.

–Dévoilez les boucliers ! ordonna Gald.

Une lumière violente éclaira la charge ennemie, quand la surface polie des boucliers refléta le soleil. Aveuglés, incapables de retenir leurs montures, les guerriers noirs étaient précipités à terre, quand leurs chevaux, en pleine course, s'enfonçaient dans un sol qui se dérobait sous leurs sabots.

–Archers, maintenant ! cria Gald.

Il leur était inutile de viser. Ils tiraient en l'air, en volées denses. Prenant de la vitesse à la descente, les flèches défonçaient les armures, affolaient les chevaux, ce qui ajoutait à la confusion.

– Que s'est-il passé ? bégaya Bo.

– Orinn a pris goût à jouer de mauvaises farces à Agman. Pendant la nuit, les nains ont miné le terrain au bas de la colline, ne laissant en surface qu'une couche trop mince pour supporter le poids des cavaliers.

Constatant la déconfiture d'un ennemi qu'ils croyaient invincible, les rebelles se sentaient animés d'un zèle nouveau. Débordant leurs officiers, ils se ruèrent sur les guerriers empêtrés dans les fondrières. Les runes de leurs armes flamboyaient quand ils les abattaient sur l'ennemi tombé à terre. Les cavaliers qui avaient évité le piège cherchaient à se regrouper, harcelés par la meute hurlante de la piétaille.

Ils refluèrent.

Les premiers rangs de l'armée rebelle se précipitèrent à leur poursuite, malgré la montée qui les essoufflait. Arrivés à mi-pente, les cavaliers noirs se retournèrent pour charger de nouveau.

Les rebelles, à leur tour, reculèrent pour regagner le terrain défoncé où les chevaux perdaient leur avantage. Les hommes d'Agman les y traquèrent cependant. Certains préféraient mettre pied à terre, formant des carrés inexpugnables, tandis que les rebelles s'efforçaient d'isoler leurs ennemis pour les réduire par le nombre.

Longtemps, le combat demeura indécis. Il était difficile de distinguer, dans cette mêlée, quel camp prenait l'avantage. Mais au moins n'assistait-on pas à une débâcle semblable à celles que les Trévadites avaient connues à Iliaweg et à Cronnemain. Pareille résistance devait surprendre Agman. Or, au plus fort de la mêlée, Gald ordonna :

– Bratweg ! Fais sonner la retraite.

Le chevalier sursauta.

– Comment ? Mais…

– Obéis ! La retraite, maintenant !

– C'est absurde ! Nous pouvons consolider notre avantage, porter un coup décisif aux guerriers noirs…

– À quel prix ? Pour un ennemi terrassé, combien des nôtres doivent tomber ?

Bratweg le dévisageait, stupide.

– Cette nuit, tu me prédisais la défaite, rappela Gald. Et maintenant, tu crois tellement à la victoire que tu mènerais tes troupes à leur perte ! Si tu ne donnes pas cet ordre, je le ferai moi-même.

– Inutile, dit Bratweg, la voix brisée. Mais…

– La retraite !

Il y eut un moment de flottement. Beaucoup, voyant les guerriers noirs dévaler la colline, avaient cru leur dernière heure arrivée. Or, ils avaient pris le dessus sur un ennemi qui les avait tant effrayés. Tout comme Bratweg, ils s'étaient pris à croire en la victoire, au point de ne pas s'inquiéter de ceux, nombreux, qui tombaient à leurs côtés. Et voilà qu'une sonnerie de conques venait refroidir leur ardeur ! Tout d'abord, ils se figèrent, incrédules. Puis chacun se rendit compte qu'il ne voyait qu'une infime partie du champ de bataille. Ailleurs, sans doute, les guerriers noirs l'emportaient. Alors ce fut la débandade.

La même hésitation, heureusement, frappa les troupes d'Agman. Décontenancés par une résistance à laquelle ils ne s'étaient pas attendus, les guerriers noirs se battaient avec l'énergie du désespoir. Ils accueillirent avec soulagement le répit que leur offrait la retraite de l'adversaire et le mirent à profit pour se regrouper. Quand Agman, furieux de constater leur reculade, les lança à la poursuite de l'ennemi en fuite, les archers de Gald avaient eu le temps de se reformer en rangs serrés pour couvrir la retraite de leurs compagnons. Des volées de flèches décimèrent les rangs des poursuivants. Et comme ceux-ci passaient au pied de la falaise blanche qui bordait la plaine, le soleil vint frapper la roche, qui brilla d'un éclat insoutenable aux yeux des albinos. Alors, Agman, redoutant un nouveau piège, renonça à une poursuite immédiate.

C'est ainsi qu'il consomma sa perte.

Dans le camp des Trévadites, cependant, la retraite tournait à la ruée. Puis, la fatigue aidant, quand il se confirma que les cavaliers noirs ne poursuivaient pas les fugitifs, l'allure ralentit. Les pas se firent lourds. On prenait conscience des pertes. Certains se décourageaient. Les blessés gémissaient. Soudain, du champ de bataille qu'on avait abandonné, parvint l'écho d'un nouvel engagement.

– Qu'est-ce que c'est, encore ? grommela Bratweg.

– L'armée de Rutiern, qui attaque Agman !

– Il est temps !

– Pour Rutiern, c'est le moment, en effet. Il a entendu notre sonnerie de retraite. Alors il attaque celui qu'il croit le vainqueur.

– Que veux-tu dire ?

– Son armée est passée cette nuit par le Begtrem, mais au lieu de nous rejoindre, elle a marqué le pas dans la descente. Elle a attendu, pour intervenir, que nous ayons essuyé le premier choc. Il s'agissait pour elle de tomber sur l'armée victorieuse. Victorieuse, mais épuisée par le combat, et donc plus facile à vaincre à son tour. Ainsi, il se débarrassait des guerriers noirs et de nous.

– Voilà pourquoi tu as quitté le champ de bataille prématurément !

– Oui. Les guerriers noirs sont loin d'être aussi diminués que les Danéens le croient. Laissons-les s'épuiser à finir ce que nous avons commencé.

Bratweg partit d'un formidable rire.

– Excuse-moi, cralec ! Je n'avais pas compris.

– Et tu m'as pris pour un idiot.

– Au moins, pour un cancre en stratégie. Mais… pourquoi les maîtres-feu t'ont-ils prévenu ?

– En nous promettant son aide, Rutiern a agi sous leur pression. Aussi n'ont-ils pas du tout apprécié sa duplicité. Ne pas respecter la parole donnée est pour eux la faute suprême. J'ai cru comprendre que cela nourrit un rapport avec les alliages des métaux.

– Et maintenant ?

– Nous allons rendre à Rutiern la monnaie de sa pièce.

41

LE BARON BRENAGH

Le long des sentiers escarpés, les hommes renâclaient. Gald se multipliait, prodiguant tour à tour encouragements et menaces. Les compagnons d'aventure aussi se dépensaient sans compter. Plus d'un soldat, néanmoins, s'assit dans l'ombre épaisse des pins noirs. Tant pis. On ne pouvait attendre les retardataires. Il fallait avancer, le repos viendrait plus tard. À la forêt succéda sans transition un terrain nu, couvert d'une herbe rase d'où émergeaient, telles des îles sur une mer calme, des buissons de rhododendrons.

– Voilà le col, dit Troabed en montrant une échancrure dans la ligne déchiquetée des crêtes.

Le passage était tout proche, mais la pente qui y menait particulièrement raide. Cela représentait plusieurs heures de marche.

– Nous devrions marquer une pause, suggéra Bratweg. Les hommes sont épuisés, et il vaudrait mieux resserrer les rangs avant ce soir.

– Pas question de nous arrêter, trancha Gald. Nous nous reposerons demain. Si les Danéens battent en retraite, je veux les intercepter avant qu'ils s'abritent derrière les murs d'une quelconque forteresse.

– Bo ! Ne peux-tu le ramener à la raison ? plaida Bratweg.

Le Sage leva les bras en signe d'impuissance.

– Il mène une guerre. Que peut la raison contre cela ?

Enfin, alors que le soleil déclinait, l'avant-garde franchit le col. Gald se retourna pour voir son armée, à présent réduite à une longue colonne qui s'étirait sur la pente. Les premiers rangs commençaient à descendre vers le Glenn-Ar-Dan. Ils passaient, silencieux, le pas lourd. La lumière qui tombait de la voûte céleste luisait doucement sur les boucliers et les casques. Les lances pesaient aux poignets. Gald encourageait ses hommes au passage. Certains trouvaient la force de lui répondre. Nul ne se plaignait. Puis vinrent les bagages. Si la plupart des femmes combattaient comme des hommes, certaines étaient préposées à la garde des enfants. Elles tiraient les animaux de bât par les rênes. Il avait fallu abandonner les chariots : la pente était trop raide.

Du côté du Glenn-Ar-Dan, le versant se révélait moins abrupt. Gald positionna quelques unités sur les flancs du col. Protégés par des blocs d'éboulis, archers et frondeurs contrôlaient le passage, tandis que le gros de la troupe entamait la descente. Vers le milieu de l'après-midi, l'avant-garde de l'armée danéenne atteignit à son tour le col.

Surpris de le voir tenu par une troupe hostile, l'officier qui la commandait ordonna la halte. Du sang tachait sa tunique. Aucun casque ne protégeait plus son crâne rasé. Un porte-bannière se porta à sa hauteur ; il paraissait peiner à dresser l'emblème, aux mêmes armes que celles peintes sur l'armure de l'officier. Gald chevaucha à sa rencontre.

– Qui es-tu, et pourquoi me barres-tu la route ? aboya le Danéen.

– Je suis celui auquel Rutiern a promis assistance, et qu'il a laissé seul affronter les guerriers noirs. Et toi ?

– Je suis le baron Bahel, commandant de l'avant-garde des armées royales du Glenn-Ar-Dan. Écarte-toi de mon chemin ou combats !

– Combattre ? N'as-tu pas subi assez de pertes aujourd'hui ? À l'état piteux de tes soldats, on comprend aisément à qui est revenue la victoire ! D'ailleurs, pourquoi voudrais-tu m'affronter ? Ne sommes-nous pas alliés ?

– Je n'ai de comptes à rendre qu'à mon roi.

– Rutiern est un traître, qui pensait tirer les marrons du feu. Place-toi sous mon commandement, ou tu perdras le peu de troupes qui te reste.

Pour toute réponse, le baron porta un cor à ses lèvres. Gald leva Luc'hengwadeg. Aussitôt, une pluie de flèches tomba sur les Danéens engagés dans la passe. L'une d'elles atteignit le baron au cou. Il s'effondra sans un mot.

Ses hommes, désemparés, jetèrent leurs armes.

La seconde vague des Danéens arriva moins d'une heure plus tard. Prévenus du traquenard par des transfuges de l'avant-garde, ses officiers l'avaient rangée en ordre de bataille. Mais, gênés par l'étroitesse du terrain, conscients de l'épuisement de leurs troupes, impressionnés par les cadavres qui jonchaient la piste et le dispositif déployé sur les flancs du défilé, ils renoncèrent bientôt à forcer le passage.

– Bien joué, reconnut Bratweg. Pourtant, hier soir, je n'aurais pas parié un liard sur tes chances de réussite.

– Si je leur avais laissé le temps de se reprendre, il y aurait eu un vrai combat. Aux pertes de la matinée, nous aurions ajouté celles d'une lutte fratricide. Or, j'ai besoin de ces deux armées pour combattre Agman.

À ce moment, Bo les rejoignit.

– Des prisonniers demandent à te parler.

– Des prisonniers ?

– Les chefs de ces traîtres !

– C'est moi qui irai les voir.

Ils étaient six, rassemblés derrière le plus grand d'entre eux. Tout comme le baron Bahel, ils portaient, peint sur leur poitrine, l'emblème de leur lignée. De tous les royaumes, le Glenn-Ar-Dan était le seul à avoir conservé l'antique usage de confier l'armée aux représentants des familles réputées avoir exercé un commandement lors de l'Airma-Kad. Tous avaient le crâne rasé et la barbe taillée en carré.

Celui qui paraissait leur chef – ses armes représentaient une flamme rouge sur fond blanc – s'inclina devant Gald.

– J'ai demandé à rencontrer l'homme que les Fils du Vent surnomment le Chevaucheur de dragon.

– Tu l'as devant toi.

De nouveau, l'officier s'inclina. Il mettait dans cette attitude autant d'humilité que de fierté.

– Quand nous nous sommes battus contre les guerriers noirs, nos armes chantaient, les runes vibraient d'un éclat mortel. Or, quand nous les avons tirées contre tes soldats, elles se sont tues. Parce que cette cause était mauvaise, indigne d'elles.

Il s'agenouilla et pencha le corps en avant.

– Je suis le baron Brenagh. Je commandais cette armée. Je mérite la mort, car il n'est pas bon qu'un chef manque de discernement. Coupe ma tête et renvoie-la à mon roi. Puisse cet exemple éclairer son jugement et le remettre sur la voie de l'Harmonie. Je te supplie seulement d'épargner mes soldats.

Gald sortit Luc'hengwadeg de son fourreau et s'approcha. Brenagh tendit le cou. Gald, de la pointe du sabre, lui releva le menton.

– Debout ! ordonna-t-il. Si ta cause était celle d'un traître, toi, tu n'en es pas un. Car tu es resté fidèle au serment prêté à ton roi, comme tu t'es montré loyal envers ceux qui t'ont suivi. Rutiern seul est coupable. Par cette félonie, il s'est révélé indigne du trône qu'il occupe. Il doit abdiquer. D'ores et déjà, les maîtres-feu le renient. Qu'en sera-t-il des barons ?

Brenagh baissa les yeux.

– Si les maîtres-feu le réprouvent, eux qui partagent les secrets de Gorteuz, alors mes pairs détourneront leur face de la sienne.

– Viendront-ils combattre sous ma bannière ?

– Cela, je ne saurais le dire. Chacun d'entre nous est un homme libre et parle en son seul nom. Moi, je te suivrai, car tu as épargné non seulement ma vie, qui n'est rien, mais aussi mon honneur, qui est tout.

– Très bien. Hirted ! Que l'on délivre tous les barons. Sans condition. Que ceux qui veulent partir avec leurs troupes sachent qu'ils ne seront ni désarmés ni pourchassés. Ceux qui veulent rester sont les bienvenus.

Ils restèrent tous.

– Maintenant, dit Gald, allons rendre visite à Rutiern, dans sa bonne ville de Kaertan.

42

LE PRINCE ENDERYC

La salle d'audience des rois du Glenn-Ar-Dan pouvait accueillir un millier de personnes. Elle avait la forme exacte d'un carré. Au nord, face à la porte bardée de bronze, se dressait le trône de fer. De part et d'autre siégeaient les barons et les maîtres-feu. Au centre, sur un foyer de basalte bleu, brûlait le feu originel. Nourri avec dévotion, il ne s'était jamais éteint depuis que Gorteuz, dans un souffle, l'avait offert aux hommes.

Le trône était vide.

Gald prit place à côté, mais se garda de s'y asseoir. Autour de lui se tenaient les compagnons d'aventure et le prêtre-dragon. Pour la circonstance, Mabgir avait revêtu une robe de velours bleu, sur laquelle, en broderies d'argent, se déroulaient les anneaux de Cénog. À l'emplacement des yeux, deux topazes jetaient des éclairs. Le luxe de cette tenue tranchait sur la simplicité des vêtements portés par Gald et ses compagnons. Elle suscitait la curiosité du peuple, dont les représentants occupaient le quatrième côté de la salle, de part et d'autre de la porte de bronze. Le Glenn-Ar-Dan ne disposait pas d'un dignitaire équivalent, les devoirs à Gorteuz étant rendus par les maîtres-feu. Ceux-ci s'agaçaient un peu de la présence du représentant de Cénog à proximité de la flamme sacrée. Bien qu'averti, Gald avait tenu à l'avoir à son côté, pour attester qu'il parlait non seulement en son nom, mais aussi au nom de Maez.

Gald se sentait plus ému qu'il ne l'eût voulu. Il avait su rassembler des milliers d'hommes et les mener sur le champ de bataille. Il avait remporté coup sur coup deux victoires. Grâce aux Fils du Vent, sa gloire se répandait dans les Quatre Royaumes. Mais prendre la parole devant une assemblée aussi solennelle était pour lui une expérience nouvelle.

Il se tourna vers Bo. Celui-ci l'encouragea d'un imperceptible hochement de tête. Comprenait-il son hésitation ? Toute la nuit, Gald avait réfléchi au discours qu'il prononcerait. Et voici que, au pied du mur, tout ce qu'il avait imaginé lui paraissait fade et ampoulé. Il prit une profonde inspiration et improvisa :

– Chez moi, au Trévad, la loyauté des maîtres-feu est aussi proverbiale que la probité des barons danéens. Aussi est-ce avec surprise, avec tristesse, que j'ai appris la trahison de Rutiern. Cependant, un autre proverbe affirme : on ne coupe pas le pommier quand une pomme est gâtée. Je ne tiens pas tous les Danéens pour responsables de son égarement.

Les visages demeuraient graves. Pas un sourire n'accueillit cette déclaration. Gald poursuivit :

– J'aurais aimé que Rutiern se présente devant cette assemblée, qu'il rende compte à son peuple de son attitude. Puisqu'il a préféré la fuite, je demande au baron Brenagh de venir près de moi.

Brenagh s'avança, compassé. Son regard se posa longtemps sur le trône vide.

– Pour rétablir l'Harmonie au sein du Glenn-Ar-Dan, enchaîna Gald, il faut placer sur ce trône un souverain sans tache. Baron…

– Moi, Brenagh, héritier de la baronnie d'Umae, provendier du cuivre et de l'étain, coadjuteur du conseil suprême des seize baronnies, commandant en chef des armées du royaume, gardien allégeant du feu sacré, je soumets aux trois collèges ici assemblés les propositions qui suivent. Considérant que Rutiern a failli au devoir de sa charge en trahissant un allié déclaré, qu'il soit démis.

Les membres de l'assemblée se levèrent, manifestant ainsi leur approbation.

Quand ils se furent rassis, Brenagh poursuivit :

– Considérant que le trône ne saurait rester vacant et que Rutiern a un héritier, comme lui descendant de Gorteuz, je propose que le prince Enderyc soit proclamé unique et légitime souverain du Glenn-Ar-Dan.

De nouveau, le public se leva. Brenagh se tourna vers Gald. Il passa la langue sur ses lèvres sèches : le plus difficile restait à annoncer. Sa voix sembla moins assurée quand il développa le troisième point de l'accord que Gald lui avait imposé.

– Considérant que le roi Enderyc ne peut assurer sa fonction sans tutelle avant l'âge révolu de seize ans, alors qu'il n'en a que onze, je propose que celle-ci soit exercée par Maez, roi du Trévad.

Aussitôt, le tumulte éclata dans les rangs des barons. Les représentants du peuple aussi manifestaient leur indignation. Seuls les maîtres-feu paraissaient indifférents. Du moment qu'ils étaient assurés du maintien de leur corporation, le reste leur apparaissait anecdotique.

Gald se porta à la hauteur de Brenagh. Dans la main gauche, il tenait Luc'hengwadeg par le milieu de son fourreau. En levant le bras droit, il réclama le silence.

– Je n'ignore pas que l'usage danéen veut que la régence soit confiée à un baron désigné par ses pairs. Or, dans l'histoire du Glenn-Ar-Dan, cette situation ne s'est présentée qu'à trois reprises. J'ose dire heureusement. Faut-il, en effet, rappeler les troubles qui, chaque fois, ont agité le royaume ?

Gald devait à Bo la connaissance de ces épisodes historiques. Toutes les régences s'était achevées dans le sang : les querelles qui avaient éclaté entre les barons à l'approche de la majorité du souverain s'étaient muées en véritables guerres civiles.

– Auprès de qui Enderyc apprendrait-il mieux son métier qu'auprès d'un autre souverain ?

Mis aussi crûment en cause, les barons protestaient. Mais ils ne pouvaient ignorer les regards réprobateurs des maîtres-feu : ceux-ci ne leur pardonnaient pas de s'être rendus complices de la forfaiture de Rutiern en acceptant son plan de bataille. La décision finale reposait donc sur le troisième collège. Or, en rappelant les luttes intestines qui avaient déchiré le Glenn-Ar-Dan, Gald avait ébranlé une grande partie des représentants du peuple. D'aucuns, pourtant, craignaient une mainmise du Trévad sur le Glenn-Ar-Dan.

Aussi est-ce dans la plus grande cacophonie qu'Enderyc fit son entrée. Petit, pâle, il flottait dans de trop somptueux atours. Il se dirigea d'un pas mal assuré vers le trône sur lequel Gald l'invitait à s'asseoir.

Ce geste ramena un peu de calme. Brenagh en profita pour saluer le nouveau souverain, en posant un genou en terre. Aussitôt, le reste des barons l'imita. Les représentants du peuple, eux, s'agenouillèrent complètement. Comme il ne convenait pas que les dépositaires des secrets du dragon Gorteuz s'humilient face à son descendant, les maîtres-feu se contentèrent de tendre vers lui leurs mains, paumes tournées vers le haut.

L'enfant considéra l'assemblée de ses yeux clairs. Sa chevelure flamboyante tombait sur ses épaules étroites, accentuant l'éclat laiteux de sa peau. Mal à l'aise face à cette foule, planté sur un siège trop large pour lui, il paraissait au bord des larmes. Gald l'encouragea du geste à réciter la formule que Brenagh lui avait apprise.

– Moi, Enderyc, descendant de Gorteuz, dit-il d'une voix fluette, j'accepte d'être porté sur le trône du Glenn-Ar-Dan. Je jure fidélité aux principes enseignés par mon ancêtre, Gorteuz, et loyauté envers mes sujets. Que Gorteuz soit mon soutien dans la tâche qui m'attend !

Gald s'avança à son tour devant Enderyc et mit un genou à terre, suivant l'exemple de Brenagh. S'adressant au jeune souverain, mais assez fort pour être entendu de tous, il déclara :

– Agman, à la tête de guerriers surgis de nulle part, menace l'Harmonie. C'est contre lui, contre lui seul, contre cette menace mortelle, que nous devons conjuguer nos efforts. Je ne doute pas que telle était l'intention de Rutiern quand il m'a promis son aide. Qu'il se soit ensuite égaré dans une autre voie montre que le mal a déjà progressé.

Il se retourna vers le public.

– J'ai parcouru le Cinquième Royaume. J'ai vu un territoire défiguré par une lèpre affreuse, une maladie qui jetait le frère contre le frère, l'ami contre l'ami... Ne permettons pas qu'elle s'étende à nos royaumes. Moi, Gald, fils de Brigat, du village d'Atil, j'ai précipité l'âme du monde dans le puits originel, afin de refermer la brèche par laquelle le mal s'est immiscé. Et je vous le dis : il n'est pas trop tard. Le mal peut être vaincu si les Quatre Royaumes s'unissent contre lui. Cela seul doit guider votre choix aujourd'hui.

Il leva Luc'hengwadeg au-dessus de sa tête. Bien que l'arme fût au fourreau, un frisson parcourut l'assemblée.

– Un de vos maîtres-feu a dit un jour que la lame de ce sabre n'a pas été forgée de main d'homme. Et c'est moi qui ai été désigné pour le manier. Accordez-moi votre confiance, et je vous promets d'effacer Agman et ses démons de la surface de ce monde.

Une ovation accueillit ce discours. La vérité, c'était qu'ils avaient tous peur. Mabgir adressa un signe discret à Gald : la partie était gagnée.

43

LE MESSAGER D'AGMAN

Il ne s'était pas passé une demi-décade depuis l'intronisation d'Enderyc qu'un guerrier noir se présenta devant la passe du Rethrem. Une écharpe jaune flottait à la hampe de l'oriflamme rouge frappée de la spirale à cinq branches qu'un esclave arborait derrière lui : l'homme était un messager. Il s'aventurait sans autre compagnie en pays ennemi. Néanmoins, les sentinelles préposées à la surveillance de la passe frémirent en entendant la voix caverneuse surgie de son masque. Le messager ne réclamait pas le droit de passage, il l'exigeait. Et, de fait, on le laissa poursuivre sa route. Aucune estafette n'aurait été assez rapide pour le précéder. Aussi est-ce un pigeon voyageur qui annonça sa venue à Gald, qui avait pris ses quartiers dans la maîtresse-forge de Kaertan.

L'ambassadeur lui fut mené sitôt arrivé.

Le guerrier noir regarda autour de lui. Gald avait fait occulter les fenêtres par des tentures, de sorte que la pièce baignait dans la pénombre. Le messager ôta son heaume.

Se tenaient là une dizaine de guerriers, tant danéens que trévadites. Mais l'émissaire n'eut aucun mal à repérer celui auquel il venait délivrer son message. Gald était assis au haut bout de la table. Devant lui gisait Luc'hengwadeg, lame nue. Un chandelier l'éclairait. Sa lueur, proche de son visage, éblouissait l'albinos, l'obligeant à garder les yeux baissés.

– Ainsi, tu as un message pour moi de la part de ce bandit d'Agman ?

Le guerrier noir réagit au mépris avec lequel le nom de son chef avait été prononcé. Il se redressa, releva le menton, plein d'arrogance malgré la lumière qui lui brûlait les yeux. Sans un mot, il tendit un étui cylindrique. Gwaz s'en saisit pour le porter à Gald.

Celui-ci mit à extraire, puis à dérouler le parchemin une lenteur exaspérante. Il le lut avec attention, avant de le tendre à Mabgir. Quand ce dernier en eut à son tour pris connaissance, Gald s'adressa au messager.

– Tu connais la teneur de ce pli, n'est-ce pas ?

Le guerrier noir hocha la tête.

– Quelle est ta réponse ? demanda-t-il.

Gald fronça les sourcils, pour inviter le messager à moins d'effronterie.

– Ainsi, Agman me propose un partage des territoires. Il m'accorde le Glenn-Ar-Dan si je lui abandonne le Trévad et le laisse conquérir le Morklav et le Bro-Avèl.

– C'est une offre généreuse, souligna le messager. Agman sait reconnaître tes mérites et souhaite ton amitié.

– J'y suis sensible. Mais comment oses-tu parler de générosité, quand il me propose ce qui ne lui appartient pas ? À ma connaissance, le Trévad et le Glenn-Ar-Dan ont chacun un souverain légitime.

– Un vaincu et un enfant ? ricana le messager. D'ailleurs, le premier, qui assure la tutelle du second, n'est-il pas entre tes mains ?

– Ils sont des rois, et je ne suis qu'un paysan.

Le guerrier noir éclata franchement de rire :

– Chez nous on dit : « Ma force…

– … est mon droit », je sais.

– Alors, puis-je apporter à mon maître la réponse qu'il désire ?

– J'apprécie sa proposition comme elle le mérite. Voici la mienne : il repart d'où il vient avec ses guerriers, et il aura la vie sauve. Sinon, nous vous exterminerons jusqu'au dernier.

– Dans ces conditions…, souffla le messager.

Il leva la main. D'instinct, Gald tendit la sienne vers Luc'hengwadeg. Mais le guerrier noir voulait seulement signifier à son esclave d'apporter un coffret.

– Mon maître espérait une meilleure réponse, dit-il. Mais il avait envisagé ton insolence. Dans ce cas, il m'a demandé de te remettre ce cadeau.

L'esclave posa la cassette devant Gald. Gwaz vint l'ouvrir. Il recula, saisi d'horreur. Gald se pencha. Un haut-le-cœur souleva son estomac quand il aperçut la tête tranchée.

Saisissant Luc'hengwadeg, il se leva si brusquement que son siège, déséquilibré, bascula avec fracas.

– Gald ! s'écria Bo, il n'est pas armé !

Déjà, Luc'hengwadeg, éveillé par la colère de Gald, vibrait.

– Et si j'avais accepté l'offre d'Agman ?

– Je t'aurais remis un autre écrin, au contenu plus agréable pour toi, se moqua le guerrier noir. Et j'aurais jeté cette ordure sur le premier tas de fumier venu.

Son ricanement porta Gald au paroxysme de la fureur. D'un moulinet, il trancha la gorge de l'émissaire. Sur le visage de ses compagnons, il lut une incompréhension horrifiée.

– Qu'est-ce qui t'a pris ? s'emporta Bo. Le messager n'est pas responsable des nouvelles…

Gald jeta Luc'hengwadeg sur la table et referma le couvercle du coffret. Puis, se tournant vers Bo :

– Sais-tu ce qu'il m'a apporté ? La tête de mon frère ! Et je vais te dire : je ne suis pas un chevalier. Pendant que tu apprenais les codes de bonne conduite et la voie de l'honneur, moi je durcissais mes paumes à désherber les champs de mon père. Eh bien, je continue à arracher les mauvaises herbes !

Bo quêta du regard le soutien de Mabgir. Le prêtre-dragon détourna les yeux. Le même malaise se lisait sur le visage des barons danéens qui avaient assisté à la scène. Soit ! qu'ils jugent son acte déloyal, méprisable même, s'ils étaient assez stupides pour ne pas comprendre à quel adversaire ils avaient affaire ! Mais qu'ils n'oublient jamais qu'il était l'homme qui avait restauré l'âme du monde et qui avait aujourd'hui la charge de les mener à la victoire totale sur l'abomination que représentait Agman.

– Débarrassez-moi de ce cadavre… Non, attendez. Attachez-le à son cheval, et renvoyez-le à son maître. Ce sera ma réponse. Mabgir ! Veille à assurer à mon frère les obsèques qu'il mérite.

44

LE PUITS MUET

– J'ai pris mes dispositions pour le rituel, dit Mabgir. Toutefois…

Gald devinait l'embarras du prêtre. Seule l'âme subtile, la Cohésion, siégeait dans la tête. Les autres, si elles n'avaient pu s'échapper lors du trépas de Finn, demeuraient attachées à la partie du corps où elles résidaient de son vivant. Et en tout état de cause, elles étaient dispersées. Le rite ne pouvait être qu'incomplet.

– Finn ne t'en voudra pas, grinça Gald.

– Voulez-vous me parler de lui ? proposa, compatissant, Mabgir.

– Il me faut annoncer ce malheur à ma famille, souffla Gald. Et à Emaine.

Il redoutait ce moment. D'autant que…

– Peut-être Finn croupissait-il dans un des cachots de Kerbenn-Névezenn que je n'ai pas pris le temps d'ouvrir.

– Ou il était ailleurs, dit Mabgir. Au demeurant, pouviez-vous perdre du temps à explorer tous les culs de basse fosse au risque d'être surpris avant d'avoir trouvé les captives pour lesquelles vous étiez venu ?

Il était maladroit. Mais plein de bonne volonté.

Si peu convaincant, hélas !

– J'avais fait le serment de les libérer tous les deux !

– Cela devait se passer ainsi, pontifia Mabgir. Si votre frère, au lieu de revenir au village, avait poursuivi la mission dont les anciens l'avaient investi, vous n'en seriez pas où vous en êtes !

Gald haussa les épaules, furieux. Il ne croyait pas au destin. Sa situation actuelle résultait d'une succession de décisions. Qu'il ne les ait pas toujours prises lui-même ne changeait rien à ce fait.

Mabgir perçut sa réprobation. Comme chaque fois qu'il se sentait en désaccord avec celui auquel il avait juré allégeance, il se réfugia dans un mutisme altier, attendant que Gald rompît le premier le silence. Brusquement, le jeunen homme se leva et, plantant là le prêtre-dragon, il se dirigea vers le camp des Fils du Vent.

Lorsqu'il atteignit l'antre de Youank-Vamm, Emria se tenait sur le seuil. Quand bien même il se serait agi d'un hasard, elle se comportait comme si elle l'attendait.

Une fois de plus, l'atmosphère enfumée qui régnait sous la tente l'étourdit. Mais cela n'expliquait pas tout.

Il avait beau se raisonner, se dire qu'il était le chef d'une armée assez redoutable pour tenir tête à celle d'Agman, que deux royaumes le reconnaissaient pour véritable maître, que son autorité s'exerçait même sur les Fils du Vent, il se sentait intimidé devant la silhouette estompée par la fumée du brasero divinatoire.

– J'ai une bonne nouvelle pour toi, en provenance du Bro-Avèl, dit Sdrina sans attendre son salut. Aamzer lève une armée.

– Les Fils du Vent l'ont enfin convaincu ? Ou se sent-il menacé, à présent qu'Agman pénètre chez ses voisins du Morklav ?

– La décision n'a pas été simple : les Avèliens sont des poètes. Ils répugnent à la guerre.

– Pourtant ils font espionner les autres royaumes par les tiens. À quelle fin ? Quoi qu'il en soit, voici ce que j'attends de tes poètes : qu'Aamzer envoie la moitié de ses forces au secours de Morwreg, afin de lui permettre de repousser l'envahisseur. Que les navires d'Uhlvor débarquent l'autre moitié sur la côte nord du Trévad, derrière les troupes qui verrouillent l'isthme du Teirmor.

Sdrina jeta une poignée de poudre sur le brasero.

– Je vois une grande bataille, dit-elle.

– Quelle en est l'issue ?

Elle secoua la tête :

– En fait, je ne vois pas une seule mêlée, mais deux, dans le même temps, dans le même lieu… Les images sont très confuses. Quant à l'issue… La fumée s'enroule sur elle-même… Comment la déchiffrer ? Que comptes-tu faire ?

– Si Agman se sent menacé sur plusieurs fronts, il attaquera. Je ferai mine de chercher à investir Kerbenn-Névezenn pour le forcer à venir à ma rencontre. Au nord-ouest, Morwreg traversera la frontière. À mon signal, Aamzer, depuis le nord, marchera sur nous ; Braghed quittera Rotkozn pour assurer son flanc à l'est. Si nous manœuvrons bien, nous mènerons Agman où je le veux : dans la plaine d'Airma.

– Là où s'est déroulée l'Airma-Kad…, souffla Sdrina. Voilà sans doute pourquoi la fumée est muette. Ce lieu est trop fort.

– Sais-tu aussi pour Finn ?

– Oui. Et je connais ton cœur.

Cette parole résonna durement. Non seulement Sdrina ne semblait éprouver aucune compassion, mais sa voix se teintait de reproches.

– Tu t'en veux de ne rien avoir tenté pour le délivrer, quand tu étais dans les souterrains de Kerbenn-Névezenn. Mais souviens-toi : ton seul but, alors, était de libérer la femelle blonde !

Il sursauta. Si l'argument était celui employé par Mabgir, Sdrina, elle, ne lui cherchait pas d'excuse, au contraire.

– Ai-je commis une faute ?

– Pas celle à laquelle tu penses. Je te concède qu'il est des actes inévitables, parce qu'ils participent d'un ordre qui nous échappe.

Gald crispa les poings. Sdrina, ou plutôt Youank-Vamm, avec toutes ses superstitions, se révélait aussi incapable de l'aider que Mabgir. Il ne pouvait avouer ses doutes devant ses compagnons, de peur qu'ils ne les interprètent comme un aveu de faiblesse. Et voilà que les deux personnes devant lesquelles il s'était autorisé à les exprimer ne lui débitaient que des sornettes. Sans compter les insinuations à propos d'Emaine, qu'il trouvait insupportables. Sdrina le dévisageait en pinçant les lèvres. Devinait-elle les pensées qui l'agitaient ? Il se leva, bafouilla un au revoir. Elle ne répondit pas.

Il lui restait maintenant à s'acquitter d'une bien pénible tâche.

Emaine allaitait son bébé quand Gald pénétra dans ses appartements.

Les filles de Glaouel, qu'il avait placées à son service, s'éclipsèrent sans qu'il eût à le leur demander, ainsi qu'elles le faisaient à chacune de ses visites. Elles n'étaient plus que deux : Telyn, leur aînée, avait préféré prendre le commandement d'une phalange de frondeurs.

La jeune femme lui adressa un sourire las.

– Emaine, je suis porteur d'une triste nouvelle.

Elle posa sur lui un regard résigné. Depuis qu'il l'avait extirpée de sa geôle, il ne l'avait pas vue sourire, si ce n'est à la petite. Une fois de plus, la clarté de ses yeux, la finesse de ses traits l'émurent. Il aurait tout donné pour lui rendre sa gaîté. Au lieu de cela, il venait la peiner davantage :

– Finn... aujourd'hui, j'ai acquis la preuve de sa mort.

Aucune larme ne vint humecter la paupière d'Emaine.

– Je le savais, murmura-t-elle. Je savais que je ne le reverrais jamais.

Elle berça l'enfant sur son sein.

Sans doute le moment était-il mal choisi pour lui faire part de ses sentiments. Pourtant Gald s'entendit dire, d'une voix mal assurée :

– Un jour, en fait le jour où Agman a détruit Atil, Finn t'a confiée à moi.

De nouveau, elle lui sourit, sans joie.

– Si j'étais restée dans le bosquet de bouleaux... tu te souviens, tu m'avais demandé de t'attendre... Mais tu ne revenais pas. Je n'ai pas eu la patience.

La fillette ne tétait plus. Emaine la redressa pour lui permettre de faire son rot. L'enfant se tortilla pour mieux voir celui qui parlait à sa mère. De nouveau, Gald fut frappé par son regard, trop aigu pour une gamine de son âge.

– À ton père aussi, j'ai promis de m'occuper de toi. Et l'engagement que Finn n'a pu tenir, je suis prêt à le tenir à sa place.

Elle fronça les sourcils, comme si elle hésitait à comprendre le sens de ses paroles. Elle finit par dire, à peine audible :

– Je ne peux pas… Cette enfant…

– Est ta fille. Un point c'est tout.

Elle sursauta, effarouchée par son ton autoritaire. Il s'en aperçut, se radoucit.

– Ne tiens aucun compte d'obstacles chimériques. Interroge ton cœur. Je ne te demande pas une réponse immédiate, seulement d'y penser…

Elle serra les lèvres, avec une expression de biche traquée. Il l'avait heurtée, il en était conscient. Il n'avait pas prémédité sa proposition. Pourtant, il ne la regrettait pas.

Dans les décades qui suivirent, cependant, il eut d'autres préoccupations. Aamzer, acquiesçant à son plan, avait débarqué dans le nord du pays. Gald, ses rangs grossis par les Danéens sous le commandement des barons, avait refranchi les passes. S'étant assuré des ponts, il contrôlait les deux rives du Taedr. Agman ne s'y était pas opposé, préférant ne pas diluer ses forces trop loin de Kerbenn-Névezenn. Franchissant le fleuve, Gald, à la tête d'un fort détachement, se dirigea vers les Hautes Terres, tandis que Bratweg se déployait dans la province du sud, pour prêter main forte au soulèvement général qui l'embrasait.

La facilité avec laquelle les alliés reprenaient les territoires avait quelque chose de déconcertant. Il y eut bien des escarmouches, mais en général les guerriers noirs choisissaient le repli.

Kerbeliou, dont la défense avait été confiée au margrave, se rendit sans combat. Les mercenaires trévadites s'étaient chargés de réduire la poignée de guerriers laissés en garnison dans la ville.

Le margrave se porta lui-même au-devant de Gald, lui dispensant force démonstrations de sympathie.

–Savez-vous ce qui me réjouit le plus ? demanda sèchement le jeune homme.

–Il n'est pas difficile d'imaginer la joie que doit éprouver un enfant de Drusaonn à recouvrer…

–Ce qui me réjouit le plus, le coupa Gald, c'est de savoir Agman réduit à confier la défense de ses intérêts à un personnage de votre acabit. Cela signifie qu'il n'a pas les moyens de consolider ses conquêtes.

Le margrave accusa le coup.

–Dois-je comprendre que je vous suis odieux ? s'insurgea-t-il. Je vous trouve injuste. Certes, j'ai dû céder à la force, mais je n'ai pas cessé d'être fidèle à mon roi. Grâce à moi, Kerbeliou est encore debout ! Au lieu qu'Agman l'aurait réduite en cendres si j'avais fait mine de lui résister.

Son indignation paraissait sincère.

– Soit, répondit Gald. Je me demande simplement… Auriez-vous montré le même zèle à la préserver de tout désagrément, si vous n'aviez pas été dans ses murs ?

Le margrave blêmit. Autour de lui, il ne trouvait aucune indulgence.

– Puisqu'il en est ainsi…, commença-t-il.

– Taisez-vous ! trancha Gald. Je devrais vous clouer sur une porte de la ville, celle-là même que vous avez fait fermer pour essayer de me retenir, il y a trois ans. Au lieu de quoi, je vais vous renvoyer à votre nouveau maître.

Perdant toute dignité, le margrave se jeta aux genoux de Gald. Deux gardes le traînèrent hors de la ville, pieds et tête nus.

Bientôt, Gald atteignit la place où il avait naguère trouvé refuge dans la roulotte d'Askel. Elle lui parut bien moins spacieuse que dans son souvenir. De même, le palais lui sembla avoir rapetissé. Ayant appris le bannissement du margrave, tous ses occupants l'avaient déserté.

Gald y était venu en quémandeur, convaincu d'obtenir réparation pour la destruction de son village. Que se serait-il passé si, écoutant le conseil de Targo, il avait fui

Kerbeliou ? Askel serait peut-être encore vivant. Mais, d'un autre côté, les Fils du Vent se seraient-ils placés sous son autorité s'il n'avait pas rencontré Sdrina ? Fallait-il croire Mabgir, ou chacune des décisions qu'il avait été amené à prendre avait-elle changé la face du monde ? Il s'approcha du puits ouvert dans la grande salle du rez-de-chaussée. Trois ans auparavant, autant dire plusieurs siècles, la décoration de la margelle lui avait paru le comble du luxe. Oui, autant dire plusieurs siècles… Il trouvait à présent les sculptures grossières, maladroites, comparées à celles qu'il avait aperçues sur la façade de la forteresse d'Agman. Il se pencha au-dessus de la margelle. Cette fois-là, une ondine lui était apparue pour lui lancer l'avertissement qui lui avait permis de se sauver à temps. Aujourd'hui, il ne voyait plus, à la surface de l'eau noire, que le reflet de son propre visage, et cette image l'effrayait : c'était celle d'un homme dur, mûri avant l'âge, dont les lèvres se crispaient en un pli amer.

45

LA PLAINE D'AIRMA

Gald consacra le reste de la belle saison à renforcer ses positions. Menacé d'encerclement, Agman préféra abandonner la forteresse de Kerbenn-Névezenn pour conserver sa liberté de mouvement. Sur les territoires qu'il contrôlait encore, il faisait régner la plus démentielle terreur. Au moindre soupçon de sympathie pour les rebelles, les champs et les villages brûlaient. Les arbres se couvraient de pendus. Or, ces violences, loin de mater les révoltes, attisaient la colère. Les paysans se réfugiaient dans les bois, emportant leur bétail. Ils empoisonnaient leurs propres puits, pour priver les patrouilles d'eau potable. Les mercenaires trévadites désertaient par dizaines pour faire allégeance aux insurgés. Ceux-ci, tout d'abord, les avaient reçus avec hostilité. Mais Gald avait persuadé ses troupes de les accueillir : dans le combat final, on aurait besoin de tous les bras.

Vint l'automne. Il s'annonçait, cette année-là, exceptionnellement chaud. L'étau autour d'Agman se resserrait. Connaissait-il, lui aussi, la légende de l'Airma-Kad ? Avait-il deviné l'intention de Gald ? Probablement. En installant son camp tout à côté de la plaine d'Airma, le guerrier noir exprimait assez son désir d'en découdre une bonne fois pour toutes.

Il était loin d'avoir perdu ses ressources. S'il avait dû réduire son territoire pour ne pas diluer ses forces, il tenait encore la moitié du Trévad et ne désespérait pas de pénétrer plus avant dans le Morklav, malgré la résistance farouche que lui opposait l'armée de Morwreg dans les marécages de la frontière, où sa cavalerie s'empêtrait.

Parmi les compagnons, les avis étaient partagés. Si Agman remportait la victoire en un lieu si chargé de symboles pour les Quatre Royaumes, il pourrait se rétablir : il ne l'emporterait pas seulement sur ses adversaires, il triompherait de l'Harmonie elle-même. Qui, après cela, oserait s'élever contre lui ? C'était d'ailleurs, à n'en pas douter, la raison pour laquelle il avait choisi d'attendre son ennemi en ce lieu qui, en soi, ne présentait aucun intérêt stratégique.

Gald, lui, avait depuis longtemps pris sa décision. Ce qui valait pour Agman valait aussi pour lui. Une victoire à Airma achèverait d'asseoir sa légende. Même la date convenait : la tradition situait l'Airma-Kad le trente-troisième soleil de la troisième saison. Ses forces avaient juste le temps de converger sur Airma pour se déployer au jour dit.

Et ce jour vint.

Le trente-troisième soleil de la troisième saison.

Naguère, chaque royaume commémorait l'Airma-Kad à sa façon. Les Danéens allumaient de grands feux, sur lesquels ils rôtissaient des bœufs entiers. Les Avèliens organisaient des concours de poésies. Les Morklavites préféraient plonger dans l'eau des rivières et des sources chaudes pour y noyer les ressentiments accumulés dans l'année. Quant aux Trévadites, ils se réunissaient autour des plats traditionnels pour des banquets qui duraient plusieurs jours. Partout, les étrangers avaient table ouverte. Les amoureux choisissaient cet anniversaire pour engager leur foi l'un envers l'autre, en mémoire de Kadarn et Letta. C'était la promesse d'une union harmonieuse. Car on fêtait en ce jour l'avènement de la paix et de la concorde.

Naguère…

Pour que ces fêtes reviennent, dans un monde apaisé, délivré de l'épouvante, Gald devait vaincre. « Le seul choix qui t'est interdit, avait dit Roannenn, c'est la fuite. » Et aussi : « Jusqu'où va ton courage ? »

La nuit qui précéda la rencontre, il ne dormit pas.

Une question le taraudait. Il avait jeté l'urne dans le Puits. Il avait refermé la brèche. Alors, pourquoi lui fallait-il encore combattre ? Avait-il encore quelque chose à prouver ? Et à qui ? Devait-il non seulement mettre fin au déséquilibre généré par la mort de Henwen mais encore établir un équilibre nouveau ?

À l'est, enfin, le ciel blanchit. Du camp des guerriers noirs s'éleva une clameur brutale, où se mêlaient la sonnerie des trompes, le hennissement des chevaux, le battement des tambours. Mais elle n'effrayait plus les rebelles.

Gwaz ajusta l'armure de son maître. Quand il fixa le fourreau de Luc'hengwadeg, ses doigts tremblèrent.

Il avait toujours considéré l'arme avec une crainte respectueuse. À présent, sans qu'il en comprît la raison, la crainte l'emportait sur le respect.

Les troupes danéennes prenaient position sur les flancs, sous les bannières colorées des barons. Les lanciers, appelés à supporter le coup de boutoir de la cavalerie, occupaient le centre du dispositif. À chacun d'entre eux était associé un porte-bouclier, chargé de former un mur protecteur. Derrière se tenaient les frondeurs et les archers. Puis venait le gros de la troupe.

Malgré l'entraînement qu'ils avaient reçu, les soldats de Gald demeuraient peu aguerris. Mais la demi-victoire remportée à Cornighent les galvanisait : n'avaient-ils pas pour eux le nombre et les armes des maîtres-feu, dont les runes, déjà, brasillaient ?

– Qu'est-ce qu'il attend pour se montrer ? s'impatientait Bratweg.

Le tumulte s'amplifiait. Pour autant, rien ne bougeait sur le plateau où s'étendait le camp d'Agman.

– Il n'espère tout de même pas que nous allons commettre l'erreur d'attaquer ses retranchements ?

L'armée de Gald était en place. Devant elle s'étalait la plaine d'Airma. Aucun accident n'en interrompait la monotonie, sinon, au centre, un bloc rocheux incongru, le Maen-Kadarn. Selon la légende, du haut de ce promontoire, le héros Kadarn avait défié les champions des armées ennemies, avant de les défaire les uns après les autres en combat singulier. Seule la guerrière Letta lui avait résisté. Deux cours d'eau traversaient la plaine. La même légende rapportait qu'ils étaient nés des blessures des deux combattants, quand ils s'étaient affrontés. L'important, aujourd'hui, était qu'aucune des deux rivières n'avait assez de profondeur pour gêner le déroulement de la bataille.

Le soleil pointa au-dessus de l'horizon. Il faisait déjà très chaud. Aucun nuage ne venait troubler le ciel. La pureté de l'atmosphère contrastait avec les pluies abondantes des jours précédents. Connaissant la répugnance des guerriers noirs pour la lumière, Gald voulait y voir un avantage supplémentaire. Il comprit son erreur quand la plaine, réchauffée par les premiers rayons du soleil, commença à fumer.

Bientôt, les fumeroles s'agrégèrent en brume, la brume s'épaissit en brouillard. Agman avait eu tout le temps d'examiner le dispositif de son adversaire. Gald, au contraire, découvrirait le sien au tout dernier moment.

– Les voilà, annonça Pelk.

Un grondement sourd, en effet, enflait dans la brume.

– Non, se corrigea Pelk. Ce ne sont pas des chevaux. Je distingue des mugissements.

– Qu'est-ce que cela veut dire, grommela Bratweg. Ils viennent en chars à bœufs ?

– Agman pousse un troupeau devant lui, au cas où nous aurions miné le terrain, comme à Cornighent, supposa Bo.

– Deux fois le même stratagème ? Pour qui me prend-il ? s'énerva Gald. Qu'on prévienne les lanciers.

De la brume surgit une masse compacte. Certaines bêtes portaient entre les cornes une torche allumée, pour affoler leurs congénères.

En revanche, si Agman comptait jeter l'effroi dans les rangs de ses ennemis, il avait commis une erreur : la plupart de ceux qui formaient le mur étaient, peu auparavant, des paysans. Pourquoi auraient-ils eu peur de quelques vaches ?

– Tout ce qu'il aura gagné dans l'affaire, c'est de gêner l'élan de ses cavaliers, gloussa Herrek.

– Donc il ne fera pas porter le premier assaut au centre. Avertissez les Danéens : Agman va tenter de nous déborder par les ailes. Où en est Aamzer ?

– Il sera là dans moins d'une heure, dit Sparfell.

– Morwreg ?

– Là, en revanche, il n'y a guère d'amélioration. Elle est toujours retenue sur sa frontière par les guerriers noirs.

– Tant pis. Au moins, elle immobilise une partie des ennemis. Faites avancer le centre.

La brume s'épaississait. L'armée de Gald s'ébranla. À l'ouest, le vacarme redoubla : les guerriers noirs avaient engagé la bataille. Bientôt la mêlée devint générale. Gald éperonna Tangwall, malgré les objurgations de Bo. Pas question de rester étranger au combat, quand Luc'hengwadeg le tirait en avant !

Le premier cavalier noir qu'il approcha ne l'avait pas vu venir. À peine esquissa-t-il un geste pour se défendre. Luc'hengwadeg siffla, et l'ennemi s'écroula, teintant de son sang la robe de son cheval. Un deuxième, puis un troisième adversaire tombèrent. La victoire était presque trop facile. Tangwall dansait. Luc'hengwadeg déjouait les parades, trouvait à coup sûr le défaut de la cuirasse. Une étrange chaleur montait dans le bras de Gald quand le fer mordait la chair. Elle se répandait dans tout son corps, lui procurant une furieuse ivresse. Il se jeta contre un groupe de deux cavaliers. Ceux-ci, hurlant leur sinistre cri de guerre, se ruèrent ensemble à sa rencontre. Un troisième surgit du brouillard. Tangwall, d'un coup de poitrail, déséquilibra sa monture. Le sabre fit le reste, avant de se retourner contre les deux cavaliers. Il ne pesait rien au bras de Gald. Il heurta les lames ennemies avec un fracas de cymbales. Et quand il les eut brisées, il attaqua le métal des cuirasses.

Vers onze heures, le brouillard se dissipa. La moiteur de l'air ne diminua pas pour autant. La chaleur devenait insupportable. Mais la lumière infligeait un handicap aux guerriers noirs. Et le combat s'éternisait, dont Gald ne voyait que ce qui l'environnait immédiatement.

Devant lui, il aperçut le Maen-Kadarn. Il se précipita sur le monolithe, se frayant un chemin à coups de sabre. Il sauta sur le rocher. Trois pas le menèrent au faîte.

De là, il dominait le champ de bataille. Les épées des maîtres-feu jetaient leur lueur surnaturelle sur une effroyable mêlée. L'eau des deux rivières coulait rouge. Des centaines de combattants jonchaient le sol. L'aile gauche des alliés, contournée, tentait encore de contenir la pression, mais cédait du terrain. À l'est, au contraire, la troupe menée par Aamzer, plus fraîche, talonnait l'ennemi. Au centre, la confusion demeurait totale. Harcelés de tous côtés, les cavaliers sabraient dans la masse, avant de s'effondrer quand les combattants à pied parvenaient à déséquilibrer leur monture. Aussitôt, une meute les recouvrait.

Une flèche siffla à l'oreille de Gald. Il n'y prit pas garde. Car il venait d'apercevoir, au nord, un nuage de poussière. Pour qui, ces renforts ? Morwreg avait-elle enfin rompu le front ? Plus sûrement, Agman avait rappelé ses soldats de la frontière pour participer à la bataille décisive.

Bientôt, hélas, le doute ne fut plus permis : les nouveaux venus portaient des cuirasses noires et de sinistres masques. À plein galop, ils se jetèrent dans la bataille, au risque de bousculer les leurs aussi bien que l'ennemi. La manœuvre eut pour effet de renverser la situation sur l'aile droite. Avec rage, Gald vit son armée prise en étau. Lui-même se trouva bientôt en fâcheuse posture. Les cavaliers noirs l'avaient repéré et convergeaient sur le rocher, bousculant les Fils du Vent qui tentaient de le protéger.

Or, comme le cercle se rétrécissait autour de Gald, une ombre couvrit le champ de bataille. Un nuage ? Gald leva la tête : un serpent ailé occultait la lumière du soleil. Le vent se mit à souffler, par bourrasques brutales qui déséquilibraient les combattants. Puis l'orage éclata. Des trombes d'eau se déversèrent sur l'Airma. Au sol, Gald crut distinguer, à travers les moires de l'averse, le reflet mat d'un gigantesque corps écailleux. La terre tremblait, agitée par de sinueux mouvements. Était-ce l'éclat assourdissant du tonnerre qu'il entendait, ou le rugissement furieux des cinq dragons se mêlant aux cris de haine, de douleur et de terreur des combattants ? La foudre, crachée par une bouche de feu, enflammait les noires cuirasses des cavaliers. Sur le plateau, là où s'étendait le camp d'Agman, une lueur rouge s'éleva. Comment un incendie de cette étendue avait-il pu éclater sous une telle pluie battante ?

L'eau l'aveuglait. Un guerrier noir prit pied sur le Maen-Kadarn. Gald frappa en direction de cette ombre mouvante. Luc'hengwadeg fit le reste.

Cette fois, la flèche passa assez près pour déchirer sa tunique. Il sauta sur Tangwall, esquiva un premier adversaire, percuta de plein fouet un cavalier dont la monture chuta. Tangwall pirouettait, déjouant les manœuvres des guerriers qui fonçaient sur lui. Luc'hengwadeg chantait sa mortelle mélopée. Gald sentit un coup sur le front. Un écart de son cheval lui avait épargné le pire. Le sang lui coulait dans les yeux. Mais le poing demeurait ferme. Il abandonnait son bras à Luc'hengwadeg, et Luc'hengwadeg dansait au rythme de son vibrato farouche.

Les ennemis avaient beau tomber autour de lui, il en venait toujours. Ils le cernaient, quand, soudain, leurs chevaux s'affolèrent. Ils ruaient, se cabraient, encensaient. Et, dans la bousculade, Gald vit accourir un parti de cavaliers montés sur des bêtes étranges. La fluidité de leur galop lui rappela immédiatement Loen-Jav. Les inconnus avaient la grâce de Marwenn. Ils passèrent en trombe, entourés d'un nuage de petites créatures ailées.

Le Peuple ! le Peuple était venu participer au combat.

Gald s'engouffra dans la brèche créée par ses sauveurs. Le sang de sa blessure avait cessé de couler. Il y voyait un peu mieux. Il chercha du regard les compagnons de la cavalière, les elfes, et les nains qui, l'instant d'avant, surgissaient du sol par centaines.

Un guerrier noir, l'ayant reconnu, piqua des deux pour galoper dans sa direction. Gald passa sous sa lame. Une fois de plus, Luc'hengwadeg chanta. L'orage se calmait. Le soleil réapparut, encore haut. Gald éperonna Tangwall pour se ruer au secours d'un lancier menacé par un cavalier. Il planta son sabre entre cuissarde et corselet.

Il frappait, frappait encore. Il ne sentait plus son épaule, mais cela n'avait aucune importance : Luc'hengwadeg avait à peine besoin d'elle pour virevolter.

Le soleil et les nuages menaient dans le ciel un furieux ballet. Tantôt, une pénombre orageuse couvrait le champ de bataille, tantôt le sol détrempé luisait sous une lumière crue, à l'instar des lames qui s'agitaient en tous sens. Presque insupportable pour les soldats de Gald, cette lueur aveuglait les guerriers noirs. Un arc-en-ciel apparut, aux couleurs violentes. Tangwall se dirigea vers la rivière, pour étancher sa soif. Soudain, sur l'autre rive, à quelques coudées devant lui, Gald aperçut la haute silhouette d'un cavalier. Le masque en forme de tête de mort et les bannières de selle déployées en éventail dans son dos ne laissaient aucun doute sur son identité : Agman !

Luc'hengwadeg vibra, donnant une impulsion presque douloureuse au bras qui le portait, tandis que Tangwall s'élançait dans la rivière. Agman n'attendit pas sur l'autre rive. Lui aussi se précipita dans le cours d'eau. Il jeta son javelot. Tangwall fit un écart, et le dard se perdit. Déjà Agman avait dégainé son épée, une lame longue, large, lourde. Pour manipuler une telle arme, il fallait une force hors du commun. Quand elle s'abattait, elle pouvait fendre heaume et cotte de mailles. Pourtant, Luc'hengwadeg la détourna. Habilement, Tangwall se porta sur le flanc gauche de la monture du guerrier noir. Ainsi sa propre tête ne gênait pas son gaucher de maître, contrairement à ce qui se passait pour son adversaire. Agman, bien entendu, le comprit, mais demeura impuissant à y remédier. Au reste, il devait surtout parer les attaques de Luc'hengwadeg.

De grandes gerbes d'eau arrosaient le ventre et le poitrail des deux chevaux, dont les sabots glissaient sur les galets du gué. L'arc-en-ciel s'était effacé, laissant place à une lueur crépusculaire. Les combattants essuyèrent une nouvelle averse. Les robes des chevaux, tout comme les cuirasses des duellistes, fumaient. Et cette vapeur s'enroulait autour de leurs poignets. Dans cette volute, Gald distingua la forme d'un dragon. Il ne sentait plus la fatigue. Au contraire, une force nouvelle assurait son bras.

Et l'eau du gué était rouge.

Une première fois, Luc'hengwadeg mordit la chair d'Agman, en haut de la cuisse. Le guerrier noir ne s'en battit qu'avec plus de rage. Et ses coups étaient rudes. Luc'hengwadeg les détournait, ou Tangwall esquivait, de façon qu'ils tombent dans le vide, déséquilibrant le guerrier noir. Soudain, le bras de Gald se tendit. Son coup de pointe, surprenant la défense d'Agman, porta au défaut du casque, tranchant le lien de cuir qui retenait son masque. Pour la première fois depuis le début de leur duel, Agman se déroba. Gald se porta en avant, afin de pousser son avantage. Mais Tangwall fit un écart. Un javelot passa devant le visage de Gald. Un parti de cavaliers noirs venaient à la rescousse de leur chef. Aussitôt, Gald se retourna contre eux, et Luc'hengwadeg, une fois encore, fit merveille. L'un après l'autre ses agresseurs chutèrent dans l'eau de la rivière, si bien que Gald se retrouva au centre d'un espace vide. Il n'y avait plus personne à frapper. Il se leva sur ses étriers. Au loin, il aperçut la bannière d'Agman. Le guerrier noir tournait le dos. Il s'enfuyait !

Gald se précipita vers le Maen-Kadarn.

Sur la plaine d'Airma, couverte de cadavres, la bataille touchait à son terme. Des combats sporadiques opposaient encore les survivants par places.

Une femme vint le rejoindre : Sparfell.

– Victoire ! claironna-t-elle.

– Pour qui ? souffla Gald, considérant la multitude des cadavres qui couvraient le sol.

Dans les récits concernant l'Airma-Kad, le combat avait cessé quand Kadarn et Letta, admettant qu'ils étaient d'égale valeur, avaient soufflé dans leurs cors. On parlait, bien sûr, de milliers de morts, de fleuves de sang : cela paraissait grandiose ; au lieu que, aujourd'hui, Gald découvrait, plein de dégoût, ce que représentait un tel carnage, quand il s'agissait de corps prostrés dans la boue, de visages fendus par un coup de sabre, de membres tranchés. Pour un guerrier noir à terre, on comptait dix, douze hommes de son armée. Pouvait-il se vanter de l'avoir emporté ? La prédiction du vieux grimoire de Klutam prenait un sens : *trc' awa lamm*, une victoire au goût de défaite... Le nombre... le nombre avait eu raison de la puissance. Quand il avait joué cette carte, Gald s'attendait, certes, à une disproportion des pertes, mais pas à ce point. À présent, il mesurait l'ampleur du sacrifice. Une nausée lui souleva l'estomac.

46

LA MALÉDICTION D'AGMAN

Les corps mutilés jonchaient le sol. Les blessés râlaient. Çà et là, des groupes isolés achevaient de s'exterminer. Gald contemplait le sinistre spectacle de son triomphe, partagé entre la pitié pour tous ces morts, ces blessés, et le dépit d'avoir laissé échapper Agman. La victoire, pour lui, ne serait pas complète tant qu'il n'aurait pas vu la dépouille de son ennemi.

Une rafale rabattit sur lui une odeur de brûlé. Des fumées noires s'étiraient à l'est, où Agman avait dressé son camp. Lui revint en mémoire la vision de son ennemi quittant le champ de bataille. Il éperonna Tangwall.

Bousculées, les défenses du camp n'offraient plus aucun obstacle. Les sabots de Tangwall sonnaient dans les allées vides. Des tentes qui achevaient de se consumer se répandait une puanteur de cuir calciné.

Gald s'avança jusqu'au centre. L'orage avait transformé la place d'armes en un cloaque fangeux.

Assis sur un siège curule, Agman, immobile, le regardait approcher. Du sang séché ternissait sa cuirasse. Gald mit pied à terre pour marcher sur lui. Dans sa main, Luc'hengwadeg frissonnait.

– Ainsi, te voilà, gaucher ! grinça Agman.

– Regarde-moi bien ! Tu connaîtras le visage de ta mort !

Agman accueillit cette forfanterie d'un rire sec, qui s'acheva en quinte de toux.

– Tu n'es qu'un mosk, cracha-t-il, méprisant.

– J'ai détruit ton armée. J'ai mis fin à la menace que tu faisais peser sur le Cinquième Royaume. Mais ma tâche ne sera pas achevée, tant que ta tête ne pendra pas au mors de Tangwall !

– Viens la prendre ! gronda Agman en quittant son siège.

Sa démarche était malaisée, raide. Son épée, qu'il tenait à deux mains, semblait trop lourde pour lui. Il la brandit néanmoins. Quand il l'abattit, Gald n'eut qu'un écart à consentir pour esquiver le coup.

– Défends-toi, gaucher ! hurla Agman en relevant sa lame.

– Je n'en ai nul besoin, répliqua Gald, remisant Luc'hengwadeg dans son étui avec une lenteur calculée.

Agman tenta un moulinet mais, déséquilibré par le poids de sa lame, il tomba avec fracas sur le sol. Du pied,

Gald écarta l'épée de son ennemi, avant de s'agenouiller sur sa poitrine. Le clouant au sol par son seul poids, il entreprit de lui ôter son casque.

– Je ne suis pas venu combattre un chevalier. Je suis là pour débarrasser le monde d'un parasite.

Le sang et les vomissures souillaient le visage de l'albinos. Gald le saisit par les cheveux, lui tourna le visage vers le ciel. Agman gémit.

– Ouvre les yeux. Regarde-moi ! Je suis Gald, du village d'Atil. J'étais là quand tu l'as détruit. Ce jour-là, je me suis juré de t'abattre.

– Vas-y, l'encouragea Agman. C'est dans l'ordre des choses. Un guerrier ne meurt pas dans son lit ! Quand sonne son heure, il n'éprouve ni peur ni regret. Même jeune, il a vécu dix vies au regard du commun des mortels. Mais cela, tu le sais, n'est-ce pas ?

– Tu n'es pas un guerrier. Les guerriers s'affrontent en combats loyaux pour affirmer la suprématie de leur dragon. Toi, tu pilles, tu massacres des paysans désarmés ou tu les réduis au plus vil des esclavages.

– La suprématie de leur dragon, ricana Agman. Mômeries ! Comme si la guerre était un jeu !

Il eut un hoquet. Un filet de sang coula au coin de ses lèvres.

– Tu triomphes et je perds, reprit-il. Et ma défaite est plus tragique que tu l'imagines. Car avec moi, c'est tout un peuple qui périt. Vous autres, vous croyez qu'un principe d'équilibre régit l'univers. Alors, comment expliques-tu que mon monde se meure, parce que sa lumière s'éteint ? Vos crépuscules sont plus lumineux que nos midis. Chez moi, le froid et la nuit règnent en maîtres depuis des décennies. Or, nos savants ont prédit que le mal est sans remède. Quand la porte des mondes s'est entrouverte, nous avons compris que notre seule chance de survie était de vous chasser et de prendre votre place. Mais déjà le temps nous manquait…

– Comment savais-tu, pour Atil ?

– Le meilleur moyen de conquérir un peuple, c'est de s'appuyer sur ses croyances. Quand les espions que j'avais envoyés pour préparer ma venue m'ont rapporté cette histoire d'âme du monde, j'ai tout de suite compris quel parti en tirer. Disperser les cendres de la vieille, c'était tuer l'espoir ! Et un peuple sans espoir est à moitié vaincu.

Une quinte de toux l'obligea à s'interrompre.

– Quoi que tu en penses, reprit-il, je suis un guerrier et je meurs en guerrier. Si mon cœur est triste, c'est que je sais condamnée une civilisation plus brillante que la tienne, un monde de seigneurs, où chaque individu naît pour devenir un maître et peut y parvenir en affirmant sa domination sur les plus faibles, un monde qui ignore votre sensiblerie bêlante. Toi, tu devrais le comprendre.

Tu me ressembles tant. Je l'ai su le jour où tu m'as renvoyé le cadavre de mon messager…

–Dans la forêt, près de mon village, dit Gald, j'ai trouvé ce poignard, égaré sans doute par l'un des espions dont tu m'as parlé. Il annonçait le malheur. Il est juste que par lui le malheur finisse !

–Tu crois sauver ton monde ? Qui le sauvera de toi ?

Gald abattit son arme sur la gorge d'Agman.

Puis il détacha la tête du corps et il suspendit le macabre trophée à la bride de Tangwall, ainsi qu'il avait promis de le faire. Maintenant, il pouvait revenir vers les siens. Maintenant, il pouvait affronter sans honte le regard des blessés, ou de ceux qui pleuraient un compagnon d'armes.

Les paroles d'Agman résonnaient dans sa mémoire. Se pouvait-il qu'une simple bataille ait décidé de la mort d'un monde ? Et quel sens donner à ses dernières paroles ? Simple fanfaronnade ou malédiction ?

Si Bratweg, Disgar et Touhel lui réservèrent un accueil triomphal, ne cachant pas leur joie à la vue de la tête d'Agman, Bo se montra plus froid.

–Tu es aussi fou que Bratweg ! dit-il. N'étais-tu pas censé diriger la bataille ? Tu n'en as rien vu !

–Diriger la bataille ? Aurais-je pu commander aux dragons ?

–Je parlais des hommes de ton armée, précisa Bo.

– C'est à moi que le Peuple avait promis son aide.

– Mais enfin, de quoi parles-tu ?

– L'orage, le tremblement de terre, l'incendie du camp d'Agman. N'as-tu pas vu les dragons ? Et les elfes, qui affolaient les chevaux ? Et les cavaliers qui sont venus à notre rescousse ! Ne me dis pas que tu ne les as pas vus ?

– Laisse-moi examiner ta blessure à la tête.

– Et les nains, qui sortaient de terre pour entraver les jambes des chevaux…

– Tu as besoin de repos.

De toute évidence, Bo n'avait rien vu. Sur le visage de ses compagnons, il lisait la même incompréhension.

– Où est Treuz ? Je ne le vois pas. Et Herrek ?

Bo baissa la tête.

– Le baron Brenagh aussi a été tué, précisa Sparfell.

– Mabgir ?

– Ici !

Le prêtre-dragon s'avança. Par-dessus sa chasuble, il avait revêtu une cotte de mailles. Mais ses traits n'accusaient aucune fatigue. Sans doute avait-il estimé qu'il ne convenait pas à un prêtre de Cénog de s'exposer.

– Toi non plus, tu n'as rien vu ?

– Nos hommes se sont battus magnifiquement, répondit le prêtre-dragon, qui n'avait pas suivi le début de la conversation.

– Je veux que chacun de nos morts soit traité selon le rituel auquel il était attaché, enchaîna Gald, pour cacher son trouble.

– Et les guerriers noirs ?

– Qu'on creuse des fosses et qu'ils y pourrissent ! Que partout les fuyards soient traqués et pendus !

– Cela ne sera pas indispensable, dit Mabgir. La mort d'Agman scelle la fermeture de la brèche. Une nouvelle ère commence.

– L'Harmonie ?

– Ça, c'est une autre histoire. L'Airma-Kad s'est achevée par les épousailles de Kadarn et Letta. La bataille d'aujourd'hui par un duel à mort. Qui sait ce que cela présage pour l'avenir ?

Peut-être Youank-Vamm aurait-elle une réponse à apporter à cette question. Sans préciser où il allait, Gald mit Tangwall en marche d'une pression du genou.

Dans le camp des Fils du Vent régnait un mélange d'allégresse et d'affliction. D'un côté, on fêtait les vainqueurs en héros, de l'autre on déplorait les morts. Chaque clan avait son lot des uns comme des autres. On soignait les blessés, on pansait les éclopés, on commentait les exploits des combattants. Quelques-uns l'apostrophèrent. Mais la plupart ne lui prêtaient aucune attention. Il en éprouvait une sorte de soulagement, comme s'il était coupable des malheurs qui les avaient frappés.

Quand il se présenta devant la tente de la Mère, Emria n'était pas là pour l'accueillir. Il hésita avant de franchir le seuil sans être annoncé. Puis il se dit que si les dons divinatoires de Youank-Vamm étaient réels, elle devait s'attendre à sa visite.

Elle n'était pas couverte de ses multiples voiles. Ce n'était pas tant Youank-Vamm qui l'accueillit que Sdrina. Il flottait sur son beau visage une infinie tristesse. Mais rien, pas même cette mortelle mélancolie, ne pouvait altérer sa beauté. Elle avait mûri, depuis le jour où, par jeu ou par tendresse, elle avait posé ses lèvres sur les siennes.

– Sdrina. J'ai besoin de ton aide. Je dois savoir qui est l'âme du monde.

Elle tressaillit.

– Pourquoi veux-tu connaître un secret qui ne t'appartient pas ?

– Quand j'ai jeté l'urne de Henwen dans le Puits des Âmes, j'ai cru ma tâche achevée. Pourtant, le Cinquième Royaume a continué à se délabrer. C'était même pire qu'avant. Aujourd'hui, j'ai vaincu Agman. Mais je crains que cela ne suffise pas à rétablir l'Harmonie entre les Quatre Royaumes. Je ne comprends pas ce qui se passe.

– Et ?

– L'âme du monde ne doit pas tomber en de mauvaises mains. Je la prendrai sous ma protection.

– Si tel est ton but, réjouis-toi, il est atteint, ricana-t-elle, agressive.

– Que veux-tu dire ?

Les lampes brillaient d'un éclat intense, insoutenable.

– J'ai déjà trop parlé. Va-t'en, maintenant.

La lumière s'éteignit d'un coup. Sdrina se tassa sur elle-même, et il sembla à Gald revoir Rouanez-Vamm, la première fois où il avait pénétré sous la tente sacrée des Fils du Vent.

47

L'ÂME DU MONDE

Emaine était assise dans la semi-obscurité d'une lampe à huile dont la mèche était tenue courte. Elle posa le doigt sur ses lèvres pour l'inviter au silence : l'enfant dormait.

Elle se leva, marcha vers lui. Il avait pris le temps de se laver et de changer de tenue avant de se présenter devant elle.

– J'ai appris, dit-elle. C'est merveilleux.

Elle souriait. Enfin. Il leva les mains vers elle, mais son geste se figea soudain. Alarmée par son expression, son regard fixe, elle se retourna.

– Oh ! le chat ? s'écria-t-elle en comprenant ce qui troublait Gald. Je ne sais pas d'où il sort. Tu aurais dû voir comme la petite paraissait contente de le voir.

En trois enjambées, Gald traversa la pièce.

– Louarnic ? C'est toi.

L'animal le dévisageait avec sérénité. Dans le fond de sa prunelle couvait un feu rougeâtre. Quand Gald approcha, il cracha et recula tout près du berceau. Le regard de Gald allait de l'enfant qui, réveillée, le considérait de ses yeux pâles, au chat qui s'interposait entre elle et lui.

– Oh non, murmura Gald, ce n'est pas possible.

Les paroles de Sdrina s'éclairaient soudain, en même temps que s'ouvrait devant lui un champ de possibilités qui lui donnait le vertige. Il sentit sa poitrine se dilater. Son avenir était désormais tout tracé. Sa mission ne s'arrêtait pas au bord du Puits des Âmes, ni sur le gué de l'Airma. Ce n'était pas sans raison que, à l'heure du péril, l'âme du monde avait quitté le corps de l'humble paysanne qu'elle occupait. Il fallait que Gald fût révélé à lui-même comme à ses semblables. Ce n'était pas sans dessein non plus qu'elle avait choisi de se réincarner dans la fille d'un guerrier, auprès de son vainqueur. Et sans doute n'était-ce pas par hasard que lui-même se sentait attiré par la mère de l'enfant. S'il avait eu quelque scrupule en songeant à son frère, il savait maintenant qu'il n'était pas de mise. Aussi est-ce d'une voix ferme, presque impérieuse, qu'il déclara :

– Emaine, dans quelques jours, les Trévadites assisteront à mon triomphe. Les quatre souverains me fêteront pour le service que j'ai rendu à l'Harmonie. Je veux que tu sois à mon côté, que tout le monde voie en toi la compagne que j'ai choisie.

Elle baissa les yeux, effarouchée.

– Écoute, je t'aime bien, mais... Peut-être qu'un jour... À présent, il est trop tôt. Finn...

– C'est ce qu'il voulait ! Quand il a quitté Atil, sais-tu ce qu'il m'a dit ? Il m'a dit : s'il m'arrive quelque chose, si cette aventure se termine mal pour moi, je voudrais que tu épouses Emaine.

Elle écarquilla les yeux.

– Finn n'a pas pu te dire une chose pareille, s'insurgea-t-elle.

– Ce sont pourtant ses propres paroles, mot pour mot, s'entêta Gald.

Les larmes montèrent aux yeux de la jeune femme. Sans vraiment comprendre l'étendue de sa maladresse, Gald regretta son mensonge. Il ne pouvait pourtant plus reculer.

Il ne le voulait d'ailleurs pas. Emaine l'attirait. Et, surtout, il devait se mettre en position de toujours veiller sur la fillette.

Veiller sur elle, ou la surveiller ?

– Songe à l'enfant, dit-il d'une voix qui se voulait chaleureuse, mais où perçait la menace. Tôt ou tard, on découvrira la vérité sur son ascendance. Que dis-je, tôt ou tard ? Tes compagnes de captivité, n'en doute pas, ont déjà parlé. Qui sait ce qui pourra arriver ? Si elle est près de moi, personne n'osera rien contre elle.

À l'expression d'Emaine, il vit que l'argument avait porté.

– Viendras-tu ? la pressa-t-il.

– Je viendrai, dit-elle sans enthousiasme.

– Avec elle, coupa-t-il en désignant le berceau.

Il ne voulait entendre ni objection ni réserve. Louarnic posait sur lui un regard énigmatique.

Il avait besoin de parler à Mabgir. Seul le prêtre-dragon saurait exprimer avec clarté ce qu'il entrevoyait confusément. Au lieu de le convoquer, comme à son habitude, il se rendit tout droit dans ses appartements.

Si cette irruption surprit Mabgir, il eut assez de sang-froid pour n'en rien laisser paraître.

– Mabgir, s'écria Gald sans même prendre le temps de le saluer, je sais qui est l'âme du monde.

Le prêtre-dragon ne sourcilla pas.

– Toi aussi, n'est-ce pas ?

– Cénog (que sa clémence me garde en sa faveur !) m'en a informé dans un rêve.

Gald n'en croyait pas un mot. En matière d'espionnage, le prêtre-dragon était aussi habile que Sparfell et Pelk réunis !

– Peut-être t'aura-t-il dit la raison de ce choix ? ironisa-t-il.

Mabgir leva les mains vers le ciel, ce qui chez lui signifiait l'ignorance.

–Henwen était une humble paysanne qui vivait en harmonie avec la terre, énonça-t-il. Sa mort annonce que l'ère de Névezenn est révolue. Selon le Cycle des Âges, l'âme du monde aurait dû migrer dans le corps d'un Danéen, pour inaugurer l'ère de Zévinn. Une ère de grande activité, riche d'inventions.

–Or, elle a préféré la fille d'Agman pour se réincarner…

De nouveau, Mabgir, la mine préoccupée, exprima par le geste sa perplexité.

Mentait-il par omission ? Ou bien toute sa science se trouvait-elle prise en défaut ? Après tout, l'ouverture de la brèche marquait une rupture dans l'ordre du monde. Une catastrophe, qui avait perturbé le cours prévisible des choses. Peut-être la réponse se trouvait-elle dans le Brudl'fr, le Livre des chroniques, dans lequel Klutam prétendait trouver la clé de l'avenir. Mais, même quand le feu ne l'avait pas encore à moitié rongé, le grimoire était indéchiffrable pour tout autre que l'ermite !

Il y avait pourtant quelqu'un dont la fonction était de dissiper les brumes du futur. Quelqu'un qui avait su avant lui la vérité sur l'enfant d'Emaine. Les dernières paroles de Sdrina l'avaient troublé. Elles prenaient à la lumière de cette révélation une signification tout à fait limpide.

– Puisse Cénog te guider dans ta réflexion ! dit Gald en guise de congé, avant de se précipiter vers l'écurie.

Entre les roulottes, les enfants jouaient. Les femmes cousaient les parures des marionnettes. Des hommes sculptaient de nouveaux modèles. Gald aperçut des heaumes noirs : aux récits mythologiques s'ajouterait désormais une autre épopée. Les Fils du Vent affluaient par centaines. Ils n'avaient pas voulu réinstaller le Dastum dans le méandre du Mavel. Désormais, ils évitaient ce lieu où tant des leurs avaient perdu la vie.

Au centre du rassemblement se dressait une tente circulaire, toute blanche. Des jeunes filles l'ornaient de motifs de perles. Gald s'attarda un moment à les observer. L'une d'elles le remarqua, lui adressa un sourire aguicheur puis, effrayée par sa propre audace, remit le nez sur son ouvrage en rougissant. Gald secoua la tête : quelle différence avec l'accueil qu'il avait reçu la première fois qu'il avait pénétré dans le Dastum ? À l'époque, il n'était aux yeux de ses occupants qu'un kouerig, aujourd'hui il était le Chevaucheur de dragon !

– Elles préparent pour la Mère une tente digne d'elle, dit une voix dans son dos.

Il se retourna.

– Bonjour Emria.

La servante le soupesa du regard.

– La Mère savait que tu viendrais.

Une lueur féroce brilla dans son œil.

– Elle sait aussi ce que tu es venu lui annoncer.

La froideur de la voix ne laissait aucun doute sur ses sentiments.

– Elle est la mère de notre peuple, précisa Emria. Celle qui déjoue pour lui les pièges du destin en interprétant les oracles et en traçant les chemins. Elle est aussi une jeune femme blessée dans son cœur, à cause de toi. Il est préférable que tu l'évites.

– Je voulais simplement m'assurer que les Fils du Vent étaient bien installés, mentit-il.

– Tu le vois.

Il opina du chef.

– Je suis rassuré, dit-il. Et je sais que tu prendras soin d'elle. Si un jour…

Il se sentait stupide. Tout un peuple veillait à présent sur Sdrina. Au point de la maintenir prisonnière. Néanmoins, il poursuivit :

– Tu lui diras… Si un jour, elle ou toi avez besoin de moi… La dernière chose que je souhaite, c'est lui occasionner la moindre peine.

Elle le regarda s'éloigner, raide comme une épée, sans mesurer le regret où il se noyait.

48

LE PROTECTEUR DES ROIS

La forteresse d'Agman projetait sur Kerbenn-Névezenn une ombre grise. Bientôt, le soleil s'immiscerait entre deux tours. Faudrait-il la démanteler, effacer à jamais la trace de ce cauchemar, ou la garder comme avertissement pour les générations futures ?

Pour la cérémonie, Gald avait choisi une plaine située en dehors de la ville. Aucune salle du palais, aucune place n'aurait été assez vaste pour contenir la foule conviée à venir assister à son triomphe. La guilde des marchands, pressée de faire oublier sa complaisance envers les envahisseurs, avait pris en charge les frais de la cérémonie, mais Gald avait veillé en personne à son organisation.

Une estrade tournait le dos aux remparts de la ville. Cinq trônes s'y dressaient. Même Aamzer n'avait pu se dérober à l'invitation que Gald lui avait fait parvenir par l'intermédiaire des Fils du Vent.

Les quatre souverains, chacun assis sous l'image de son dragon tutélaire, se levèrent à l'approche de Gald. La foule scandait le nom du jeune homme, devenu son héros. Cet enthousiasme ne laissait pas ignorer aux souverains qui régnait réellement sur le cœur de leurs sujets.

À la bride de Tangwall pendait la tête embaumée d'Agman. Les onguents et la fumée l'avaient noircie. Sur des chariots, des monceaux d'armures marquées de la spirale à cinq branches attestaient la victoire.

Mettant pied à terre avec une lenteur calculée, Gald déposa devant les trônes son hideux trophée. Maez le considéra avec stupidité, tandis qu'Aamzer et Morwreg détournaient le regard. Enderyc, lui, paraissait fasciné. Gald s'inclina. Mais il n'y avait aucune humilité dans cette posture.

Morwreg descendit en personne de l'estrade pour inviter Gald à y monter. Maez lui présenta le cinquième siège. Il était pâle et sa mâchoire se crispait. Néanmoins, ce fut d'une voix ferme qu'il prononça :

– Nous, Maez, roi du Trévad, Aamzer, roi du Bro-Avèl, Enderyc, roi du Glenn-Ar-Dan et Morwreg, reine du Morklav, rassemblés en ce jour de triomphe pour fêter la victoire sur les forces du désordre qui menaçaient l'Harmonie, nous te reconnaissons, toi, Gald, fils de Brigat, du village d'Atil, comme seul et légitime souverain du Cinquième Royaume.

L'ovation qui monta de la foule fit trembler les assises de l'estrade. Gald leva les bras pour réclamer le silence. Il fut long à l'obtenir. Quand enfin les cris furent devenus rumeur, il prit la parole à son tour.

– C'est un grand honneur qui m'est offert. Il y a trois ans à peine, je n'étais qu'un paysan qui ne s'était jamais aventuré en dehors de la vallée de Drusaonn. Et voilà que vous me proposez de régner sans partage sur une terre de légende ! Du fond de mon cœur, je vous remercie. Et je refuse.

Un cri d'effroi accueillit cette annonce.

Maez était décontenancé. Il n'y avait rien de spontané dans sa proposition. Elle lui avait été suggérée par Mabgir : autant dire par Gald lui-même. Il jeta un regard éperdu vers le prêtre-dragon. Celui-ci regardait fixement la foule agitée de sentiments divers, sans laisser transparaître la moindre émotion. Maez improvisa :

– Tu étais un paysan naguère. Tu as depuis accompli de grandes choses. Tu es à présent notre égal.

– Tu te trompes. Je ne suis pas votre égal.

Il n'y avait aucune modestie dans le ton de Gald. Au contraire. Et chacun des monarques assemblés comprit qu'il avait en réalité voulu dire : *vous* n'êtes pas mes égaux. Pire : la foule aussi l'avait compris.

– Il est temps pour moi de me retirer, poursuivit Gald. Je veux prendre femme et mener une existence paisible auprès des miens. À vous de maintenir l'Harmonie, telle que je l'ai rétablie. Si d'aventure elle était de nouveau menacée, par quoi que ce soit, je serai bien entendu là pour la défendre.

Dans un geste théâtral, il tira Luc'hengwadeg de son fourreau et l'offrit à la contemplation du public. Rois et reine se tassèrent un peu plus sur leur trône.

Il fit ensuite monter Emaine sur l'estrade et la présenta à la foule, qui du coup retrouva son enthousiasme. La jeune femme était blême. Elle serrait son enfant contre elle. Ces gens qui l'acclamaient l'effrayaient. La fillette, au contraire, les regardait avec curiosité, calme. Au pied de sa mère, Louarnic, indifférent, se léchait la patte.

En s'abandonnant à l'adulation du peuple, Gald réfléchissait. Il ne convenait pas, pour préserver l'équilibre, qu'il demeure trop près de Maez. Lequel d'entre eux resterait à Kerbenn-Névezenn ?

49

LA CHANSON DU CRÉPUSCULE

Autant l'automne avait été doux, autant l'hiver fut brutal. Les premières chutes de neige se révélèrent si abondantes qu'elles paralysèrent les routes pendant plusieurs semaines. Jamais, de mémoire de Trévadite, on n'avait connu si précoce et si féroce assaut du froid. Consultées, les chroniques des Quatre Royaumes le confirmèrent. Les monarques avaient tout juste eu le temps de regagner leur capitale. Maez s'était laissé convaincre par Mabgir d'installer provisoirement sa cour à Hanternoz, abandonnant le palais de Kerbenn-Névezenn à Gald en attendant qu'une résidence soit construite pour lui dans les Collines bleues.

S'il s'était d'abord réjoui de ce choix, Gald le regrettait à présent. Les rois loin de lui, il ne pouvait plus les surveiller. Certes, Mabgir avait accompagné Maez, mais pouvait-il lui faire pleinement confiance ?

Le prêtre-dragon n'avait qu'un maître : Cénog. Quant aux autres souverains... Aamzer essayait d'attirer Youank-Vamm sur son territoire, sans doute pour accroître son influence sur les Fils du Vent qui avaient manifesté d'inattendues vertus guerrières. Morwreg laissait courir le bruit que, si elle n'avait pas résisté sur sa frontière, Agman l'aurait emporté à Airma. Quant à Enderyc, il était maintenant sous la coupe des barons. Et ils étaient seize à prétendre assurer une régence que Maez négligeait. Tous flattaient Gald et l'honoraient du titre de protecteur : qu'en serait-il demain, une fois son armée dispersée ?

Gald avait passé plusieurs jours à explorer la forteresse inachevée d'Agman. La supériorité de ses architectes sautait aux yeux. Souvent, les derniers mots de son ennemi lui revenaient en mémoire. Certes, le règne des guerriers noirs aurait été une catastrophe. Cependant, il ne songeait pas sans malaise au monde dont ils provenaient, condamné à disparaître dans l'obscurité.

Au plus profond des souterrains de la forteresse, il avait appelé Orinn. Il avait eu beau s'égosiller, nul n'avait répondu. Plus de nains, donc, ni d'ondines, d'elfes et autres esprits des arbres. C'était aussi cela, la fermeture de la brèche.

Chaque jour, Gald accordait audience à ceux qui le sollicitaient. Ils étaient peu nombreux, car les routes enneigées dissuadaient de venir de loin. Au reste, cela valait peut-être mieux. Arbitrer les querelles de voisinage ne le passionnait guère. Il rendait de fréquentes visites à Emaine. Il en revenait en général amer. Malgré tous ses efforts pour plaire à la jeune femme, il ne parvenait pas à la mettre en confiance. L'enfant se portait bien. Il guettait en elle un des signes promis par Mabgir : hormis la présence attentive de Louarnic, rien ne la distinguait des autres nourrissons.

Gald ne trouvait pas plus de réconfort auprès de sa famille. L'épreuve qu'ils avaient subie les avait transformés. Heldorn était devenu encore plus incrédule qu'avant, mais ce qui se manifestait autrefois par un joyeux scepticisme avait tourné à l'aigre pessimisme, humeur que partageait Brigat. Il n'avait qu'une hâte : que se libèrent les chemins, pour retourner à Atil. Kened restait muette, passant ses journées près du feu sans pouvoir se réchauffer, ne sortant de sa stupeur que pour dévorer toute nourriture qui passait à sa portée avec un gloussement de bête. Seule Bloenvel retrouvait parfois un peu de sa gaîté d'antan.

Tous les matins, Gald entretenait son escrime avec Gwaz. Les leçons de Herrek lui manquaient. Et ces exercices lui paraissaient fades. Il se surprenait à regretter de n'avoir plus de guerriers noirs à combattre.

Cet ennui, il n'était pas le seul à l'éprouver. Quelques jours après l'annonce officielle de ses fiançailles, Gald eut la surprise de voir ses compagnons pénétrer en armes dans ce qui avait été naguère la salle du trône, où il accordait désormais ses audiences.

–Nous venons prendre congé, dit Bo.

–Que veux-tu dire ?

–Nous sommes, souviens-t'en, les compagnons d'aventure. Nous nous perdons dans ce palais.

–Je ne peux vous laisser partir, s'emporta Gald. Vous êtes mes amis, mes plus fidèles compagnons…

–Pour toi, l'amitié consiste à nous enfermer ? Dans une cage dorée, certes, mais une cage tout de même…

Gald les dévisagea, l'un après l'autre : Hirted, l'homme

long, et Sparfell au regard perçant. Et Damsaer, que toutes les bêtes aimaient. Et Touhel, et Disgar, qui savaient si bien se fondre dans le paysage. Et Kanerion, à la voix enchanteresse. Et Troabed le géographe. Et Irelde la guérisseuse. Et Gwaz, qui l'avait si bien servi. Il ne vit que des traits fermés, voire hostiles.

–Nous autres, les compagnons d'aventure, poursuivit Bo, ne pouvons vivre qu'entre nos pairs. Il y a de cela quelque temps, nous t'avons posé la question : qu'as-tu à nous offrir ? À l'époque, ta réponse nous a convaincus. Qu'en est-il aujourd'hui ?

–Je suis le gardien de l'âme du monde !

–Le gardien ? Ou le geôlier ?

Gald pâlit sous l'insulte. Ah ! Voici donc comment ils le considéraient ! De quel droit, d'abord, osaient-ils le juger ? Que comprenaient-ils à son destin ? Eh bien, qu'ils partent ! Il n'avait plus besoin d'eux !

– La vérité, dit Bo, est que nous n'aimons pas ce que tu prépares. En te suivant, nous nous sommes mis au service d'une cause juste. Pas au service d'un homme. Pas à ton service. Puisque les guerriers noirs ont été anéantis, il est temps pour nous de retourner à Krenvel.

Gald se leva, incapable de maîtriser l'émotion qui lui serrait la gorge. Il étreignit Bo.

– Je comprends, dit-il. Plus tard, peut-être... Quand vous serez las d'errer sur vos chemins d'aventure... Souvenez-vous que ma maison vous est toujours ouverte.

Arrivé sur le seuil, Bo se retourna.

– Les paroles des dragons sont pleines de sagesse, dit-il. Mais pourquoi leurs bouches sont-elles garnies de crocs aussi acérés ? Je te souhaite bonne chance, mon ami.

Quand ils s'éloignèrent, il les regarda partir depuis la fenêtre de la haute salle. Mais il ne leur fit pas escorte. S'il s'efforçait de garder bonne figure, il ne pouvait se défendre de considérer ce départ comme un manque de loyauté envers lui.

Il entendit un pas dans son dos.

Il se retourna vivement, avec au cœur l'espoir que l'un d'entre eux avait choisi de rester.

Marwenn lui apparut telle qu'à leur première rencontre.

– Comment vas-tu ? demanda la cavalière.

Il haussa les épaules.

– Tu ne t'es donc pas volatilisée comme les autres ? crâna-t-il.

Il se sentait soudain soulagé d'un grand poids. Il respirait plus librement. Il souriait – depuis combien de jours n'avait-il pas souri sincèrement ?

Marwenn, elle, demeurait grave.

– Je suis revenue chercher Luc'hengwadeg, annonça-t-elle.

Le sourire de Gald se figea.

– La guerre est finie, insista Marwenn. Tu n'en as plus besoin.

– Je suis le protecteur des rois ! s'insurgea Gald. Je me dois de maintenir entre eux un équilibre qui, sans mon arbitrage, risque d'être vite rompu. N'oublie pas que le Trévad a été affaibli…

– Comment, toi, peux-tu désormais douter de l'Harmonie ? Aurais-tu perdu le sens de ton combat ? Rends-moi ce sabre. Dorénavant, il est pour elle la seule menace.

Redressant soudain ses épaules affaissées, il s'emballa :

– Au sud du Glenn-Ar-Dan, dans la mer Pourpre, s'étend un archipel. Je vais construire une flotte.

– Pour quoi faire ? Une nouvelle conquête ?

– Les Oogantr n'ont fait allégeance à aucun des quatre souverains. Ils représentent un danger...

– Quand l'hiver sera passé, les Fils du Vent reprendront la route. Tu n'auras plus d'armée. Et puis, as-tu oublié ce que tu dois aux Oogantr ?

Elle semblait croire que tout allait reprendre comme avant. Il savait bien, lui, qu'il n'en était rien. Le monde avait basculé dans une nouvelle ère, Mabgir le lui avait dit. Une ère de fer et de feu. L'âme du monde avait quitté le séjour paisible qu'elle s'était choisi dans la fertile vallée de Drusaonn pour se réincarner dans une créature née de la violence.

– L'âme du monde est un enfant dont je suis le tuteur.

– Et dont le père est un démon issu d'un monde crépusculaire, habité par des êtres qui ne reconnaissent que la force pour loi, je le sais ! Mais précisément : ce dont cette fillette a le moins besoin, c'est d'un exemple tel que celui que tu t'apprêtes à lui donner.

Il la toisa, amer.

– Pourquoi m'as-tu choisi, si je suis si mauvais ?

– Tu es jeune. Tu es vainqueur. Les foules t'acclament. Les filles rêvent de toi et les garçons t'envient. Les rois sont à ta merci. Comment ne te sentirais-tu pas invincible ? Souviens-toi cependant de ce que tu étais il y a trois ans. De ce qui, alors, suffisait à ton bonheur. Souviens-toi que ce n'est pas toi qu'on avait désigné pour jeter l'urne dans le Puits des Âmes. Ce n'est pas toi qu'Emaine avait élu pour compagnon. Souviens-toi enfin que, moi non plus, je ne t'ai pas choisi. C'est Luc'hengwadeg qui m'a menée vers toi, pour que tu le conduises à la bataille. Tu l'as senti vibrer avant de tuer. La mort est sa raison d'être. Maintenant que l'œuvre est accomplie, à quoi te servirait de le conserver, sinon à le laisser t'entraîner sur une voie où il vaut mieux ne pas se hasarder trop avant ?

– Qu'en feras-tu ?

– Je le rapporterai là d'où il vient. Jusqu'à ce qu'un autre héros en ait besoin.

– Un jour, un maître-feu m'a dit que ceux qui l'ont forgé ne sont pas des humains.

– Je ne sais rien de son origine. Pour moi, il a toujours été là. Je ne suis que sa messagère.

– Je ne te reverrai jamais, n'est-ce pas ?

– Ce sera mieux ainsi. Une autre vie va commencer pour toi. Fais en sorte qu'à son terme tu n'aies qu'à t'en réjouir.

Il ricana.

– Mes amis m'abandonnent et la femme que je me prépare à épouser au printemps ne m'aime pas.

– Tu as eu la sagesse de refuser le trône qu'on t'offrait. Continue dans cette voie.

– La sagesse ? ricana Gald. Qui voudrait régner sur un territoire dont nul géographe ne peut tracer la carte ? Veux-tu connaître le secret ? La véritable raison qui m'a fait le refuser ? Selon Klutam, le Cinquième Royaume n'a aucune existence réelle. Il est le devenir des quatre autres. Le pays dévasté que j'ai traversé, j'ai cru que c'était le sort qui attendait notre monde si Agman l'emportait. Mais, du jour où j'ai jeté l'urne, sa défaite était consommée : sans renforts, il ne pouvait que succomber sous le nombre. Alors ? Pourquoi ce pays ruiné, déchiré par la guerre ? Si Klutam a raison, qu'est-ce que cela signifie ?

– Je ne le sais pas plus que toi. Tel est notre lot : avancer en aveugle au bord d'un précipice. Et cela nous est insupportable. Alors nous nous donnons l'illusion d'agir. Les compagnons d'aventure en menant une vie errante. Youank-Vamm en interprétant la fumée de son brasero. Toi en te hissant au niveau des rois.

– Et toi, en te mettant au service d'un sabre dont tu prétends ignorer l'origine ! dit-il en le lui tendant.

Elle lui sourit avec indulgence, et il regretta la dureté de ses dernières paroles. Il cherchait désespérément les mots pour la retenir, ne fût-ce qu'un jour. Mais il savait d'avance l'inutilité de toute tentative.

– Je vais partir, dit-elle. De temps à autre, souviens-toi des chants que je t'ai appris. Chaque fois que tu les chanteras, je serai avec toi.

Prestement, elle assujettit Luc'hengwadeg sur son dos. Elle ne se retourna pas en franchissant le seuil.

Il frissonna. Par la fenêtre restée ouverte s'engouffrait la bise du soir. Il mit longtemps à se décider à aller la fermer. Et quand il l'eut atteinte, il s'attarda encore à contempler les étoiles qui s'allumaient dans le ciel. Leur éclat se réfléchissait sur la neige des toits.

Comme il repoussait enfin les battants lui parvint l'écho d'une mélancolique complainte. Gald connaissait cette ballade, que les femmes d'Atil entonnaient autrefois à la veillée. Elle contait l'histoire d'une princesse prisonnière, qui préférait se laisser mourir plutôt que de trahir un serment d'amour. Il reconnut aussi la voix qui fredonnait la chanson du crépuscule : était-ce pour lui qu'Emaine chantait, voulait-elle lui signifier qu'à ses yeux il ne valait pas mieux que le tyran félon qui avait enlevé la princesse et la poussait au désespoir ? Pas mieux, en somme, qu'Agman ?

Et cette mélopée lui en rappelait d'autres, que Marwenn lui avait apprises, et dont il démêlait à présent le sens caché.

Dans la cheminée, une bûche s'écroula, jetant une éphémère gerbe d'étincelles. La chanson mourut, comme mourait le jour. Et dans la nuit, seul, insensible à la fraîcheur qui s'emparait de la grande salle d'audience, Gald contemplait le vide. Tant de questions demeuraient sans réponses. Le monde était plus vaste que la raison. Pourtant, l'homme n'avait pas d'autre arme pour l'affronter, pour lui arracher des bribes de ses secrets. Les quatre dragons avaient été les messagers des dieux pour apprendre aux occupants de ce monde ce qui faisait leur grandeur : Cénog l'agriculture, Natrach la pêche et l'élevage, Gorteuz l'art de la forge, et Skand la poésie. Puis ils s'étaient retirés chacun dans son domaine. Aux hommes de trouver seuls la voie de l'Harmonie. Pendant des siècles, ils y étaient apparemment parvenus. Puis il y avait eu cette soudaine irruption des guerriers noirs... Rien n'était donc jamais acquis.

Et lui, quel rôle lui était distribué dans cette pièce ? Si le Cinquième Royaume présentait l'aspect d'un pays ravagé, était-ce à cause d'un envahisseur condamné à succomber sous le nombre dès lors que la brèche serait refermée ? Ou parce que l'esprit de conquête s'était emparé de celui sur qui avait passé le souffle du dragon ?

Au matin, il sella Tangwall.

Il n'emportait ni sabre ni armure. Juste un vieil arc et quelques flèches. L'habit qui le couvrait était celui d'un paysan.

50

HELG

Au nord-ouest des Hautes Terres, sur la rive orientale de la Riole, s'étend Helg. C'est une forêt très ancienne, dit-on, plus ancienne, selon certains, que les hommes qui ont entrepris de cultiver la vallée de Drusaonn. Dans quelques-unes de ses clairières se dressent des pierres levées, assemblées en cercles ou en triangles. Nul ne sait plus qui a érigé ces monuments sommaires, ni à quel usage ils étaient destinés. Parce qu'ils sont mystérieux, ils ont fait naître bien des légendes. La dernière veut que ce soit en ces endroits que surgissaient la nuit les crépusculaires créatures d'Agman.

Dans cette forêt, non loin de l'orée, se dresse un chêne plusieurs fois centenaire. Si son écorce est épaisse et son aubier encore vif, le cœur de l'arbre a disparu, remplacé par une large cavité. Un hibou en a fait son refuge. Ceux qui savent le nomment Paot-Noz.

Accotée au tronc du géant, une cabane de branchages s'accroche à ses racines noueuses. Là, un homme vit de châtaignes et d'eau claire, du miel des abeilles sauvages et de noisettes. Il est difficile de lui donner un âge, car si son corps est droit et ses traits ceux d'un jeune homme, ses yeux sont ceux d'un qui a vu trop de choses. C'est le regard des voyageurs qui s'arrêtent un jour au bord du chemin, pour avoir compris que leur destination, pour laquelle ils ont consenti tant d'efforts et de renoncements, n'a au fond aucune importance.

L'homme – appelons-le Gald, puisque c'est ce nom que retiendra l'Histoire – vit seul. Mais il n'est pas solitaire. Il reçoit régulièrement la visite des charbonniers qui exploitent la forêt, ainsi que celle des habitants d'Atil, qui ont rebâti leur village. C'est pour l'ermite une grande fête. Une fête encore, quand un chevalier en quête d'aventure se hasarde sur ses terres. Sans illusion : l'aventure est morte. Reste le rêve.

Quand Mabgir, prêtre-dragon du roi, trouve le loisir de quitter le palais, il ne manque jamais de venir à Helg. Aux discussions sans fin qui s'engagent alors participe souvent Bo, que ses compagnons appellent le Sage. Bo et Mabgir ont mis un terme à leurs querelles. Tous deux ont admis qu'ils cherchaient à atteindre le même but, par des chemins différents.

Les Fils du Vent aussi, quand ils passent par les Hautes Terres, lui rendent visite. En particulier une femme nommée Telyn, souvent flanquée de ses deux sœurs. Elles apportent à l'ermite des messages écrits par celle qu'elles appellent la Mère, et repartent au matin avec la réponse qu'il a rédigée dans la nuit. Parfois, Telyn s'attarde quelques jours.

Cependant, la plus grande joie de Gald, c'est de recevoir une jeune fille brune, aux joues pâles, qu'accompagne une femme aux yeux aussi clairs que les siens. Un chat les escorte. Un tout petit chat, bien ordinaire, si ce n'est qu'au fond de sa prunelle flamboient d'insolites reflets rouges.

Ce que Gald dit à l'adolescente, au cours de leurs longues promenades, nul ne le sait, sinon peut-être un chevalier nommé Pelk. Mais celui-ci se ferait hacher plutôt que de trahir leur secret.

Toujours les visiteurs finissent par repartir, le rendant à sa solitude. Alors, il ouvre un livre, un très vieux livre à moitié calciné, dont il n'a pas renoncé à déchiffrer un jour l'écriture. Ou encore, il s'appuie à l'écorce de son arbre, et il attend.

Ce qu'il guette le soir, quand le crépuscule réveille les bruits des régions obscures, avec autant d'espoir que de crainte, c'est le pas d'une monture étrange, aux longues pattes terminées par des griffes, au chanfrein étroit et aux flancs creux, qui porterait sur son dos une cavalière.

RÉPERTOIRE DES NOMS PROPRES

PERSONNAGES

LE TRÉVAD

Avlor	Membre du Conseil des anciens d'Atil. Pendu lors du sac du village.
Bloenvel	Sœur de Gald.
Brigat	Paysanne d'Atil, épouse de Heldorn, mère de Gald.
Dubrann	Charbonnier de la forêt de Helg, époux de Pennduig.
Emaine	Fille de Govel, aimée de Finn.
Férad	Sénéchal, commandant en chef des armées de Maez. Vaincu à Iliaweg, il se sacrifie quelques mois plus tard pour permettre à l'armée de Gald d'embarquer.
Finn	Frère aîné de Gald.

Gald	Jeune paysan d'Atil. Fils de Heldorn et de Brigat. Frère de Kened, Bloenvel et Finn.
Govel	Forgeron d'Atil, père d'Emaine.
Gwennel	Enfant d'Atil, voisin de Gald.
Heldorn	Paysan d'Atil, époux de Brigat, père de Gald.
Henwen	Vieille femme d'Atil, elle se révèle en être l'âme.
Kened	Sœur aînée de Gald.
Khozmamm	Grand-mère paternelle de Gald.
Kleuzen	Vieille femme, membre du Conseil des anciens d'Atil.
Louarnic	Chat de Henwen, puis de Gald.
Mabgir	Prêtre-dragon : conseiller de Maez, il est censé tenir son enseignement du dragon Cénog.
Maez	Roi du Trévad, il est présumé descendre en ligne directe du dragon Cénog.
Miler	Meunier d'Atil.
Naek	Membre du Conseil des anciens d'Atil, il en est le doyen. Pendu lors du sac du village.
Paot-Noz	Hibou qui occupe le chêne creux de la forêt de Helg.
Penfor	Chef du village d'Atil. Pendu lors du sac du village.

Pennduig Charbonnière de la forêt de Helg, épouse de Dubrann.

Skanfel Jeune fille d'Atil.

Tangwall Cheval de Gald.

Vacoler Bourrelier d'Atil.

LE GLENN-AR-DAN

Anev Prévôt de la confrérie des maîtres-feu.

Bahel Baron commandant de l'avant-garde de l'armée royale du Glenn-Ar-Dan.

Brenagh Baron, commandant en chef de l'armée royale ; battu par Agman à Cornighent, il se met au service de Gald.

Enderyc Prince danéen ; fils du roi Rutiern, il lui succède quand son père est déchu par le conseil pour félonie.

Maître-feu Forgeron du Glenn-Ar-Dan ayant atteint le plus haut degré de l'initiation, que la confrérie est censée tenir du dragon Gorteuz. Observant un code de l'honneur très strict, les maîtres-feu représentent la corporation au parlement de Kaertan.

Rutiern Roi du Glenn-Ar-Dan.

Le Bro-Avèl

Aamzer Roi du Bro-Avèl.

Le Morklav

Morwreg Reine du Morklav.

Les compagnons d'aventure

Confrérie qui veut faire revivre l'esprit des chevaliers de la mythologie, elle est composée d'hommes et de femmes apportant la preuve d'un don particulier ; cantonnés à Krenvel, dans les Collines bleues, les compagnons d'aventure vivent de rapine jusqu'à l'arrivée de Gald.

Bo Surnommé le Sage, il est le chef spirituel de la confrérie.

Bratweg Belliqueux et téméraire, il dirige les compagnons dans les combats.

Damsaer Compagne d'aventure, douée pour dompter les animaux.

Disgar Doué pour le camouflage, vindicatif, il est d'abord mal intentionné envers Gald. Participe à l'expédition dans le Cinquième Royaume.

Gwaz Écuyer de Gald.

Herrek Maître d'armes des compagnons d'aventure.

Hirted Il partage avec Bo l'autorité sur la confrérie en dehors des combats. Surnommé en raison de sa taille et de sa maigreur l'homme long.

Irelde Elle a le don de guérir les blessures.

Kanerion Compagne d'aventure dont la voix est réputée.

Markeg Il est le meilleur cavalier d'entre les compagnons d'aventure.

Pelk Connu pour la finesse de son ouïe, il anime avec Sparfell un réseau d'espions.

Skil Écuyer de Troabed.

Sparfell Compagne d'aventure, réputée pour la portée de sa vue, elle anime avec Pelk un réseau d'espions.

Touhel Doué pour le camouflage, il est plus conciliant que son comparse Disgar. Il intercède en faveur de Gald. Participe à l'expédition dans le Cinquième Royaume.

Treuz Il doit sa réputation de pouvoir franchir n'importe quel obstacle à son talent de pontonnier.

Troabed Réputé pour ses connaissances géographiques, il est le cartographe des compagnons d'aventure. Participe à l'expédition dans le Cinquième Royaume.

Les Fils du Vent

Baladins nomades, placés sous l'autorité de Rouanez-Vamm. Les lois du Trévad leur interdisent de passer la nuit dans un lieu habité. Sans être sujets d'Aamzer, ils espionnent pour son compte. Ils constitueront les premiers éléments de l'armée de Gald.

Aerel	Frère d'Askel, époux de Florna.
Askel	Père de Sdrina.
Emria	Servante de Rouanez-Vamm.
Florna	Épouse d'Aerel.
Glaouel	Chef du clan qui trouve refuge près de Krenvel.
Rouanez-Vamm	La Mère des Fils du Vent, leur souveraine occulte. Il s'agit plus d'un titre que d'un nom.
Sdrina	Fille d'Askel.
Telyn	Fille aînée de Glaouel.
Youank-Vamm	Nom de règne de Sdrina.

Les Archipels

Oogant (pl. Oogantr)	Nom par lequel les habitants des Archipels se désignent. Les gens du continent les appellent Enfants de l'écume. Un Oogant n'a le droit de fouler que le sol de l'île où il est né.

Uhlvor Amiral de la flotte des Oogantr.

Le Cinquième Royaume

Klutam Ermite du Cinquième Royaume ; prétendant avoir vécu plusieurs siècles, il n'a qu'un but : parvenir au savoir ultime.

Les guerriers noirs

Agman Chef des guerriers noirs.
Brein Poursuivant de Gald dans les Collines bleues.

Le Peuple

Selon une légende trévadite, les premiers occupants du monde furent chassés de sa surface par les hommes. Selon Klutam, le Peuple occupe un monde parallèle, auquel seules des circonstances exceptionnelles – et catastrophiques – lui permettent d'entrer en relation avec celui des hommes.

Brifbuzug Appellation sous laquelle se désignent eux-mêmes les nains (pl. Brifbuzughoned).
Brudl'fr Livre des chroniques : manuscrit écrit en langue ancienne, dans lequel Klutam prétend que l'avenir est déduit de la connaissance du passé.

Loen-Jav	Monture de Marwenn.
Luc'hengwadeg	Sabre confié à Gald par Marwenn.
Marwenn	La cavalière, initiatrice de Gald auquel elle donne son sabre.
Orinn	Nain (Brifbuzug) ; comme tous ses congénères, il sait se déplacer sous terre en ménageant une cavité autour de lui.
Roannenn	Serpent monstrueux, qui prend une forme humaine pour satisfaire les désirs des humains assez audacieux pour lui accorder leur confiance.
Targo	Esprit du chêne creux de la forêt de Helg dans lequel Gald se réfugie pour échapper aux guerriers noirs.

MYTHES ET CROYANCES

Cinq divinités concourent, par leur bonne entente, à faire régner l'Harmonie sur le monde : Douraane, déesse de l'Eau ; son époux Avèl, dieu de l'Air ; Névezenn, déesse de la Terre ; son époux Zévinn, dieu du Feu ; le dieu sans nom, en qui le masculin et le féminin sont encore confondus.

Chaque divinité communique avec les hommes par l'intermédiaire d'un dragon ; respectivement : Natrach, Skand, Cénog, Gorteuz, et le cinquième dragon, lui aussi innommé. Ce sont les dragons qui ont apporté aux hommes les cadeaux des dieux : la pêche, le langage, l'agriculture et les minerais. Quant au cinquième, on ignore quel fut son présent.

Chaque royaume est placé sous la protection d'une divinité : le Morklav honore Douraane ; le Bro-Avèl, Avèl ; le Trévad, Névezenn ; le Glenn-Ar-Dan, Zévinn.

Toutefois, des cultes peuvent être liés à la profession des fidèles : ainsi, au Trévad, les forgerons rendent grâce à Zévinn.

Dans les temps mythologiques, après que les hommes eurent chassé les premiers habitants du monde qui trouvèrent refuge sous la terre, les Quatre Royaumes luttèrent les uns contre les autres. Une ultime bataille les opposa dans la plaine d'Airma. Au cours de ce combat, connu sous le nom d'Airma-Kad, le prince trévadite Kadarn et la guerrière danéenne Letta s'éprirent l'un de l'autre. Mettant fin au combat, ils imposèrent une paix qui se prolongea au cours des siècles.

L'organisation du monde se reproduit à tous les niveaux. Ainsi, chaque être humain dispose de cinq âmes : la fluidité, la sensibilité, la force, l'ardeur et la cohésion. Les rites complexes des funérailles permettent à chacune d'elles, après la mort, de s'échapper du corps en créant le moins de troubles possible à l'Harmonie, principe d'équilibre qui irrigue tout l'univers.

Airma-Kad Combat mythologique, préalable à l'ère de l'Harmonie. Au cours de cette bataille qui oppose les Quatre Royaumes, Kadarn, héros du Trévad, affronte la guerrière morklavite Letta. Les deux belligérants, se reconnaissant d'égale valeur, s'éprennent l'un de l'autre et s'unissent pour mettre fin à la guerre, ouvrant ainsi l'ère de l'Harmonie.

Avèl Dieu de l'Air. Puissance tutélaire de Bro-Avèl, il a offert le langage aux hommes par le truchement du dragon Skand.

Cénog Dragon de la terre, honoré au Trévad ; protecteur des paysans, il a enseigné l'agriculture aux hommes.

Douraane Déesse de l'Eau, puissance tutélaire du Morklav, elle apporte aux hommes la pluie.

Gorteuz Dragon du feu, il a enseigné aux hommes l'art de la forge.

Harmonie Principe régissant les rapports entre humains dans les Quatre Royaumes, mais aussi l'équilibre des planètes, la succession des saisons et l'écoulement régulier du temps.

Kadarn Guerrier mythologique, prince du Trévad, héros de l'Airma-Kad.

Letta Guerrière mythologique danéenne, compagne de Kadarn.

Natrach Dragon de l'eau, il a enseigné aux hommes la pêche et l'élevage.

Névezenn	Déesse de la Terre, puissance tutélaire du Trévad, elle a apporté à ses habitants la fertilité des champs.
Skand	Dragon de l'air, il a enseigné aux hommes la poésie.
Zévinn	Dieu du Feu, il a donné les minerais aux hommes.

GÉOGRAPHIE

LE TRÉVAD

Patrie de Gald. Ce royaume est placé sous la protection du dragon Cénog. On y honore la déesse Névezenn. Maez est son roi. Réputé pour la fertilité de son sol, il est surtout peuplé de paysans.

Airma Plaine où, selon la tradition, s'est déroulé le combat mythique de l'Airma-Kad.

Argantlon Bourg de la vallée de Drusaonn, lieu de foire.

Atil Village de la vallée de Drusaonn, dans les Hautes Terres. Ses habitants sont les Atiléens. Gald y est né.

Begtrem Col central des Trois Passes, il est le plus élevé et le plus malcommode mais débouche aussi bien à l'est qu'à l'ouest.

Bengoat Bois des environs de Kerbenn-Névezenn, vestige d'une ancienne forêt.

Brug Village du sud-est, où se trouve le premier pont sur le Taedr.

Collines bleues Marche occidentale du Trévad, qui sépare ce royaume du marais de Kélar.

Cornighent La Passe aux Corneilles : vallée glaciaire, point de passage obligé vers le Goueldtrem ou le Begtrem. Gald y remporte sa première victoire sur Agman.

Cronnemain Lieu-dit du royaume de Trévad, où les Fils du Vent sont dispersés par les guerriers noirs.

Dastum Camp de rassemblement des Fils du Vent, où siège leur chef spirituel, la Mère. Placé originellement dans un méandre du Mavel, il est déplacé à la suite de sa mise à sac par les guerriers noirs.

Dewen Village du nord-est, où se trouve le dernier pont sur le Taedr avant son embouchure. Habitants : Dewenites.

Drusaonn Vallée des Hautes Terres du Trévad, célèbre pour sa fertilité. La rivière Riole l'arrose.

Duard	Rivière du Trévad.
Eflen	Bourg situé au confluent de la Kildroenn et du Mavel.
Erdour	Affluent torrentueux du Taedr.
Etoul	Rade située au nord du Trévad, où l'armée de Gald embarque sur les navires des Oogantr tandis que les guerriers noirs sont retenus par Férad.
Goueldtrem	La plus occidentale des Trois Passes, elle débouche, du côté du Trévad, sur la Passe aux Corneilles (Cornighent).
Grand Lac saumâtre	Lac situé entre le marais de Kélar et le Miroir des spectres, à cheval sur le nord-ouest du Trévad et le nord-est du Morklav. Ses eaux corrosives séparent ces régions du Cinquième Royaume.
Hanternoz	Ville du Trévad proche de la frontière avec le Morklav, elle abrite le palais d'été de Maez. Celui-ci s'y réfugie après avoir cédé sa capitale, Kerbenn-Névezenn, à Agman.
Hautes Terres	Nom sous lequel on désigne le plateau central du Trévad. La Riole y prend sa source.
Helg	Forêt qui borde la vallée de Drusaonn.

Iliaweg	Lieu-dit où les guerriers noirs bousculent l'armée de Maez, amenant celui-ci à céder à toutes les exigences d'Agman.
Kaer-Kailh	Site minier situé au sud des Hautes Terres.
Kélar	Marécage séparant le Trévad du Cinquième Royaume. Il est réputé peuplé de créatures monstrueuses.
Kerbeliou	Ville du Trévad, siège du margrave de la province du Centre.
Kerbenn-Névezenn	Capitale du royaume du Trévad.
Kildroenn	Rivière du Trévad.
Krenvel	Village fortifié des Collines bleues, place forte des compagnons d'aventure.
Lekheth	Fleuve du Trévad.
Maen-Kadarn	Rocher qui domine la plaine d'Airma.
Mavel	Fleuve du Trévad ; sur sa rive, dans un méandre, s'étend le Dastum.
Mezmedalen	Chaîne montagneuse séparant le Trévad du Glenn-Ar-Dan.
Rethrem	La plus orientale des Trois Passes, elle est la plus large et la plus commode.
Riole	Rivière qui parcourt la vallée de Drusaonn, avant de se jeter dans le fleuve Lekheth.

Rotkozn	Vaste plateau granitique qui constitue la pointe méridionale de la péninsule du Teirmor.
Taedr	Fleuve du Trévad, au cours torrentiel, qui naît dans les Mezmedalen et se jette dans le golfe du Teirmor.
Teirmor	Péninsule située au nord-est du Trévad, par le Rotkozn.
Trois Passes	Cols des Mezmedalen reliant le Trévad au Glenn-Ar-Dan. Peu distants les uns des autres, ce sont, d'ouest en est : le Goueldtrem, le Begtrem et le Rethrem.

LE GLENN-AR-DAN

Situé au sud du Trévad, ce royaume en est séparé par une chaîne montagneuse difficilement franchissable, les Mezmedalen. Placé sous la protection du dragon Gorteuz, il honore le dieu Zévinn. Rutiern est son roi. Réputé pour le travail de ses artisans, il est le lieu où les forgerons des autres royaumes vont parfaire leur apprentissage. Le roi y est secondé par un conseil composé de trois collèges : les barons, les maîtres-feu et les représentants du peuple. La capitale est Kaertan.

Kaertan	Capitale du Glenn-Ar-Dan, siège de la confrérie des maîtres-feu.

Monts infranchissables	Chaîne de montagnes, dans la continuité des Mezmedalen, qui sépare le Glenn-Ar-Dan du Cinquième Royaume.
Umae	Une des seize baronnies du Glenn-Ar-Dan, fief du baron Brenagh.

LE BRO-AVÈL

Situé à l'ouest du Trévad, ce royaume n'a pas de frontière commune avec lui. Placé sous la protection du dragon Skand, il honore le dieu Avèl. Aamzer est son roi. Réputé pour ses poètes et la beauté de ses femmes. Ses habitants sont les Avèliens.

LE MORKLAV

Situé au nord-ouest du Trévad, ce royaume en est séparé par une région marécageuse, le Grand Delta. Placé sous la protection du dragon Natrach, il honore la déesse Douraane. Morwreg est sa reine. Réputé pour la richesse de ses prairies. Ses femmes sont célèbres pour leurs yeux clairs.

Meth	Désert réputé infranchissable, séparant le Morklav du Cinquième Royaume.

Miroir des spectres	Désert salé situé entre le Morklav et le Cinquième Royaume.

LE CINQUIÈME ROYAUME

On ne sait pas grand-chose du Cinquième Royaume, les géographes qui ont tenté d'en dresser la cartographie se contredisant mutuellement. Au cours de son voyage vers la Montagne du Dragon, région mystérieuse au centre de laquelle s'ouvre le Puits des Âmes, Gald n'aura connaissance que de deux noms :

Lennaroann	Étang dans lequel le peuple de Roannenn s'est exilé quand les hommes ont cessé de croire en lui.
Rindoat	Forêt du Cinquième Royaume, séjour de Klutam.

INDEX RÉCAPITULATIF

Aamzer : Roi du Bro-Avèl.

Aerel : Fils du Vent, frère d'Askel, époux de Florna.

Agman : Chef des guerriers noirs.

Airma : Plaine du Trévad où, selon la tradition, s'est déroulé le combat mythique de l'Airma-Kad.

Airma-Kad : Combat mythologique, préalable à l'ère de l'Harmonie. Au cours de cette bataille qui oppose les Quatre Royaumes, Kadarn, héros du Trévad, affronte la guerrière morklavite Letta. Les deux belligérants, se reconnaissant d'égale valeur, s'éprennent l'un de l'autre et s'unissent pour mettre fin à la guerre, ouvrant ainsi l'ère de l'Harmonie.

Anev : Prévôt de la confrérie des maîtres-feu du Glenn-Ar-Dan.

Argantlon : Bourg de la vallée de Drusaonn, lieu de foire.

Askel : Fils du Vent, père de Sdrina.

Atil : Village de la vallée de Drusaonn, dans les Hautes Terres du Trévad. Ses habitants sont les Atiléens. Gald y est né.

Avèl : Dieu du vent. Puissance tutélaire de Bro-Avèl, il a offert le langage aux hommes par le truchement du dragon Skand.

Avlor : Membre du conseil des anciens d'Atil. Pendu lors du sac d'Atil.

Bahel : Baron commandant de l'avant-garde de l'armée royale du Glenn-Ar-Dan.

Begtrem : Col central des Trois Passes, il est le plus élevé et le plus malcommode mais débouche aussi bien à l'est qu'à l'ouest.

Bengoat : Bois des environs de Kerbenn-Névezenn, vestige d'une ancienne forêt.

Bloenvel : Sœur de Gald.

Bo : Compagnon d'aventure ; surnommé le Sage, il est le chef spirituel de la confrérie.

Bratweg : Compagnon d'aventure ; belliqueux et téméraire, il dirige les compagnons dans les combats.

Brein : Guerrier noir, poursuivant de Gald dans les Collines bleues.

Brenagh : Baron danéen, commandant en chef de l'armée royale, battu par Agman à Cornighent.

Brifbuzug : Appellation sous laquelle se désignent eux-mêmes les nains (pl. Brifbuzughoned).

Brigat : Paysanne d'Atil, épouse de Heldorn, mère de Gald.

Bro-Avèl : Un des Quatre Royaumes, situé à l'ouest du Trévad, sans frontière commune. Placé sous la protection du dragon Skand, il honore le dieu Avèl. Aamzer est son roi. Réputé pour ses poètes et la beauté de ses femmes. Ses habitants sont les Avèliens.

Brudl'fr : Livre des chroniques : manuscrit écrit en langue ancienne, dans lequel Klutam prétend que l'avenir est déduit de la connaissance du passé.

Brug : Village trévadite, où se trouve le premier pont sur le Taedr.

Cénog : Dragon de la terre, honoré au Trévad ; protecteur des paysans, il a enseigné l'agriculture aux hommes.

Collines bleues : Marche occidentale du Trévad, qui sépare ce royaume du marais de Kélar.

Compagnons d'aventure : Confrérie qui veut faire revivre l'esprit des chevaliers de la mythologie. Elle est composée d'hommes et de femmes apportant la preuve d'un don particulier ; cantonnés à Krenvel, dans les Collines bleues, les compagnons d'aventure vivent de rapine jusqu'à l'arrivée de Gald.

Cornighent : La Passe aux Corneilles : vallée glaciaire, point de passage obligé vers le Goueldtrem et le Begtrem. Gald y remporte sa première victoire sur Agman.

Cralec : Terme péjoratif par lequel les compagnons d'aventure désignent les paysans.

Cronnemain : Lieu-dit du royaume de Trévad, où les Fils du Vent sont dispersés par les guerriers noirs.

Damsaer : Compagne d'aventure, douée pour dompter les animaux.

Danéen : Habitant du Glenn-Ar-Dan.

Dastum : Camp de rassemblement des Fils du Vent, où siège leur chef spirituel, la Mère. Placé originellement dans un méandre du Mavel, il est déplacé à la suite de sa mise à sac par les guerriers noirs.

Dewen : Village trévadite, où se trouve le dernier pont sur le Taedr avant son embouchure. Habitants : Dewenites.

Disgar : Compagnon d'aventure, doué pour le camouflage ; vindicatif, il est d'abord mal intentionné envers Gald. Participe à l'expédition dans le Cinquième Royaume.

Douraane : Déesse de l'Eau, puissance tutélaire du Morklav, elle apporte aux hommes la pluie.

Drusaonn : Vallée des Hautes Terres du Trévad, célèbre pour sa fertilité. La rivière Riole l'arrose.

Duard : Rivière du Trévad.

Dubrann : Charbonnier de la forêt de Helg, époux de Pennduig.

Eflen : Bourg situé au confluent de la Kildroenn et du Mavel.

Emaine : Fille de Govel, aimée de Finn.

Emria : Fille du Vent, servante de Rouanez-Vamm, puis de Youank-Vamm.

Enderyc : Prince danéen ; fils de Rutiern, il lui succède quand son père est démis par le conseil pour félonie.

Erdour : Affluent torrentueux du Taedr.

Etoul : Rade située au nord du Trévad, où l'armée de Gald embarque sur les navires des Oogantr tandis que les guerriers noirs sont retenus par Férad.

Férad : Sénéchal, commandant en chef des armées de Maez. Vaincu à Iliaweg, il se sacrifie quelques mois plus tard pour permettre à l'armée de Gald d'embarquer.

Fils du Vent : Baladins nomades, placés sous l'autorité de Rouanez-Vamm. Les lois du Trévad leur interdisent de passer la nuit dans un lieu habité. Sans être sujets d'Aamzer, ils espionnent pour son compte. Ils constitueront les premiers éléments de l'armée de Gald.

Finn : Frère aîné de Gald.

Florna : Fille du Vent, épouse d'Aerel.

Gald : Jeune paysan d'Atil. Fils de Heldorn et de Brigat. Frère de Kened, Bloenvel et Finn.

Glaouel : Fils du Vent, chef du clan qui trouve refuge près de Krenvel.

Glenn-Ar-Dan : Un des Quatre Royaumes, situé au sud du Trévad. Placé sous la protection du dragon Gorteuz, il honore le dieu Zévinn. Rutiern est son roi. Réputé pour le travail de ses artisans. Le roi y est secondé par un conseil composé de trois collèges : les barons, les maîtres-feu et les représentants du peuple. La capitale est Kaertan.

Gorteuz : Dragon du feu, il a enseigné aux hommes l'art de la forge.

Goueldtrem : La plus occidentale des Trois Passes, elle débouche, du côté du Trévad, sur la Passe aux Corneilles (Cornighent).

Govel : Forgeron d'Atil, père d'Emaine.

Grand Lac saumâtre : Lac situé entre le marais de Kélar et le Miroir des spectres, à cheval sur le nord-ouest du Trévad et le nord-est du Morklav. Ses eaux corrosives séparent ces régions du Cinquième Royaume.

Gwaz : Écuyer de Gald.

Gwennel : Enfant d'Atil, voisin de Gald.

Hanternoz : Ville du Trévad proche de la frontière avec le Morklav, elle abrite le palais d'été de Maez. Celui-ci s'y réfugie après avoir cédé sa capitale, Kerbenn-Névezenn, à Agman.

Harmonie : Principe régissant les rapports entre humains dans les Quatre Royaumes, mais aussi l'équilibre des planètes, la succession des saisons et l'écoulement régulier du temps.

Hautes Terres : Nom sous lequel on désigne le plateau central du Trévad. La Riole y prend sa source.

Heldorn : Paysan d'Atil, époux de Brigat, père de Gald.

Helg : Forêt qui borde la vallée de Drusaonn.

Henwen : Vieille femme d'Atil, elle se révèle en être l'âme.

Herrek : Maître d'armes des compagnons d'aventure.

Hirted : Compagnon d'aventure qui partage avec Bo l'autorité sur la confrérie en dehors des combats. Surnommé, en raison de sa taille et de sa maigreur, l'homme long.

Iliaweg : Lieu-dit où les guerriers noirs bousculent l'armée de Maez, amenant celui-ci à céder à toutes les exigences d'Agman.

Irelde : Compagne d'aventure, guérisseuse.

Kadarn : Guerrier mythologique, héros de l'Airma-Kad.

Kaer-Kailh : Site minier situé au sud des Hautes Terres.

Kaertan : Capitale du Glenn-Ar-Dan, siège de la confrérie des maîtres-feu.

Kanerion : Compagne d'aventure, dont la voix est réputée.

Kélar : Marécage séparant le Trévad du Cinquième Royaume. Il est réputé peuplé de créatures monstrueuses.

Kened : Sœur aînée de Gald.

Kerbeliou : Ville du Trévad, siège du margrave de la province du Centre.

Kerbenn-Névezenn : Capitale du royaume du Trévad.

Khozmamm : Grand-mère paternelle de Gald.

Kildroenn : Rivière du Trévad.

Kleuzen : Vieille femme, membre du Conseil des anciens d'Atil.

Klutam : Ermite du Cinquième Royaume ; prétendant avoir vécu plusieurs siècles, il n'a qu'un but : parvenir au savoir ultime.

Krenvel : Village fortifié des Collines bleues, place forte des compagnons d'aventure.

Lekheth : Fleuve du Trévad.

Lennaroann : Étang dans lequel le peuple de Roannenn s'est exilé quand les hommes ont cessé de croire en lui.

Letta : Guerrière mythologique, compagne de Kadarn.

Loen-Jav : Monture de Marwenn.

Louarnic : Chat de Henwen, puis de Gald.

Luc'hengwadeg : Sabre confié à Gald par Marwenn.

Mabgir : Prêtre-dragon : conseiller de Maez, il est censé tenir son enseignement du dragon Cénog.

Maen-Kadarn : Rocher qui domine la plaine d'Airma.

Maez : Roi du Trévad, il est présumé descendre en ligne directe du dragon Cénog.

Maître-feu : Forgeron du Glenn-Ar-Dan ayant atteint le plus haut degré de l'initiation, que la confrérie est censée tenir du dragon Gorteuz. Observant un code de l'honneur très strict, les maîtres-feu représentent la corporation au parlement de Kaertan.

Markeg : Compagnon d'aventure, le meilleur cavalier d'entre eux.

Marwenn : La cavalière, initiatrice de Gald auquel elle donne son sabre.

Mavel : Fleuve du Trévad ; sur sa rive, dans un méandre, s'étend le Dastum.

Meth : Désert réputé infranchissable, séparant le Morklav du Cinquième Royaume.

Mezmedalen : Chaîne montagneuse séparant le Trévad du Glenn-Ar-Dan.

Miler : Meunier d'Atil.

Miroir des spectres : Désert salé situé entre le Morklav et le Cinquième Royaume.

Monts infranchissables : Chaîne de montagnes, dans la continuité des Mezmedalen, qui sépare le Glenn-Ar-Dan du Cinquième Royaume.

Morklav : Un des Quatre Royaumes, situé au nord du Trévad. Placé sous la protection du dragon Natrach, il honore la déesse Douraane. Morwreg est sa reine. Réputé pour la richesse de ses prairies. Ses femmes sont célèbres pour leurs yeux clairs.

Morwreg : Reine du Morklav.

Mosk : Terme péjoratif des guerriers noirs pour désigner les humains.

Naek : Membre du Conseil des anciens d'Atil, il en est le doyen. Pendu lors du sac d'Atil.

Natrach : Dragon de l'eau, il a enseigné aux hommes la pêche et l'élevage.

Névezenn : Déesse de la Terre, puissance tutélaire du Trévad, elle a apporté à ses habitants la fertilité des champs.

Oogant (pl. Oogantr) **:** Nom par lequel les habitants des Archipels se désignent. Les gens du continent les appellent Enfants de l'écume. Un oogant n'a le droit de fouler que le sol de l'île où il est né.

Orinn : Nain (Brifbuzug) ; comme tous ses congénères, il sait se déplacer sous terre en ménageant une cavité autour de lui.

Paot-Noz : Hibou qui occupe le chêne creux de la forêt de Helg.

Pelk : Compagnon d'aventure, réputé pour la finesse de son ouïe, il anime avec Sparfell un réseau d'espions.

Penfor : Chef du village d'Atil. Pendu lors du sac d'Atil.

Pennduig : Charbonnière de la forêt de Helg, épouse de Dubrann.

Rethrem : La plus orientale des Trois Passes, elle est la plus large et la plus commode.

Rindoat : Forêt du Cinquième Royaume, séjour de Klutam.

Riole : Rivière qui parcourt la vallée de Drusaonn, avant de se jeter dans le fleuve Lekheth.

Roannenn : Serpent monstrueux, qui prend une forme humaine pour satisfaire les désirs des humains assez audacieux pour lui accorder leur confiance.

Rotkozn : Vaste plateau granitique qui constitue la pointe méridionale de la péninsule du Teirmor.

Rouanez-Vamm : La Mère des Fils du Vent, leur souveraine occulte. Il s'agit plus d'un titre que d'un nom.

Rutiern : Roi du Glenn-Ar-Dan.

Sdrina : Fille du Vent, fille d'Askel. Voir Youank-Vamm.

Skand : Dragon de l'air, il a enseigné aux hommes la poésie.

Skanfel : Jeune fille d'Atil.

Skil : Écuyer de Troabed.

Sparfell : Compagne d'aventure, réputée pour la portée de sa vue, elle anime avec Pelk un réseau d'espions.

Taedr : Fleuve du Trévad, au cours torrentiel, qui naît dans les Mezmedalen et se jette dans le golfe du Teirmor.

Tangwall : Cheval de Gald.

Targo : Esprit du chêne creux de la forêt de Helg dans lequel Gald se réfugie pour échapper aux guerriers noirs.

Teirmor : Péninsule située au nord-est du Trévad, dominée par le Rotkozn.

Telyn : Fille du Vent, fille aînée de Glaouel.

Touhel : Compagnon d'aventure, doué pour le camouflage ; conciliant, il intercède en faveur de Gald. Participe à l'expédition dans le Cinquième Royaume.

Treuz : Compagnon d'aventure, il a la réputation de pouvoir franchir n'importe quel obstacle.

Trévad : Un des Quatre Royaumes, patrie de Gald. Placé sous la protection du dragon Cénog, il honore la déesse Névezenn. Maez est son roi. Réputé pour la fertilité de son sol.

Troabed : Compagnon d'aventure, réputé pour ses connaissances géographiques, il est le cartographe de la confrérie. Participe à l'expédition dans le Cinquième Royaume.

Trois Passes : Cols des Mezmedalen reliant le Trévad au Glenn-Ar-Dan. Peu distants les uns des autres, ce sont, d'ouest en est : le Goueldtrem, le Begtrem et le Rethrem.

Uhlvor : Amiral de la flotte des Oogantr.

Umae : Une des seize baronnies du Glenn-Ar-Dan, fief du baron Brenagh.

Vacoler : Bourrelier d'Atil.

Youank-Vamm : Nom de règne de Sdrina.

Zévinn : Dieu du Feu, il a donné aux hommes les minerais.

TABLE DES MATIÈRES

1. Henwen est morte ! 5
2. La mission 11
3. Le centre du monde 17
4. Les cinq âmes de Henwen 21
5. Les guerriers noirs 27
6. Louarnic 37
7. Le secret du chêne creux 43
8. Targo 49
9. Les hommes des bois 57
10. Kerbeliou 65
11. Les Fils du Vent 75
12. Sur la route 83
13. Rouanez-Vamm 93
14. Les Collines bleues 103
15. Les compagnons d'aventure 115
16. La cavalière 135
17. L'initié 147
18. Dans le marais de Kélar 159
19. La onzième tête de l'hydre 171
20. Retrouvailles et séparation 181
21. L'embuscade 187

22. La dimension des rêves 199
23. Le pays sombre 207
24. Klutam 219
25. L'œil des ténèbres 239
26. Vers la Montagne du Dragon 251
27. Le Puits des Âmes 257
28. Le poison de la terre 265
29. L'alliance 281
30. La tactique du loup 293
31. Les ponts sur le Taedr 303
32. Du sang sur la neige 311
33. La forêt sur la mer 321
34. Le roi Maez 333
35. La gloire de Férad 349
36. Les mines de Kaer-Kailh 359
37. Les geôles de Kerbenn-Névezenn 371
38. Les doutes de Heldorn 385
39. Avant la bataille 393
40. La Passe aux Corneilles 399
41. Le baron Brenagh 409
42. Le prince Enderyc 415
43. Le messager d'Agman 423
44. Le puits muet 429
45. La plaine d'Airma 439
46. La malédiction d'Agman 453
47. L'âme du monde 463

48. Le protecteur des rois 471
49. La chanson du crépuscule 475
50. Helg 487

Répertoire des noms propres 491

Mythes et croyances 499

Géographie 503

Index récapitulatif 511

Cet ouvrage a été mis en pages
par DV Arts Graphiques à la Rochelle

Impression réalisée par

CPI
BRODARD & TAUPIN

La Flèche

en septembre 2010
pour le compte des Éditions Bayard

Imprimé en France
N° d'impression : 59460